〔英〕林赛·布莱恩 著

周琴 林超 译

天国之春

不一样的太平天国运动史

中国出版集团 东方出版中心

图书在版编目（CIP）数据

天国之春：不一样的太平天国运动史 / （英）林赛
·布莱恩著；周琴，林超译. 一 上海：东方出版中心，
2023.8

ISBN 978-7-5473-2245-1

Ⅰ. ①天… Ⅱ. ①林… ②周… ③林… Ⅲ. ①太平天
国革命－历史 Ⅳ. ①K254

中国国家版本馆CIP数据核字(2023)第158468号

天国之春：不一样的太平天国运动史

作　　者　[英] 林赛·布莱恩
译　　者　周琴 林超
责任编辑　朱荣所
特约编辑　王清
装帧设计　极宇林

出 版 人　陈义望
出版发行　东方出版中心
地　　址　上海市仙霞路345号
邮政编码　200336
电　　话　021-62417400
印 刷 者　北京兰星球彩色印刷有限公司

开　　本　890mm×1240mm 1/32
印　　张　10.625
字　　数　276千
版　　次　2023年11月第1版
印　　次　2023年11月第1次印刷
定　　价　75.00元

审视国家大事时，

我们会发现，

得与失、悲与喜、

善与恶、骄傲与悲苦

总是相互交织、平衡发展；

主宰一切的大脑

完美之处似乎在于，

能够指挥脆弱的人类以不变的法则应对

火山爆发、地震和飓风。

——威廉·华兹华斯（William Wordsworth）

目　录

COUTENTS

目 录

前 言
PREFACE

———

———

清政府和西方列强之间的政治关系和经济关系越来越重要。在中国生活过一段时间的外国人因为有机会了解中国人的性格和清政府的政治制度，所以有责任和义务将自己了解到的一切公之于众。在很大程度上，本书的出版正是基于这一点。

长期以来，中国的太平天国运动吸引了几乎所有欧洲人[①]的注意力，以至任何与中华民族发展有关的事情，欧洲人都很感兴趣，其原因之一是太平天国宣扬的半基督教义，但主要原因是太平天国运动对茶叶贸易和丝绸贸易的影响。

因此，回英国后，我花了大量时间来整理我记录的与太平天国运动有关的笔记。这些笔记是我待在太平天国占领区时写的。我认为，我经历和感知的一切都可以在本书中充分展现出来。

在记述太平天国运动历史的同时，本书逐步阐明了与清政府的政治状况有关的许多话题。此外，本书还参考了大量公文和书信。书中内容涉及的时间长达数年，因此，有必要摘录一些在中国的欧洲人的著作中的内容，因为他们有机会得到与太平天国运动早期发展有关的有价值的信息。大多数情况下，传教士的著作及译作成了本书写作素材的重要来源。在此，我向伦敦传道会（London Missionary Society）[②]的秘书及其他朋友表示感谢。在

[①]　本书的"欧洲人"（European）一词适用于所有具有欧洲血统的人，与其所属国家的地理位置无关。——原注
[②]　基督教新教派公理宗的一个传教组织，1795年在英格兰成立，现在属于世界传道会。——译者注

他们的好心帮助下，我得到了大量宝贵的资料。

近年来，各方立场发生了巨大变化。在与中国和日本有关的问题上，英国陷入严重政治困局的时刻即将来临。

现在距离清政府把香港割让给英国，并且开放五个通商口岸，还不到二十年。当时，日本几乎无人知晓，中国内陆也严禁外国人进入。现在，由于政策的支持，英国人有权横穿整个中国[①]；外国公使开始进驻北京。同时，清政府开放了十个通商口岸及主要河流（长江）沿岸的城市，因为这些城市适宜外国商人居住。外国传教士开始受到保护。中国大陆靠近香港的一大块有价值的土地被割让给了我们。日本也已开放，未经审查的贸易也被允许。

然而，这一切存在一个严重的漏洞。很明显，与我们在中国和日本的控制权成正比，我们与中国和日本发生政治纠纷的可能性也在增加，并且纠纷可能不仅仅牵涉中国和日本。对从清政府手里分一杯羹的好事，另外一个大国也没闲着。俄罗斯帝国的扩张势头曾经被遏制在黑龙江以北。静静地等待了近一个半世纪后，它终于按捺不住了。沿着海岸线，它将领土往南推进了四百多英里[②]，包括海岸线最南端直到黑龙江的大片领土。俄罗斯帝国还得到了觊觎已久的维多利亚港。维多利亚港紧邻日本北部的

---

① 参见1858年签订的《天津条约》和1860年签订的《北京条约》。——原注
② 英里，英制长度单位，1英里约等于1.609千米。——译者注

海岛①，据说可以容纳一支庞大的舰队，并且连通内河。对俄罗斯帝国来说，维多利亚港格外重要。与一年中通航期通常不超过六个月的黑龙江入海口相比，维多利亚港不易封冻，同时提供了更佳的商业机会。

　　法国已经完成了在交趾支那（Cochin China）的军事行动，并且获得了十分广阔的沿海地区，其中包含一个良港。中国似乎正处于非常不稳定的状态：北方有俄罗斯帝国虎视眈眈，南方有法国的势力逐渐逼近，英国则静静地向中国中部扩张。不过，任何了解中国人的外国人都得承认，中国不可能像英属印度（British India）②那样被完全置于某个列强的统治下。我在中国沿海、沿江地区生活了四年，其中一部分时间是在南方沿海地区度过的。后来，我到北方的护卫舰上服役。因此，我认为，我可以非常公允地总结出在海边生活的各阶层中国人的性格。中国人勤劳、聪明、诚实、愿听差遣。经过适当武装后，在得力将领的指挥下，中国人非常勇敢。中国人还具有非凡的耐力。1856年到1857年的战争时期，我们的外科医生目睹了为截肢前来就医的中国人毫不退缩、沉着冷静的行为。中国人具有非凡忍耐力的性格特点在此时得到了充分展现。也许中国人性格特点中最突出的品

①　疑有误。1860年俄罗斯帝国从清政府手中夺走的不冻港是海参崴，即今符拉迪沃斯托克。——译者注
②　指1858年到1947年，英国在印度次大陆建立的殖民统治区，包括今印度、孟加拉国、巴基斯坦、缅甸在内的地区。——译者注

质，也是充分开发清帝国的资源最重要的品质——为了一个特殊目标所展现出来的不懈努力。在通商口岸，中国人为积累财富而不懈努力的行为就充分证明了这一点。这在中国人的农村日常劳作中显而易见。①与此同时，中国人展现出了极大的耐心。长期与中国人相处的古伯察②简要地描述了中国人的性格特点："中国人需要时间和耐心寻找奋斗的目标。时间和耐心是中国人践行的两个原则。"中国人移居海岛或其他大陆后的表现最引人注目。在新加坡，赤道多雨的气候很容易让人懒散，但移居这里的中国人干着几乎所有的体力活。几乎所有小型贸易也是中国人在经营。不知疲倦的中国人与懒散的本地马来人③之间的对比引人注目极了。

很大程度上，婆罗洲（Borneo）④、苏门答腊岛（Sumatra）及其他鲜为人知的海岛上的隐秘资源，可能是通过中国的代理机构被中国人发现的，并且很明显，澳大利亚北部现在无利可图的

---

① 拿破仑三世曾派农学家欧仁·西蒙考察中国的农业制度。欧仁·西蒙告诉我，除了在中国，他没有在其他地方见过如此卓有成效的劳动。在很大程度上，劳动成果归功于中国人在田间的努力付出。当然，还有一部分原因是中国人使用了肥料。在一份提交给巴黎的研究所的文件中，欧仁·西蒙提供了一些关于农业、土地使用权等方面有价值的数据。——原注
② 古伯察（1813—1860），原名埃瓦里斯特·雷吉斯·于克（Évariste Régis Huc），法国天主教传教士，属于遣使会，1844年到1852年在中国传教。——译者注
③ 马来人，即马来族，主要居住在苏门答腊岛东部和南部、马来半岛、泰国南部等地，绝大多数马来人信奉伊斯兰教。——译者注
④ 婆罗洲，即加里曼丹岛，位于东南亚，是世界第三大岛。——译者注

地区及荒地很快就会被他们居住和耕种。

　　据估计，中国沿海地区每年前往海外的移民大约为八万人（不包括前往秘鲁和西属西印度群岛①的苦力）。其中，前往澳大利亚的中国人占三分之一，前往各海岛的中国人占四分之一，前往加利福尼亚州的中国人占八分之一，其余一部分中国人前往美国其他地区，还有一部分成了航行在太平洋的商船的船员。前往新加坡的一万一千名中国人中，五分之一后来回到了中国。前往旧金山的中国人中，四分之一后来离开了旧金山。中国人非常不愿背井离乡。他们之所以离开中国，并不是因为国外收入更高，而是因为自己家乡人口过多，无法生存。最近，中国北方省份的百姓突然涌向关外（outer Manchuria）就是一个例证。此外，调查中国人在国内的收入和在国外的收入也可以得出类似结论。②

　　现在，中国人被视为停滞不前、不再进步的民族的时代已经一去不复返。最近与英国的战争终于使中国人意识到有必要与其他国家齐头并进。中国人在军事技能上的提升是最明显的改变。

---

① 　西属西印度群岛（Spanish West Indies），指西班牙王国在西印度群岛上的殖民地，位于南北美洲之间。——译者注

② 　在新加坡，一个中国散工的月平均收入是三美元。裁缝、木匠等熟练工匠的月平均收入从六美元到九美元不等。我发现，算上实物报酬——大米，中国南方农民每天的收入可以达到九便士；技艺精良的裁缝或木匠每个月（农历月）的收入从六美元到七美元不等。鉴于最优稻田每年的租金不到一英亩（约合4046.86平方米。——译者注）五美元，中国农民的收入其实并不算低。——原注

与1858年的情况相比，1860年中国人在大沽炮台攻防措施上的改进最显著。大沽炮台被攻占后，我参观了其中一些炮台。我对炮架转盘设备、炮弹引信、弹匣设计等方面展示出的智慧与革新，十分震惊。

此外，我们的商人发现，中国对左轮手枪、步枪及其他现代武器的需求日益增加。后来的事件无疑证明中国人不再缺乏勇气[1]。我深信，中国军队只要经过良好的训练，得到英明的指挥，就会表现得既有胆量又有效率。

在思考可能影响英国政府和清政府关系的诸多偶发事件中，我们不可忽视的是，中国内地的发展几乎处于停滞状态，却蕴藏着巨大的潜力。除了丝绸、茶叶、棉花等仍有待扩大的广阔贸易领域，中国还有一个无穷无尽的宝藏几乎没有被开发过。这对中国未来的命运将产生不可估量的影响。众所周知，中国两个北方省份及三个中部省份有着储量巨大的煤矿，涵盖数千平方英里，

---

① 英国战舰"阿尔及利亚"号（HMS Algerine）把一艘中国船追逼到厦门北部的一条小河上。这时，这艘中国船突然搁浅，船员被迫逃到岸边。"阿尔及利亚"号的水手和士兵上岸追击。一场冲突就此开始。很快，几个逃跑的中国船员便倒在"阿尔及利亚"号的水手和士兵的恩菲尔德步枪（Enfield rifles）的枪口下。一个看上去年老的中国男子受伤了，无助地倒在地上。他与"阿尔及利亚"号的水手和士兵的距离正在一点点缩小。就在这时，一个年轻中国船员转过身来，迎着枪林弹雨，跑向倒在地上的老年男子。这个年轻中国船员尽管距"阿尔及利亚"号的水手和士兵只有五十码（英国等国家的长度单位，1码约等于0.914米。——译者注）的距离，却还是停下来把受伤的老年男子背走了。这个年轻中国船员的英勇行为得到了回报——"阿尔及利亚"号的水手和士兵停下来让他毫发无伤地离开了。——原注

但目前煤炭每年的开采量不足一百五十万吨。因此，要在中国无限期增加煤炭的供应并不困难。

澳大利亚、新西兰及太平洋众多海岛上的商业还处于萌芽阶段。毫无疑问，未来几个世纪里，我们将会见证其贸易的蓬勃发展。中国既有煤矿、河流、港口，也有充足的劳动力。我们可以预见，今后中国将在世界商业领域里占据最重要的地位。

陆军与海军俱乐部

1862年

CHAPTER I
第 1 章

从鞑靼征服到太平天国运动爆发
的历史概述

Historical sketch from the period of the Tartar Conque St
until the outbreak of the Rebellion

1850年底，太平天国运动在广西省爆发。在讲述太平天国运动的进展前，有必要简要概述太平天国运动爆发前后清政府的情况，也有必要了解一下当时整个中国的教育体系及清政府官员获得任命的资质要求。太平天国运动的领导人早期签发的许多文件都直接提到，加入太平天国运动的人当初是受压迫的百姓的代表。除了曾经参与鞑靼①征服并熟悉情况的人，其他人想理解这些文件并不容易。

对太平天国首领洪秀全（Hung-Siu-tsuen）的性格塑造及行为的形成，科举考试起了很大作用。从孩提时代到三十五岁，洪秀全的人生主要分为两个阶段：先是为科举寒窗苦读，科举落第后在家乡的乡村私塾里教书。因此，希望全面了解洪秀全的读者应该熟知中国的科举考试体制。为此，我将尽可能以简明的形式提供与此有关的材料，以便满足读者的需求。

早在12世纪，鞑靼人第一次将势力扩展到中原。宋朝第八位皇帝宋徽宗统治期间，女真人入侵中原。1127年，女真人迅速占领黄河以北的省份。从宋徽宗到宋朝第十位皇帝宋高宗（Kan-tsong）统治期间，女真人继续往南推进。宋朝被迫迁都至今浙江省杭州。于是，女真人控制了华北。

随后，女真人的君主建都于河南。在长达一百一十七年的时间里，女真人一直统治整个华北。聪明、理性的女真人主动适应

---

① 鞑靼，指鞑靼人，是当时英国人对中国北方游牧民族的统称，主要包括蒙古族人和满族人。——译者注

中原人的风俗习惯，逐渐稳定了统治。与此同时，南宋仍然坚定不移地保持着自身的合法统治地位。女真人费尽力气也无法向长江以南推进丝毫。

1207年底，西鞑靼人（Western Tartars，蒙古人）的领袖成吉思汗（Genghis-Khan）极大地巩固了自己的帝国。他征服了中亚大部分地区。他的帝国与中原的西部边境接壤。不久，南宋皇帝请求蒙古人施以援手，推翻女真人在华北的统治。于是，激烈的战争拉开序幕。最终，女真人溃败，被赶到长城以外。女真人君主完颜守绪向南宋乞和，却被拒绝。据杜赫德①所述，自己的提议都被南宋拒绝后，完颜守绪给南宋皇帝送去一封信。在信中，他说："今天，蒙古人从我的手中夺走了我的帝国，有朝一日也会从你的手中夺走你的王朝。"很快，完颜守绪的预言就变成了现实。宋朝皇帝对自己曾向蒙古人求助的事痛悔不已，因为蒙古人已经悄悄占领了过去女真人占领的地区。宋朝第十五位皇帝——宋度宗（Ta-Tsong）登基后，蒙古军队渡过长江，很快就征服了整个西南地区。接着，蒙古军队向东挺进，包围了皇帝，迫使他与其所有追随者一起登上他的舰队并在那里避难。后来，南宋即位的皇帝几乎都是幼儿。蒙古人发现征服中原的任务非常轻松。1280年，蒙古人成了整个中国的主人。第一个统治中国的蒙古人皇帝是忽必烈（Kublai-Khan）。

---

① 杜赫德（1674—1743），原名让-巴普蒂斯特·杜赫德（Jean-Baptiste Du Halde），法兰西耶稣会传教士，著名汉学家。——译者注

　　以战斗中死亡的人数为标准，有史可查的一次灾难性海战灭亡了南宋。蒙古军的船队在广东（Kwang-tung）沿海与南宋军队交战。最终，南宋军队战败。据说，在这次战斗中，有十万人丧生。年幼的南宋皇帝也命丧于此。南宋随之灭亡。

　　被蒙古人征服后，除了南方边远地区出现了些许动荡，蒙古人建立的元朝一直和平统治着整个中国，直到1347年。大约就在此时，汉族人认为朝廷的官职分配不公，刻意偏袒蒙古人。不满情绪开始在汉族人中蔓延。此时，朱元璋抓住一场地方小规模暴动的契机，建立了自己的威信。很快，他就拥有了一支庞大的军队，并向大都进发。渡过黄河后，朱元璋的军队与元军发生了武装冲突。元军被彻底击败。1368年，元朝皇帝逃走，蒙古人对中国的统治到此结束。中国再次回归汉族人的统治。朱元璋最初是寺庙里的和尚。后来，他离开寺庙，参加了一场小暴动。他逐渐建立了权威，最后成了明朝的开国皇帝明太祖。

　　朱元璋在南京建都，在位三十年。他虽然出身卑微，但治国有方。他制定了一系列有利于国家发展、具有深远意义的法律。大约在1410年[①]，明朝第三位皇帝——永乐帝朱棣迁都北京。

　　15世纪到16世纪，中国频繁出现地震和饥荒。在此期间，中国百姓遭受的苦难几乎是我们难以想象的。黄河流域和长江流域洪水泛滥，数十万百姓无家可归、无饭可食。这个时期的历

---

① 应为1421年。——译者注

史充满了凄凉与悲苦。就在此时，蒙古人闯入了西北部和北部的省份，明朝的局势更加艰难。16世纪末，明朝的力量衰退得很严重。为了应对蒙古人的侵扰，明朝政府几乎倾尽全力。明朝第十七位皇帝也是最后一位皇帝崇祯帝统治期间，中国不断发生暴动与叛乱。1637年，暴动与叛乱的形势急剧恶化。当时，中国至少存在八支独立的叛军。后来，这八支叛军融合成两派。其中一派在李自成的指挥下向北进发，迅速占领北京。崇祯帝被迫自杀。在此之前，为了保卫东北免遭满族人①占领，明朝政府动用了大量军队。此时，正驻扎在东北边境的明朝将领吴三桂听说了北京发生的事情。他拒绝承认李自成的政权，并且坚决抵制李自成"篡国"。随后，迫于形势，吴三桂只得向满族人投降，因为他自知兵力不足，只好请求满族人支援。吴三桂联合满族的力量，不久就击退了李自成的军队。李自成迅速撤出北京，向西逃去，并且很快消失在历史长河中。北京向满族人敞开大门。于是，满族人成为中国的统治者。不久，带领满族人入关的皇太极驾崩。他的儿子顺治帝成为清朝的开国皇帝②。

　　就这样，东鞑靼人（满族人）撤出中原四百年后再次归来，

① 据史料记载，1635年，皇太极改族名女真为满洲，即我们一般所说的满族人。——译者注
② 据史料记载，1616年，努尔哈赤建国称汗，国号金，史称后金。1636年，皇太极即位后，改国号为大清。1643年，清朝军队入关前夕，皇太极因病驾崩，顺治帝即位。顺治帝是清朝的第三位皇帝，定都北京的第一位皇帝。——译者注

成为中国北方地区的统治者。

多年来，中国南方一直保持独立。广东和广西的百姓十分痛恨满族人。满族统治者的统一大业一直在广东和广西遭受重挫。直到1652年，广东和广西才被征服。当时，中国其他地区还存在大量反抗清朝统治的武装。如果不是汉族人之间的内讧及缺乏协同，满族人很有可能会被迫撤离中原。1661年，清朝第二位统治中原的皇帝康熙帝即位，除了沿海地区和海岛（被汉族人控制好多年），清朝统治了整个中国。顺治帝驾崩前颁布了一项至今仍然有效的政策：每个主要城市驻扎一支由满族人组成的军队，作为主要军事力量的补充，常年接受训练，随时准备应战。皇帝用于镇压叛乱的主要军事力量则在北京驻扎。

1674年①，曾经引满族人入关，并且意外地帮助满族人建立清朝的明朝将领吴三桂起兵造反。随后，南方及西南各地立即起兵造反。叛军与清政府的斗争持续了约九年。和过去一样，广东和广西在这次叛乱中表现最积极。后来，吴三桂去世。各地几乎都是单独行动。由于缺乏通力合作，长时间战斗后，叛军渐渐绝望，最终被迫投降。这是清朝初期最后一次足以动摇满族人统治的叛乱。后来，许多秘密团体在民间成立，其成员的使命就是反清复明。这些秘密团体中，除了著名的三合会（Triad

---

① 据史料记载，三藩之乱始于1673年11月，1681年10月结束，历时八年。——译者注

Association）^①，没有任何一个团体的影响力可以威胁清朝的统治。清朝皇帝在明朝刑法的基础上增加了一项条款。这项条款确认了上述秘密团体的存在，并且称其为"一个顶着天地会（Tien-te-we或Association of Heaven and Earth）^②的名号进行抢劫的由三教九流之徒组成的团体"。据说，在福建省，一个基于血统建立的兄弟会引起了注意。根据耶稣会（Society of Jesus）^③传教士的记述，康熙帝无疑是中国历史上最杰出的君主之一。康熙帝驾崩时，清朝一片繁荣。康熙帝的即位者要维持国家的稳定与发展毫无困难。相对而言，从康熙帝驾崩到19世纪初（此时，海盗活动开始在沿海地区猖獗），清朝出现了太平盛世，远离暴动与麻烦。在此期间，只有在洪灾或饥荒后，民间才会出现一些小规模的暴动。长期的安定导致人口过度增长，土地生产的粮食难以满足人们的需求。

接下来，我们有必要了解一下太平天国运动初期百姓的情况。我认为，仅了解太平天国运动爆发前二十年的相关事件就足够了。一个在江西的天主教传教士在1833年写的一封信中表示，整个江西非常穷。一些人靠卖老婆和孩子苟活，还有不少人靠吃树皮充饥。1834年，河南省发生地震，九十五个村庄被

---

① 康熙、雍正年间，广西、广东兴起的民间反清秘密组织。——译者注
② 天地会，又称洪门，清朝三大秘密结社之一，成员多是底层穷苦百姓，其口号是"反清复明"。——译者注
③ 耶稣会，1534年在巴黎成立的一个天主教修会。——译者注

毁。同时，毗邻的湖北省有数千人死于饥荒。1838年，《京报》
（*Pekin Gazettes*）提到了四川发生的几次暴动及广西边界上苗族
人的骚乱。①

　　1839年到1841年，四川省成了苦难和暴动的聚集地。这里
的饥荒非常严重。数以千计的百姓靠吃当地一种特殊泥土为生。
他们把这种泥土做成卷状，再在上面撒一些米，然后烤着吃。不
久，一场瘟疫降临，数百万人被夺去生命。为了平息饥荒和瘟疫
引起的暴动，清政府认为有必要采取最极端也是最不合理的惩罚
措施。贝特朗·科托内（Bertrand Cothonay）②在信中③详述了所
有可怕的事件。他写道，有些暴动者受到严刑拷打后被活活烧
死。云南省也经常发生暴动。不过，云南省的暴动主要是走私鸦
片的流动团伙引起的。这些团伙形成了许多强大的武装力量，无
视地方官员的权威。我相信，不用进一步叙述，当时（1840年）
中国大部分地区的具体情况是怎样的，大家应该已经心知肚明。
1840年开始的第一次鸦片战争，并没有改善当时的社会状况。第
一次鸦片战争源于英国东印度公司章程到期而引起的变化。在英
国东印度公司④主导商业贸易的漫长岁月里，只要没有其他因素

---

①　参见《信仰传播纪事》（*Annales de la Propagation de la Foi*）。——原注
②　贝特朗·科托内，法国传教士，曾到中国传教。——译者注
③　参见《贝特朗先生的信》（*Letter from Mr. Bertrand*），第16卷。——原注
④　1600年由伦敦的商人建立的股份公司，获得了伊丽莎白一世授予的皇家
　　特许状，从而在印度贸易中享有特权，后来在印度建立商业据点并不断
　　扩张，逐渐垄断印度贸易，1874年解散。——译者注

介入，英国与中国的贸易关系一直令人非常满意。1834年，英国东印度公司章程到期。英国商人的利益由英国政府任命的专员保障。从那时起，英国政府和清政府之间出现了一系列误解与麻烦，部分是因为鸦片的贩运问题，但主要还是因为清政府不承认英国政府委派的专员的地位。最后，情况变得十分糟糕，英国政府认为有必要派遣一支强大的武装力量，让中国人充分了解英国的实力，从而使中国和英国之间建立永久的贸易关系。

对清政府来说，第一次鸦片战争的结果是一场灾难。战争初期，英军摧毁了位于广州以南的虎门炮台（Bogue forts），攻占了舟山群岛的定海城。后来，英军占领了整个舟山群岛。1841年10月，英军攻陷了控制着流经宁波的河流入海口的要塞——镇海，随后占领了宁波。1842年5月，英国军队攻打位于杭州湾入海口的坚固要塞——乍浦（Chapod），不费吹灰之力就击溃了这里的驻军。1842年6月，位于长江入海口的吴淞要塞沦陷。1842年7月，英军占领了长江南岸清军重兵防守的镇江。随后，英国海军和陆军立即前往南京。清政府意识到战争已无获胜的希望，便提出谈判。1842年8月，两国签署《南京条约》。《南京条约》允许英国人在五个口岸（上海、宁波、福州、厦门和广州）自由贸易，割让香港岛给英国，并且赔偿英国相当于两千一百万美元的战争赔款。

没有什么比这场战争更能让中国人看清楚满族统治者多么软弱了。短短几个月的时间里，中国人认为坚不可摧的堡垒不断沦陷，中国人视为不可战胜的满族驻军接连溃败。中国南方省份四处可见从事非法贸易的鸦片走私团伙。他们干着非法勾当，却不受惩罚。由此可见，清政府的地方官员多么软弱无能。《南京条约》规定的赔款极大地加剧了清政府的财政困难，引起了中国人的强烈愤慨。从第一次鸦片战争结束到太平天国运动爆发的这段时间，全国各地不断爆发叛乱。沿海地区海盗猖獗。海盗不仅给沿海贸易造成了巨大伤害，还频繁登陆并洗劫邻海的村庄。在广东和广西，全副武装的歹徒不顾政府的权威，公然抢劫市镇。在云南，一批对现状不满、躁动不安的穆斯林（超过一百万人）利用清政府的软弱，在许多方面造成了混乱。1848年到1850年，《京报》上充斥着各地官员向清朝皇帝上报的关于叛乱的公文。地方官员纷纷抱怨地方军队无力镇压无休止的叛乱。

CHAPTER II
第 2 章

———

学校—科举考试—功名—政府—陆军
与海军—财政收入

Schools—Competitive Examinations—Literary Degrees—
Government—Army and Navy—Revenue

———

　　所有中国父母，即使是劳动阶层中最穷的人，也认为送儿子上学最重要。据我了解，从结婚那天起，农民和船夫就开始靠微薄的收入尽力攒钱。他们满怀希望地期待着有朝一日能送自己的儿子去学习将来取得功名必需的知识。虽然根据中国惯例，所有官职都对科举① 考试中榜的人开放，但只有收入足以使自身摆脱体力劳动之苦的人才会用这种观点教育自己的孩子。鉴于准备科举考试的花费及科举考试失利的概率，大量普通劳动者放弃走科举取得功名这条路。普通劳动者通常觉得自己的儿子在日常生活中能认字、会写字就足够了，有些人也会送自己的儿子去学习用算盘进行简单的数字计算。

　　一个男孩接受基础教育所需的时间与其所学的内容有关，也与其开始接受教育的年龄有关，没有规律可循，因为这完全取决于这个男孩今后打算从事的职业或者其父亲的职业。我注意到，一个男孩如果今后要做学徒，比如鞋匠学徒或裁缝学徒，往往会在六七岁时进入私塾，可能一直在私塾待到十二岁；而将来会继承父业的男孩，比如船夫之子、渔民之子、农民之子等，入学的时间比较晚，留在私塾的时间也比较短，通常在十岁到十四岁期

---

① 　科举制度自隋朝开创（有争议）到清末废除，历时一千二百余年，成为封建时代相对公平的人才选拔方式，吸收了大量来自中下层的人才，打破了社会阶层的固化，促进了社会阶层的流动，增强了统治基础，对封建社会的稳定和发展起到了极其重要的作用。因此，隋朝以后大部分皇帝均重视科举制度，这对社会底层的人改变个人、家庭乃至家族命运起到了强大的示范、引导效应。——译者注

间在私塾学习两三年就足够。①

　　接受基础教育的花费不多。一年到头，学生都在私塾学习，除了极少的公共宴会和新年期间放的两三周假，平时几乎没有假期。在小的村镇学校和广大乡村私塾里，塾师每个月的收入约为零点五美元。据我所知，少数情况下，有些塾师的收入更低，零点五美元不过是平均水平。然而，零点五美元的月收入只是一个近似值，因为塾师的收入完全取决于学生的数量，所以收入差距当然很大。但一方面，如果入学人数少于八人，微薄收入便无法维持生活；另一方面，塾师教的人数也不能超过二十五人。因此，学生通常是二十人②。部分学费通常以实物支付。在洪秀全成长的村庄，根据惯例，每个男孩每年要交给塾师五十磅③大米、

①　许多作家估计，汉字的总数在两万五千个到七万个之间。即使掌握一半汉字，也要耗费大量精力。通常，掌握两千多个汉字就能满足日常生活所需。据说，掌握一万个汉字就足以读完全部经典著作。大多数中国学者都熟练掌握了四五千个汉字。除了极少数情况，即使是作为塾师的中国学者也无法讲授更多汉字。学习汉字需要耗费大量时间。此外，私塾里的教学安排似乎还增加了一个问题。这就是，在学生学习汉字的意义前，塾师先讲授的是汉字发音。因此，常见的是，即使把一本最基础的书交给一个工人，他扫一眼书上的内容后，只会在书中找到一些自己熟悉意义的汉字。在中国北方的美国教会学校里，我发现了一套有效的教授汉字的方法。首先，年轻的学生根本不学汉字，而是先熟悉英语。很快，学生就掌握了二十六个英语字母。例如，《约翰福音》中的一章内容用罗马字母书写，但发音与汉语一致。通过这种方式，在几个月内，学生就可以掌握在传统私塾里几年才能学会的学习内容。——原注

②　因为每个学生都要在塾师那里轮流背诵学习内容，所以一个塾师在教学时间内显然只能兼顾一定数量的学生。而公认的每个塾师可以兼顾的学生数量通常是二十个到三十个不等。——原注

③　磅，英制重量单位，1磅约等于453.592克。——译者注

三百文铜钱（大约相当于一先令），分别不少于一磅重的灯油、猪油、盐和茶叶，以及根据男孩的不同年龄和能力上交一点五美元到四美元不等的学费。有些私人资助的私塾几乎是象征性地收取学费。不过，类似的私塾并不多。就其对普通教育体制的影响而言，私人资助的私塾不值一提。

有的塾师采取的教学模式是在固定时间段内授课。塾师提前做好安排。学生缴纳一笔钱支付学习期间所有费用。如果塾师只提供伙食，那么学生通常需要缴纳六十美元或七十美元；如果塾师还提供住宿和书籍，那么学生通常需要缴纳一百美元。在南方，在固定时间段内授课的教学模式很常见，但不普遍。只有因父母的工作性质或家离私塾太远而无法进入日间私塾的孩子才会选择这种教学模式。

各府（department）、各县（district）的塾师受教育程度更高，其私塾的规划比乡村私塾好，学费也略高。商人和工匠的孩子很小就被送到私塾。除了基础学习，塾师还让学生接触中国历史、四书、诗歌和写作。十三岁或十五岁时，打算经商的学生很有可能会被送到某个账房接受必要的算术知识培训。各个私塾的学习时间都一样：每天 6 时到 17 时。此外，每天 9 时到 11 时，有一两个小时的早餐时间 ①。私塾里的陈设非常简单：除了必要数量的坚硬高背椅和普通木桌，一无所有。塾师通常是因科举落第、

---

① 　各个阶层的中国人都会在每天17时左右或稍晚一点吃晚饭。——原注

家庭贫穷而从教的人。有时，也有年轻人为了科举考试定期前来接受相关指导。

一般来说，中上层人士不会把孩子送到私塾，而是每个月花两百美元到四百美元不等雇一个家庭教书先生。许多有钱的官员和地主都会雇一个固定的教书先生住在家里。教书先生只需教授雇主家的孩子。不过，通常情况是，三到四个家庭共同出资聘请一个教书先生教授其孩子。雇主往往希望孩子将来可以考取功名。除了私塾，大多数重要城市还有一些学堂为学生提供更高级别的课程。广州人对此漠不关心，很少有人参与。而位于中国北方的天津（Tientsin），主要建筑之一便是学堂。学堂比较宽敞，据说学生多达三四百人。

我觉得很难准确计算清朝四亿人（包括妇女和儿童）中识字人口的比例。在调查自己经手的数千名病人时，宁波的医生威廉·帕克（William Parker，1824—1865）发现，只有百分之五的成年男子识字。威廉·帕克还在调查报告中列出了病人的职业。他们似乎都是底层百姓，主要是苦力、散工或者可怜的技工。比底层百姓稍高的阶层，如商人、农民、工匠等，情况完全不同。宁波一个传教士通过询问得出的调查结论显示，成年男子的识字率是百分之二十。在广州郊区粗略调查后，《中国总论》（*The Middle Kingdom*）的作者卫三畏[①]得出结论：几乎所有人识

---

① 原名是塞缪尔·韦尔斯·威廉姆斯（Samuel Wells Williams）。——译者注

字。卫三畏认为，在人口更加稀少的邻近地区，当地人的识字率
是百分之四十到百分之五十。根据我尽可能地利用有限机会做的
调查，我认为与平均识字率相比，威廉·帕克给出的劳动阶层百
姓的识字率太低。靠近大河口的繁荣地区可能有五分之一的人
识字。船民的识字率更高，因为他们在智力和学习能力方面普
遍高于本身所属的阶层。

　　现在，我把焦点继续放在与科举考试和功名有关的重要规
定上。

　　科举考试的考生首先参加童试。童试包含三次考试：第一次
是初试（县试），在各县进行。法律严格要求每位参加县试的考
生必须是考区本地人^①。参加县试的人非常多。根据考试失利的
人数可以判断，县试非常严苛。据说，1832 年，邻近广州的两个
县共有四千人参加县试，其中一个县只有十三人通过考试，另一
个县只有十四人通过考试^②。洪秀全所在的花县，能够通过县试
的幸运儿的平均比例是百分之三^③。只有通过县试的人才有资格
参加接下来在各府举行的第二次考试（府试）。因此，参加府试
的人数大幅减少。如果平均七个县组成一个府，每个县平均十五
人参加府试，那么，参加府试的考生不超过一百零五人。府试
是第二次筛选，有幸中榜的人算是"府里取得功名"（to have a

---

① 全国十八个省，省以下设府、县。——原注
② 卫三畏：《中国总论》。——原注
③ 出自洪仁玕（Hung-jin）的叙述。——原注

name in the department）。中榜的人之前已经在"乡里取得功名"（to have a name in the village）。接着, 通过府试的人参加第三次考试（院试）。院试比府试严格得多, 在由皇帝任命的学政①的监督下进行。为此, 学政每三年会去各府两次（清朝的院试每三年举行两次）。最后, 学政根据各县人口比例确定中榜人数。②通过院试的童生称为"生员", 俗称"秀才"。

秀才拥有许多特权, 其中最重要的特权就是犯罪后可以免于体罚。许多考取秀才的考生其实从未考虑过继续考取更高功名。对只想安安静静地待在家里的人而言, "秀才"就足够了。除了可以获得人们的尊敬, 他们还能得到"秀才"带来的荣誉和特权。

科举考试第二层级的考试（乡试）, 每三年在各省省会举行一次,通常在农历八月（相当于公历9月）举行。参加乡试的人很多。据说, 太平军占领南京前, 在南京参加乡试的考生人数有时接近两万人, 考生来自江南省（Kiang-nan, 现在江南省已经分成两个较小的省）十六府。

1828年, 广州共有四千八百人参加乡试。之后, 每次乡试, 广州参加考试的平均人数都超过六千。不过, 中榜的人数比例非常小。在南京, 两万名考生中, 中榜人数不到两百。而在广州,

---

① 又称提督学政, 每省一员, 负责教育及科考事宜。——译者注
② 清朝十八个省, 估计共有一百八十二个府, 一千两百八十五个县。因此, 每个省平均十个府, 每个府平均七个县。但实际上, 平均值要么比真实值低, 要么比真实值高。比如, 广东省有八十个县, 直隶省有一百多个县, 但广西省只有四十七个县, 云南省甚至更少。——原注

中榜人数的平均值很少超过一百。

《中国丛报》（*Chinese Repository*）记录了在广州举行的一次乡试中的考生的人数及年龄。这次乡试共有七十三人中榜，中榜者的年龄段及人数如下表所示：

中榜者的年龄段	人数
20 岁以下	5 人
20 岁到 25 岁	8 人
25 岁到 30 岁	15 人
30 岁到 35 岁	18 人
35 岁到 40 岁	9 人
40 岁到 45 岁	12 人
45 岁到 50 岁	3 人
50 岁以上	3 人
总人数	73 人

1851 年，在南京举行的乡试中，中榜者年龄最小的只有十四岁，稍微年长一点的有十五岁。另外，年龄在二十岁以下的还有六人，四十岁以上的有十三人。

需要注意的是，参加乡试的人之所以那么多，是因为其中许多人之前屡屡落榜。这也解释了考生的年龄差异很大的原因。除非屡试屡败，最终绝望放弃，否则考生会为科举考试持续奋斗多年。因此，中榜名单中不仅包含初入考场的新面孔，还包含多年来一直奋战在科举考试事业中的人。

我以南方的广东省、中部的江苏省和安徽省为例，估算一下清朝每三年一次的乡试中榜者的比例。广东省参加乡试的人数大约是六千，江苏省和安徽省参加乡试的人数总共两万。广东省乡试中榜者的人数是九十，江苏省和安徽省中榜者的人数共两百。估算下来，十八个省能在乡试中脱颖而出的人数总和应该是一千七百四十。

上述结果可能比真实数值高，因为广东省、江苏省和安徽省的考生水平普遍高于全国考生平均水平。

对于旁观者而言，考场①似乎不太适合考试。广州有一个非常有名的考场，考生要连续几天被关在里面。修建考场时，设计者完全忽视了号舍的舒适性，号舍的尺寸严重不够，使考生无法完全躺下。我忘记测量号舍的具体尺寸，但估计号舍内部面积应该不会超过四平方英尺②。将号舍设计得这么小，可能与整个考场的面积有关。因为考生和考生之间必须完全隔离，所以需要的号舍非常多，至少要六千个。如果扩大号舍，那么整个考场所占面积就非常大。然而，各省省会的空间有限，并且城里十分拥挤。要在非常有限的空间里哪怕再多占用一点空间，都会面临巨大的困难。

以下关于科考的叙述摘自《上海年鉴》（*Shanghae Almanack*）对1851年在南京举行的乡试的描述。我摘取

---

① 即号舍。——译者注
② 英尺，英制长度单位，1英尺等于0.3048米。——译者注

了密迪乐①在《中国道德与政治》（*Chinese Morality and Polity*）一文中的引述，并在有必要的地方补充了一些注释。

乡试在各省省会举行，每三年一次，八月初八开始。如果遇到新皇帝登基，便会举行特殊的考试，就像最近咸丰帝登基时一样。这叫开"恩科"（Gau-Raou），目的是向百姓施恩。江南省（旧称，现分为安徽省和江苏省）共有十六个府。参加南京举行的乡试的秀才非常多，每年平均两万人，但平均只有两百人能中榜（主考官可以选取的人数没有限制）。我们发现，1851年的科举考试榜单上，一等考生有一百四十四人，二等考生有二十二人。因为考官对二等考生十分满意，所以二等考生也榜上有名。一等考生中，四十岁以上的有十三人。二等考生中，四十岁以上的有五人。中榜考生中，年龄最小的考生十四岁，排在第八十九名；再年长一点的考生十五岁；还有六个考生都小于二十岁。他们都属于一等考生。

参与科举考试事务的官员共有六十五人。朝廷派来两位主考学政。此外，还有许多下级官员参与科举考试

---

① 密迪乐（Thomas Taylor Meadows，1815—1868），英国外交官，先后任英国驻广州领事馆翻译、英国驻上海领事馆翻译及英国驻上海领事馆副领事、英国驻宁波领事馆领事等职务。——译者注

事务。考生不得携带书籍或小抄进入考场，因为任何书籍或小抄都可能有助于考生写文章，从而影响考试的公平性。考场采取最严格的措施防止考生相互交流。乡试共分三场，每场考试时间为两天一夜。这段时间内，考生不得离开①自己的号舍。整场考试期间，考生的食物及用品全部随身携带。考生写完文章后，相关的负责官员会仔细审查考生的文章，确认其文章是否符合规定。文章不得超过七百字，任何字不得写在答题纸上画好的红线之外，不得涂改，不得与以前的考试文章重复。主管本府考试的官员如果发现考生的文章有明显错误，就不能将其呈交给上级考官。上级考官从呈交上来的文章中挑选出两三百篇好文章，并且呈交给两位主考学政。然后，两位主考学政选出优秀文章，并且根据文章的优劣排出名次。授予官职时，皇帝会综合考量考生乡试及会试的排名。乡试第一场考试的题目出自孔子、孟子等及相应经学家的名言和著作，题目随附一行诗。第二场考试的题目出自五经，每本典籍选一个题。最后一场考试共五题，每题都是各种各样的问题。要回答上述考题，除了研读经典，考生还必须广泛阅读大量普通文献。以下是这五题的具体内容。

---

① 因为号舍的面积太小，所以考生晚上根本无法睡觉。——原注

　　第一题涉及对典籍的评论。例如，"在评论《书经》^①时，朱子引述了四位作者的评论。这四位作者的评论中，有的内容较多，有的内容较少。他们的评论有的用力过猛，略显不自然；有的又太过华丽。对此，你有什么看法"，"汉朝有三家注《易经》，他们的解释、分章和句读都不一样。请对此做出解释"。最后，该题总结道："在我们这个神圣的朝代，文学和学问都处于鼎盛时期。你们已经学习多年，请你们根据自己所学知识，就上述题目作答。"

　　第二题以历史为主题，要求考生评论历朝历代的历史著作，包括从"中国的希罗多德"司马迁到明朝的皇帝等人的著作。考题会提出如此综合性的问题，可见科举考试绝非儿戏。我们同样举一两个例子。"在写史书时，司马迁引用了古代文献，并且整理了其中详述的事实。有人指责司马迁过度褒扬道家思想，过分看重财富和权力；汉朝学者班固思路清晰、全面，但在天文学和五行学说方面的作品不够丰富。请举例阐述上述内容。""陈寿的历史写作能力令人钦佩。他在《三国志》中贬低诸葛亮，也看不上另外两个著名人物E和E^②。陈寿是怎样表达的？"

第三题与中国古代及清朝现时的行政区划有关。考生需要答出最早将中国划分为九州的当权者、随后发生的变化，以及不同学者在描述相关内容时的差异。考生还要陈述近代以来，特定省份在数量、称谓、管理模式等方面发生的变化。附加要求是，清朝的疆域面积已经远远超过前朝的疆域面积，考生应该认真学习地理知识，在回答上述问题时尽己所能，充分回答。

　　第四题与书籍有关，要求考生列出某些古代佚书现存记录的出处，以及皇帝为保存书籍和建立图书馆付出的努力。例如，"隋朝藏书三十七万册，经过挑选后减少到三万七千册。那么，隋朝藏书的图书馆在哪里？推进挑选工作的人是谁？"此外，该题还询问考生编写图书目录的问题，以及图书分类的方法。最后，题目愉悦地补充道："考生所在的江南省向来以博学文雅的人著称，难道你不想通过完整、充分地回答上述问题来证明自己的博学和文雅吗？"

　　第五题与江南省东部地区河道和防洪闸的历史有关。题目以大禹治水功绩开篇，要求考生阐述大禹统治早期的情况。接着，题目要求考生阐释吴淞江[①]作为太湖的出口是如何造福周边各府的。题目末尾写道："陛

---

① 上海位于吴淞江畔。——原注

下总是在为百姓的福祉而努力。作为江南省的百姓，你们理应充分了解江南省的水上交通。现在，请展现你的学识，也许这将证明你就是应该获得陛下青睐的人。"

回答上述五个题，当然不能像前两场考试那样以常规文章的形式书写。前两场考试要写八股文，这种文章在篇幅和结构上都必须按固定的模式书写。

会试在北京举行，各地举人在此一决高下。据说，只有两百人到三百人能够在会试中榜。会试中榜者称"贡士"。

会试中榜者可以参加科举考试最高级别的考试——殿试。殿试也是三年举办一次。一甲考生进入翰林院，有固定的收入。二甲考生有望在朝廷任职，三甲考生有望获得重要官职。因此，如果科举考试竞争体制能够合理执行下去，那么被任命为官员的人都是有智慧的人，并且最大程度上出自百姓。

19 世纪，出售功名，尤其是初级功名和第二级功名①，已经司空见惯。这种违反法律和违背百姓权利的行为比其他任何措施都让朝廷更不得人心。太平天国运动早期，每当认为有必要博得途经地区百姓的同情时，起义军就会在公告中提及清政府出售功名的事。

接下来，我们简单了解一下清政府的主要行政部门。

---

① 当时监生和贡生可以通过捐纳获得，称例监（或纳监）和例贡（或纳贡）。——译者注

中央行政部门中，排在第一位的是军机处（Privy Council），接下来是六部（six Tribunals or Boards）。六部中，首先是吏部（Board of Civil Office），负责管理与民政部门有关的事务，以及提名或贬黜文官等官员。

第二是户部（Board of Finance）。第三是礼部（Board of Rites），负责管理仪式和礼仪，包括学校、宴会、祭祀等事务。

第四是兵部（Board of War），负责管理要塞的装备、城市的安全、军事人员的提名及兵部所有分支机构的粮食补给。

第五是刑部（Board of Justice）。

第六是工部（Board of Public Works），负责管理公共建筑、运河和道路等方面的事务。

此外，还有都察院（court of censors）。都察院的职责是修正各部的行为，并且向皇帝报告全国担任各种职务的官员的不当行为。地方各省的主要官员有巡抚及财政、治安、教育部门的负责人。他们住在各省的省会。各省下属知府的职级与法国的省长（préfet）相当。知府领导着各阶层的受薪下属。知府下属各县知县住在县衙。知县负责县政府的良好运转，该县所有需要做出法律决定的事务也由知县处理。县由许多村庄组成，每个村庄的管理者叫里长（headmen）。里长由各县知县领导。

村民大会选举产生里长。里长的职责是监督捕快（因为捕快队伍中的不良问题通常比较多），同时，里长要关注当地所有重要事务。里长要帮助村民解决所有小争吵或小纠纷。如果出现严重骚乱，里长就是连接上级政府机构与村民的中介。很大程度上，知县希望里长负责自己所在村村级所有违法行为。一旦村里出现违法行为，里长应立即向知县汇报或解释。村里出现困难或麻烦时，通常是周围村庄的长者聚在一起讨论决定并采取最明智的措施。长者的决定通常情况下就是大家一致认可的最终决定。

村中长者拥有的特殊地位和威信说明中国人有敬老的传统，并且乐于接受长者的指导。村中长者这个特殊群体的存在，对解决中国百姓和外国人之间出现的问题具有十分重要的作用。大多数情况下，里长早年通过童试，是秀才。因此，有了政府赋予的权利，里长管理村民时就有了精神优势。①

为了防止偏袒行为和其他恶行出现，清政府十分谨慎。按规定，官员不得在自己的出生地担任官职，巡抚和其他主要官员不得在自己曾经取得功名的省份担任官职。官员的任命名单都会登在皇榜（Imperial Almanac）上。1844 年，清政府共任命官员一万两千七百五十八人，满族人和汉族人的比例大约是一比六。1852 年，清政府共任命官员两万零三百二十七人，满族人和汉族

①　洪秀全的父亲就是当地里长。以下对洪秀全父亲的描述引自韩山明的作品："洪秀全的父亲是一个可敬的老人。他留着长长的胡须，待人诚实、直率。宗族指定洪秀全的父亲管理祖上留下来的土地，土地产出的作物归整个宗族所有，其收入作为共同财产留存，供宗族共同事务需要时使用。洪秀全的父亲还被推选为里长。他不仅要解决自己村庄里村民之间的争端，还要拟定与周围村庄达成的所有协议条款。"这段话来自洪仁玕的叙述。洪秀全所在的村子主要由一个家族或宗族居住，洪秀全的父亲是主要成员之一。——原注

人的比例大约是一比五。杜赫德估计，繁荣时期清朝官员总数超过一万三千人。我之所以列出上述数据，是为了证明如果清政府在分配官职时采取公平合理的方式，那么中了举人的考生都有机会在很短的时间内谋到一个官职。前文已经阐明，据外界估计，三年一次的乡试中考取功名的人数是一千七百四十。1844 年到1852 年，皇榜上的名单增加了七千多人。保守估计，假设清政府任命的官员人数为一万五千，平均任期为二十五年，那么每年将有六百个职位空缺。如果所有举人都是官员候选人（这是极不可能的），那么举人的数量也远远不够。

　　要估计太平天国运动爆发时清政府的实力，读者首先必须关注可供清政府调配的兵力，其次是维持相应兵力的财政能力。

　　清军包括两部分：八旗军（the Forces of the Eight Standards or Banners）和绿营。八旗军队具有单独编制，是清军的核心。绿营都是汉族士兵。皇帝信赖并依靠八旗军队维护自己的统治权力。八旗军队的兵力大约是二十万人，其中近一半驻扎在北京及附近地区，其余作为补充兵力分布在各省主要城市。必要时，分布在各省主要城市的八旗士兵也负责当地的治安。

　　1842 年到 1843 年，英国占领的驻防城镇中，八旗驻军平均人数是两千人到三千人，而绿营的兵力至少是其三倍。绿营虽然兵力更多，但在军事效率方面远低于组织精良、武装完善的八旗军队。威妥玛^①根据官方文件和其他可靠文件计算得出，1851 年中国各省绿营总兵力是六十万人。在一份出版物中，密迪乐列出了自己的详细调查结果，如下表所示：

类别	人数
卫戍步兵	320 927 人
机动步兵	194 815 人
骑兵	87 094 人
总计（不包括军官）	602 836 人

表中统计的士兵中，现役人员不超过十分之一。清朝军队中的步兵组织在许多方面与法兰西国民警卫队（French National Guards）非常相似——不需要值勤时，士兵在城内从事各行各业营生，只有在极少数情况下，他们才会从自己的日常生活中抽离出来，响应征召；战争结束后，他们就会把古雅的老式武器和其他装备放回仓库，恢复平静的日常生活。

通过射箭、举重、骑术等方面的武举考试的人才能被任命为军官。与科举考试类似，武举考试也是三年一次，在各省省会举行。根据官方资料，从总兵到把总，清朝各级军官共有七千到八千人。也就是说，每位军官平均指挥七十五个士兵。

---

① 现任英国驻中国北京大使馆中文秘书。——原注

根据上述信息，清政府可调配的总兵力超过八十万人^①。如果分配到十八个省，每个省平均拥有四万五千人的兵力。不过，其中至少一半兵力必须留作卫戍步兵，而不是野战可用兵力。因此，考虑到伤亡和疾病，各省可用的兵力（例如，用作追剿叛军、夺回城市或平息边远地区叛乱的兵力）显然不超过两万人。如果清朝的道路分布或地域划分比较理想，上述兵力足矣。然而，据估计，清朝十八个省的总面积达一百三十万平方英里，每个省的平均面积为七万两千两百二十二平方英里。当然，各省面积差异很大，四川省的面积最大，浙江省的面积最小。但按照各省的平均面积来算，两万个士兵必须始终负责七万两千平方英里的土地。在欧洲^②，七万两千平方英里的土地相当于一个国土面积很大的王国了。然而，镇压百姓起义的主要困难并非疆域面积过大，而是军用道路缺乏。在南方，即使是主要道路，也不比人行小径好多少。许多村庄位于水稻种植区，除了田地边界狭窄的土堤，没有其他交通道路，而狭窄的土堤还不够两个人并排行走。在雨季，土堤几乎无法通行。此外，无数灌溉溪流穿插交错，不熟悉当地情况的人甚至有可能要走实际距离的两倍路程才能到达目的地。

---

① 附加其他著名作者估算的清政府可调配的总兵力：格鲁贤估算有八十万名士兵、五十六万五千匹马；钱德明估算有八十二万三千两百八十七名士兵、七千四百一十七名军官；古伯察估算有五十六万名士兵；《不列颠百科全书》中，"中国"条目的作者认为有八十二万两千名士兵、七千五百六十二名军官。——原注

② 英格兰（不包括威尔士）的面积是五万零三百八十七平方英里。——原注

没有哪个国家比中国更需要军事改革，更需要武器补给或粮食补给的运输革新。在交通方面，中国北方省份的情况比南方省份的情况好得多。比如，山东（Shantung）省和直隶（Chih-le）省①的道路维护得很好，道路宽敞，可供马车通行。在最近②几次军事行动中，英国军队行进到天津时，发现天津的道路可以满足所有行军需求，骑兵和野战炮可以毫不费力地转移。

　　如果不把清政府的水师力量考虑在内，那么对清政府军事实力的调查明显无法得出完整的结论。尤其是最近在长江上游的几次军事行动中，清政府的水师表现不俗。平时，清政府的水师很少受到关注，并且缺乏可靠的数据，要得出准确的结论并不容易。在构成和管理方面，清政府的水师与人们通常说的"常备海军"（standing navy）非常相似。除了一定数量的军官和士兵长期在舰上外，大量水师驻扎在岸上。紧急情况下，他们随时登船作战。古伯察表示，清政府整个水师兵力不超过三万人。显然，古伯察提供的数字没有充分依据，肯定大大低于实际数字。1856年，佛山（Fatshan）附近的水师行动中，大批满载士兵的战船前来抵抗英国军队的攻击。仅从此次行动，就可以看出古伯察估算的数字有误。根据通商口岸及其邻近河流的水师设施判断，我认为清政

---

① 　直隶省，清朝的一个行省，辖区包括今北京市、天津市、河北省大部和河南、山东小部分地区。——译者注
② 　本书中说的"最近""现在""目前"等时间表述，均指本书写作时的时间，并非指现在。——译者注

府舰上官兵的实际数量只有三万人。如果将驻扎在岸上的兵力考虑在内，清政府水师总兵力可能不少于六万人。

关于清政府的军事力量情况，我们还可以看看《中国杂志》（*Chinese Miscellany*）中的一段描述：

1860年，未能成功保卫大沽炮台的清朝士兵中，有很多人是附近地区的劳动者及其他人。他们被匆忙征召而来，穿上军装、带上武器就上阵了。在天津南边一个炮台的一个军官住处，我发现了一份文件。这份文件详细记录了该军官指挥的军队中自愿加入军队参与抵抗的士兵人数及他们的军饷和口粮。文件还预估了各阶层百姓能够加入战斗的人数。由此可见，这份文件记录的军队中大约有三分之二的人都是未经训练的乌合之众。

第一次鸦片战争开始前的几年里，清政府雇用武装力量维持上海城内及城外后来割让给欧洲人的土地的秩序。清政府雇用的武装力量包含七百名步兵、五十匹马、四艘游艇和两艘划艇。随时待用的军备品有：五百九十顶铁头盔、八十六件铁纹皮革斗篷，四十八件镶有黄铜纽扣的军服、一百二十八件蛇纹军服、一百四十件带丝质徽章的军服、三百六十件带猛虎徽章的军服、五十五件带"勇"字徽章的军服，两百六十把剑、一百五十张弓、四千七百五十支箭、三百六十支鸟铳、九支长矛、三百六十把斧头、五十五个盾及配套的剑、十五门带炮架的大炮、八十支抬枪、十个火药箱、大量旗子、鼓、锣、号角、帐篷、屏风、火柴，四百个铁丸、两千三百四十五个小一点的铁丸、四千五百七十发子弹、四千一百四十四磅小号子弹、五千磅火药。

接下来，我们来看看清兵的待遇。

省级军队现役士兵每月的军饷是一点五两（tael）白银，相当于十先令①；未服现役的士兵军饷比较少，每月只有大约零点九两白银（略少于六先令）。②

据文献记载，1851 年，从广东省、湖南省和贵州省征召来镇压暴动的人，每天的军饷是0.07两白银，更确切地说是五便士③多。此外，他们每人每天还可获得0.83品脱④大米。

镇压暴动时，临时向地方征召人员是清政府采取的一个必要措施。根据承诺，被征召的人员可以得到十两白银的赏金，每天的军饷相当于八点五便士，还可以获得和现役士兵同等数量的大米。

①　先令，英国旧货币单位，1先令等于12便士。——译者注
②　一两白银的价值相当于六先令两便士。——原注
③　便士，英国货币单位，1970年以前采用旧制，1英镑相当于240便士。——译者注
④　品托，美英等国常用的容积单位。在英国，1品脱约合0.5683升。——译者注

骑兵军官（非指挥官）平均每月军饷六两白银，但只能领一半，剩下的一半白银以同等价值的实物支付，比如大米或其他粮食。步兵军官每月所有收入只有四两白银。指挥战舰的水师军官可以获得足以养活全家的大米等粮食，每月还有三两白银的津贴。

　　1851 年《中国丛报》刊登的一篇有趣的文章中，威妥玛注释：清政府仅军费开支就是三千零八十七万四千零四十五两白银，约合一千万英镑[①]。这笔开支的具体分类如下表所示：

清政府军费开支分类	金额
兵部	37 450 两白银
八旗军	15 963 450 两白银
绿营	14 662 650 两白银

　　另外，剩下的一小部分钱用作额外津贴和补贴。可以看出，与人数更多的绿营相比，八旗军的军费比例大得多。

　　1847 年，扣去地方支出预算后，清政府的财政收入预算约合一千八百五十万英镑[②]。而这一年，包含皇帝私人开销及朝廷开支在内，整个财政支出预算是一千八百万英镑。收入预算减去支出预算，还剩五十万英镑。但 1847 年，河南省闹饥荒，河南省本应上缴的税收或粮食要么免除，要么用于救助遭受饥荒的百姓。田地和盐的税收也低于预期值。结果，全国财政入不敷出，出现

① 英镑，英国货币单位，1970年以前采用旧制，1英镑等于20先令。——译者注
② 根据裨治文提供的官方文件计算得出。——原注

了两百万英镑的赤字。

　　当时，清朝人口可能不少于四亿。据保守估计，1847 年，清朝十八个省的人口至少有三亿七千五百万[1]。那么，总面积约一百三十万平方英里的土地上，平均每平方英里就有两百八十八人。与欧洲人口分布相比，清朝十八个省人口分布的比例并不算高。与其他任何一个文明程度和政治地位相当的国家相比，清朝的税收水平和军队数量都偏低。

　　鉴于许多读者可能对清朝财政收入和财政支出的一些细节感兴趣，我补充以下内容。这些内容摘自《德臣西报》——又名《中国邮报》（China Mail）——中的一篇文章。我认为，这篇文章是裨治文[2]在 1848 年写的。

收入预算	金额
土地税	28 208 695 两白银

---

[1]　此处列举其他时间的中国人口数据：《中国丛报》记载，1393年中国的人口是六千零五十四万五千八百一十一；据格鲁贤估计，1736年中国的人口是一亿两千五百零四万一千二百四十五；据马礼逊估计，1792年中国的人口是三亿三千三百万；《中国丛报》记载，1812年中国的人口是三亿六千二百万；而最近一次人口普查的结果显示，中国的人口是四亿。根据《统计学会期刊》1861年12月刊载的文章，1811年，英格兰和威尔士的人口是一千零四十五万四千五百二十九。而1861年，英格兰和威尔士的人口达到了两千零六万一千七百二十五。由此可见，五十年间，英格兰和威尔士的人口几乎翻了一番。了解了英格兰和威尔士的人口五十年间的变化，读者一定不会再对中国人口的迅速增长心存疑虑。——原注

[2]　原名是伊莱贾·科尔曼·布里奇曼（Elijah Coleman Bridgman）。——译者注

征收的稻谷等实物税的价值	9 438 670 两白银
盐税	4 704 382 两白银
过境税	4 199 335 两白银
对外贸易税	3 000 000 两白银
矿产税	2 021 105 两白银
丝绸贡品的价值	307 590 两白银
杂项	2 729 607 两白银
八旗土地租金	463 043 两白银
茶园税	108 481 两白银
国库总支出盈余部分	4 316 684 两白银
总计	59 497 592 两白银

　　因为财政支出的分类太多，所以我只列一些重要的和比较引人注目的分类，如下表所示：

财政支出分类		金额
百姓拨款、巡捕和军官军饷		7 087 198 两白银
京城中央机构官员的薪俸		668 337 两白银
公职人员的岗位设置及官员更替的开支		2 014 984 两白银
堤坝、公共建设等支出		2 360 000 两白银
文人学士的津贴及科举考试开支		293 806 两白银
扶老济困公益支出		333 572 两白银
杰出人士的酬金、养老金等支出		401 669 两白银
皇室建设	满族儿童、老人、体弱者及穷人的津贴	991 845 两白银
	喇嘛庙的建设、皇陵的祭祀等事项	344 574 两白银

CHAPTER III
第 3 章

传教活动

Missions

地理学家都应该感激耶稣会和天主教其他修会的传教士在中国为地理学发展所做的努力。传教士在地理学方面取得的成绩让地理学家欣喜若狂。为了了解并确定未知地点的经度和纬度而去国外考察的人，心里应该很清楚：即使拥有现代设备，同时在现代地理知识的帮助下，要获得准确的结果，仍然困难重重；即使小心谨慎，便携式计时器和无液气压计、沸点温度计、六分仪和经纬仪、测微计和千分尺、指南针和人造水平仪也会经常失灵。然而，18世纪初，一些到处传教的欧洲神父横穿中国辽阔的疆土，精准地将城市的位置、河流的方向、山脉的海拔标注在地图上。传教士在细节上的精准度及对中国地理轮廓描述的准确性绝对了不起。现在，英国的中国地图都是根据传教士当年的观测结果绘制的。后来，测量员有机会仔细核对某些地理位置，尤其是长江的边界，结果发现只有少数细节存在一些误差。除非为了更严格的地理调查，否则这些误差几乎可以忽略不计。

传教士认为，中国人不仅要大致了解中国的疆域，还要知道中国当时在天文学方面的进步。17世纪末，在神父张诚[①]、白晋[②]和徐日升[③]的指导下，清朝最智慧的皇帝康熙帝花了大量时间学习算术、几何及一些高等数学知识。16世纪末，耶稣会神父利玛窦历经艰辛来到北京。他是著名的克里斯托弗·克拉维乌斯

---

① 原名是让-弗朗索瓦·热尔比永（Jean-Francois Gerbillon）。——译者注
② 原名是若阿基姆·布韦（Joachim Bouvet）。——译者注
③ 原名是托马斯·佩雷拉（Thomas Pereira）。——译者注

（Christopher Clavius）^①的学生，才华横溢，多年来一直在中国传播知识和宗教。

18 世纪末，遣使会（Lazarist）^②传教士罗广祥^③十分有名。遣使会是圣文森特·德·保罗（Vincent de Paul）创立的一个高贵、虔诚的修会。康熙年间，著名的南怀仁^④在中国天文学领域扮演了非常重要的角色。他因用汉语写了几部重要的数学著作而名声大振。此外，南怀仁还负责教授中国人铸造大炮，并亲自制造了大量大口径炮。

1805 年，清政府下谕严禁洋人刻书传教^⑤。这严重威胁到传教士在中国的生存。即使这样，对欧洲同胞而言，传教士的行动仍然值得称赞。传教士为欧洲同胞带来了与清政府省级行政区划有关的可靠信息。传教士在中国及其邻近国家传播基督教的历史就是一部不屈不挠、孜孜以求的奋斗史。

1625 年，在陕西（Shensi）省西安（Singan）城墙附近几座

---

① 克里斯托弗·克拉维乌斯（1538—1612），德国数学家、天文学家、耶稣会传教士，为公历的改进做出了突出的贡献。——译者注
② 遣使会，1625年在巴黎成立的一个天主教修会，宗旨是给穷苦百姓提供宗教教育，培养神职人员，并且向外国传教。——译者注
③ 原名是尼古拉-约瑟夫·罗（Nicolas-Joseph Raux），法国人。——译者注
④ 南怀仁（1623—1688），原名是费迪南德·韦尔比斯特（Ferdinand Verbiest），西属尼德兰（今属比利时）人，耶稣会传教士，数学家、天文学家，康熙年间来华传教。——译者注
⑤ 这次持续多年的禁教源于清政府发现了一张席澄元准备运往欧洲的地图。清政府怀疑这张地图上绘制了中国可供西方列强攻击的许多地点。——原注

老房子的废墟下，一些干活的石匠发现了一块大石碑。石碑上面记述了基督教最初传入中国的情况。石碑上刻的时间是 781 年，碑文中提到了景教 ① 的传入及其后续发展。根据石碑的记录，有一个叫阿罗本（Olopun）的人似乎是第一个踏上中国国土的景教徒。阿罗本来自叙利亚，于 636 年来到中国。7 世纪到 14 世纪，景教徒不遗余力地让中国人信奉景教。要不是佛教徒的顽强抗争，景教徒可能早已成功。9 世纪，景教徒建立了许多教堂，教徒的数量也很可观。然而，景教教堂和景教徒现在都荡然无存。如果不是石匠偶然挖掘出这块石碑，以及早期天主教的一些主教在信中提过景教，景教是否会被人知晓都是个未知数。

圣方济各会（Franciscans）有幸成为第一个在中国传播天主教的教会。1307 年，教皇克莱门特五世（Pope Clement V）任命方济各会成员若望·孟高维诺（John de Monte Corvino）为汗八里 ② 总主教。1333 年，另一个方济各会成员尼古劳斯·德·本特拉（Nicolas de Bentra）接替了若望·孟高维诺。忽必烈及其继任者的统治十分宽容，元朝百姓享有宗教信仰自由。元朝统治时期，百姓中有景教徒、天主教徒、佛教徒、犹太教徒及发展迅速的穆斯林。就任主教几年后，若望·孟高维诺夸口说已经

---

① 景教，即基督教聂斯托利派，起源于叙利亚，唐朝时期传入中国，一度兴盛，被认为是最早传入中国的基督教派，后来因唐武宗灭佛而迅速衰落。——译者注

② 元朝大都的突厥语别称，即今北京。——译者注

有几千名教徒，同时建造了大量教堂。但狂热的若望·孟高维诺不满足于上述成果。在北京居住期间，他掌握了蒙古语，并且用蒙古语翻译了《旧约》中的《诗篇》及《新约》全书。据推测，基督教之所以在中国传播失败，很大程度上是因为方济各会和景教之间的分歧。当时，基督教在中国西北省份非常盛行，很有可能会取代佛教的统治地位。

后来，元朝被推翻，朱元璋建立了明朝，教皇不再向中国派出使者和传教士。两百年来，中国的基督教徒孤立无援，纷纷转为佛教徒。之后，耶稣会传教士第一次登陆中国时，几乎看不到天主教存在过的痕迹。1540 年 9 月 27 日，教皇保罗三世（Pope Paul III）认可了耶稣会的地位。1582 年，耶稣会先驱利玛窦抵达广州。

弗朗西斯·哈维尔（Francis Xavier）[1] 曾因在印度洋和日本海的岛屿上传教而出名，但未能到达中国。最后，他死于距离广东几英里远的上川（Sancian）岛，而在上川岛上就能看到广东。

1601 年，利玛窦抵达北京。他在中国多个城市生活过，并且熟悉当地的语言和风俗。利玛窦用中文翻译了欧几里德（Euclid）[2]

---

[1] 　弗朗西斯·哈维尔（1506—1552），又称方济各·沙勿略，天主教传教士，耶稣会创始人之一，到马六甲和日本传播天主教的先驱。——译者注

[2] 　欧几里德，公元前4世纪到公元前3世纪的希腊数学家，被誉为"几何学之父"，其著作《几何原本》为欧洲数学的发展奠定了重要的基础。——译者注

的作品。对此，中国人深表感激。利玛窦在北京期间，更多的耶稣会传教士加入了他的行列。1610年利玛窦去世时，基督教在中国的传教活动已经取得了很大的进展。

1631年，多明我会（Dominican Order）①派出成员协助耶稣会传教士。不久，方济各会也开始效仿多明我会。现在，在中国的传教士数量非常可观。传教士开始进入中国的中心地带。他们前往西部省份和南部省份的农村生活、工作。

满族人入关后的第一位皇帝——顺治帝统治时期，德意志耶稣会传教士汤若望（Adam Schall）声名鹊起。从1661年顺治帝驾崩后到即位者康熙帝亲政前，基督教的传教活动受到严重破坏。除了极少数情况，清政府要求所有传教士离开中国内地各省，退到广州或葡萄牙人在澳门的定居点。许多教堂被毁，大量教徒被囚禁，还有一些人被斩首。汤若望也被关进监狱，很快就死了。

康熙帝亲政后，情况有所改善。康熙帝统治时期，天主教得到清政府的大力支持。这主要是因为耶稣会神父南怀仁②与康熙

①　多明我会，又称多米尼克派，由西班牙人圣多米尼克于1216年在法国建立的天主教托钵修会。——译者注
②　皇帝写的一篇文章在南怀仁的葬礼上宣读，后来经过翻译，收录在李明（原名是路易·勒孔特。——译者注）的《回忆录》中："朕念南怀仁来自遐方，效力年久，综理历法，允合天度；监造炮器，有益戎行；奉职勤劳，恪恭匪懈；秉心质朴，始终不渝，朕素嘉之。前闻卧疾，尚期医治痊可。今遽尔溘逝，用轸朕怀，特赐银贰佰两、大缎十端，以示优恤远臣之意。"——原注（以上这段文字实为南怀仁去世时，康熙所颁上谕。一年后，康熙亲撰祭文，遣官加祭。祭文后刻于南怀仁墓碑碑阴。——译者注）

帝之间具有深厚友谊。

　　从 17 世纪末到 1722 年康熙帝驾崩，各个传教团之间不断出现纷争。因为清政府只认可利玛窦宣传的教义，而不认可其他教义，所以耶稣会一直独占鳌头。

　　为了终结恼人的麻烦，教皇英诺森十二世（Pope Innocent XII）派出了宗座代牧（Apostolic Vicars），并赋予其最高权力，以期团结持异见的人。意大利人康和之（M.D' Argolis）①是中国第一个宗座代牧，他是方济各会成员。这是继若望·孟高维诺之后，方济各会第二次有幸为中国的传教团派遣负责人。随后，其他宗座代牧相继得到任命，其中一位还是中国皈依者。当时，罗马教会正处于鼎盛时期。此后，罗马教会再也没有恢复当时的盛况。中国的天主教徒达数十万人，各式教堂遍布全国。1708 年 7 月 4 日，康熙帝亲自主持的测绘工作开启。这项伟大的工作进展迅速。在神父杜德美（Father Jartoux）的指导下，清政府的地图绘制工作②于 1717 年 1 月 1 日完成。此次测绘工作的测绘员主要从耶稣会成员中挑选，九位神父参与测绘，测绘计划采用三角测量法。显然，参与测绘工作的人员不仅需要持续不断的努力，还必须非常熟练测绘工作，具备相关领域的

---

① 　排在康和之前面的是耶稣会的赫利奥波利斯主教（Bishop of Heliopolis）。但抵达中国南方后不久，赫利奥波利斯主教就去世了。——原注
② 　测绘范围也包括满洲和蒙古相当大一部分区域。——原注

专业知识，否则在这么短的时间内，几乎不可能完成近两百万平方英里的测绘工作。

　　1722 年，康熙帝驾崩，雍正帝即位。很快，雍正帝就表现出了对基督教及其传教士强烈的厌恶之情。康熙帝统治时期耶稣会获得的法令许可被取消。1724 年，清政府颁布了一条法令，以最严厉的处罚措施禁止基督教传播，并威胁监禁基督教徒。清政府颁布这条法令，主要是为了避免国内发生暴动。耶稣会传教士在日本的行为已经引起了麻烦就是一个警示。传教士之间无休止的纷争，以及传教士表现出来的明显的政治意图，使清朝统治者认为有必要采取一些措施阻止基督教的传播进程。清政府下令要求地方官员摧毁所有教堂。除了少数出于科学目的留在北京的传教士，其他传教士都被驱逐到澳门。清政府还指示，传教士从此不许再与中国人有交集，也不许踏上中国内地的土地。此后多年，传教士一直在暴风雨中行走。他们不顾法律禁令，乔装打扮，逐渐潜入各省，拜访分散各地的教徒。教徒也随时准备接待并庇护传教士。传教士和教徒都经常因自己的鲁莽和冒失而饱经苦难。这一时期的传教史，有很多殉道的记录。此后，身处中国的传教士的命运就一直起起伏伏。有时，经过长时间的平静后，传教活动获得一些进展，中国内地默许传教士进入。但有时，因为各省巡抚的汇报使清政府意识到了问题的严重性，所以传教士就会或多或少地受到迫害。这主要取决于地方行政长官的脾气。例如，

1747 年，白多禄 ① 主教和五名多明我会传教士在福建省丧生。1767 年和 1784 年，清政府下令搜查四处藏身的外国人和本地基督教徒，许多人被扣押和监禁。尽管如此，只要条件具备，天主教传教士从未停止传教活动，甚至不惜冒一切危险。1805 年，清政府发现席澄元 ② 的地图。这为传教活动带来了更大灾难，甚至导致大多数留在北京协助天文和数学研究的传教士被驱逐出京。最后一个因传教而被判死刑的欧洲人是刘格来 ③。1820 年，刘格来在武昌被绞死。几年前，天主教四川主教徐德新 ④ 与蓝月旺 ⑤ 也遭遇了类似的命运。1820 年道光帝登基后，虽然地方政府对传教活动仍怀有敌意，传教活动也受到许多阻挠，但传教士的生存环境相对宽松了一些。

1773 年，教皇克莱门特十四世（Pope Clement XIV）解散了存在了两百三十三年的耶稣会。1773 年下半年，这个消息传到北京。1835 年，一名到访北京的遣使会成员在废旧的修道院餐厅墙上发现了一句纪念耶稣会被解散的告别铭文。耶稣会解散后，教皇克莱门特十四世把在中国传教的任务委托给遣使会。

---

① 原名是彼得·桑斯（Peter Sanz）。——译者注
② 原名西吉斯蒙多·迪圣尼古拉（Sigismondo di San Nicolà），法国钟表师，传教士。——译者注
③ 原名是弗朗西斯·雷吉斯·克莱（Francis Régis Clet）。——译者注
④ 原名是让·迪弗雷斯（Jean Dufresse）。——译者注
⑤ 蓝月旺（1760—1816），原名是乔瓦尼·达特廖拉（Giovanni da Triora），意大利传教士，属于方济各会，1800年到中国传教。——译者注

圣文森特·德·保罗建立遣使会的初衷是引导穷人信仰天主教。遣使会成员必须接受几年时间的学习，才有资格被派往国外。因此，他们非常适合接替耶稣会传教士的神圣职责。遣使会传教士抵达中国后不久，其中一个传教士罗广祥（M. Raux）因才华出众而受到重用。遣使会另外两个传教士古伯察和秦噶哔（MM. Huc and Gabet）因前往蒙古和西藏而为欧洲人熟知。

1827 年，天主教传教活动明显消歇时，一个叫"信仰传播协会"（L'Association de la Propagation de la Foi）的组织在里昂（Lyon）成立，目的是促进天主教传教活动。信仰传播协会对所有国家开放，欢迎所有人加入。会费每周零点五便士，成员有权享受教皇授予协会的特权。随后，信仰传播协会的规模不断壮大，可供支配的资金非常充裕。短短几年内，信仰传播协会不仅在物质上帮助维持现存的传教活动，还向世界上几乎所有地区输送传教士。额外的传教经费开始输送到中国，派往中国的传教士也不断增加。在邻近中国的越南河内及越南南部，新的传教团体形成，传教经费也得到了充分支持。1845 年，即信仰传播协会成立的第十八年，协会的收入有三百多万法郎。而 1835 年到 1845 年，信仰传播协会年平均收入达四百多万法郎，其中每年流向中国的传教经费有四十万法郎到五十万法郎。在 1830 年写给信仰传播协会的一封信中，遣使会传教士说，遣使会负责中国七个主要省份的传教活动。当时，他们已经拥有八万名教徒。后来，这封信发表在信仰传播协会的年鉴上。这封信还介绍了遣使会在世界各地的传教情况。根据这封信的描述，信仰传播协会似乎比耶稣会在任何时期拥有的传教组织和传教士都要多，并且在传教组织和传教士的数量上都超过了当时其他所有教会的总和。

据估计，1840年，中国的基督教徒总数为三十万三千。八个主教和五十七个外国传教士分散在中国各地，其中二十四人属于遣使会。太平天国运动爆发时，中国的基督教徒人数增加了一万两千。当时，除了一百三十五名本土传教士，中国还有八十四名外国传教士。许多省份已经建成了教会学校和小教堂。

虽然早在1814年，教皇庇护七世（Pope Pius VII）就恢复了耶稣会，然而直到1847年，耶稣会才有足够的实力派遣传教士前往他们曾经传教的地方，他们曾经获得成功也曾历经苦难的地方。那一年，耶稣会传教士接管了安徽省和江苏省的传教任务。当时的许多信函表明，耶稣会传教士对能够再次融入众多教徒中欣喜若狂。一到中国，耶稣会传教士就迅速开展传教活动。在已故杰出主教赵方济的指导下，耶稣会传教士几年内就获得了很大的影响力。他们在上海建造了一座大教堂。教堂旁边为孩子建造的教会学校欣欣向荣、组织有序①。在邻近的徐家汇，耶稣会传教士拥有并管理着在中国广泛分布的外国学术机构。

随着教徒人数的迅速增加，耶稣会开始扩大活动范围。除了

① 耶稣会派遣的一个传教团抵达中国三年后，在中国拥有不少于一个主教、二十六个外国神父、四个本土神父及五个助理主教。耶稣会大教堂初具规模。教会学校也已投入使用。——原注

安徽省和江苏省，耶稣会的势力已经渗透到了直隶省北部和东部。

　　耶稣会发布的一份报告详细描述了 1858 年天主教在中国的传教情况。这份报告中，列举了中国每个省份的传教活动，列出了外国传教士和本土传教士的总人数，以及中国基督教徒的人数。从这份报告中，可以了解到：法兰西传教团巴黎外方传教会（Paris Foreign Missions Society）负责东北、西藏、贵州、广东、广西、云南、四川西部和南部、海南、香港及朝鲜半岛的传教事务；遣使会负责蒙古、河南、江西、浙江及直隶西部的传教事务；耶稣会负责安徽和江苏的传教事务；多明我会负责台湾和福建的传教事务；募缘会 [①] 传教士分布在山东、陕西、山西、湖南和湖北。此外，香港还有一个意大利传教团。据估计，中国的基督教徒总人数超过四十万。在教会学校接受教育的男孩人数也非常可观。天主教会一直非常重视当地神父的教育。为此，天主教会专门开设了几所教会学校。其中一所教会学校位于那不勒斯（Naples），其他教会学校分布在槟城（Penang）[②]、澳门和蒙古。在儿童教育领域，耶稣会一直处于领先地位。正如树枝弯曲，树就会跟着倾斜，耶稣会认为在儿童教育领域的投入终究会得到回报。因此，与其他领域相比，耶稣会把更多的时间投入到儿童教育领域。无论是在中国还是在其他国家，耶稣会在儿童教育领域

[①]　募缘会，一种托钵修会，成员没有私人财产，也不从事贸易活动，过着贫穷、漂泊的日子，靠百姓的捐助生活。——译者注

[②]　槟城，又称槟榔屿，位于今马来西亚西北部。——译者注

都取得了极大的成功。

1859 年到 1860 年，在上海期间，在勒迈特（Lemaistre）神父和拉瓦里（Ravarri）神父的帮助下，我有几次机会参观大教堂[①]旁的教会学校，并且了解其教育体系。我第一次来到教会学校的教室时，孩子们正在教室里上课。让我震惊的是，这些男孩子穿着讲究，外表阳光。他们在各方面的水平都远远高于我在其他地方遇到的中国男孩子的平均水平。参观宁波的基督新教教会学校前，我没有想到会存在如此鲜明的对比。直到了解了完全不同的教授方法及选拔方式后，我才明白这是怎么回事。

耶稣会制定了一条规则：教会学校只接收基督教徒的儿子。通常情况下，这条规则不容违背，其优势显而易见。放学回到家中，孩子发现家里的宗教氛围与自己的信仰完全吻合，每天不会受到佛教仪式的影响，也不会陷入对佛教的狂热崇拜状态。这条规则的另一个优势在于，相对而言，基督教徒越多，教会学校越容易从教徒家庭中选拔健康、有前途的男孩接受教会学校的教育，教会学校的孩子越有可能成为有用之才，从而证明教会学校的教育价值。在许多方面，教会学校都与当地私塾一致。比如，教会学校也教授中国古典文化，尤其是孔子的学说。此外，教会学校会

___

① 这座教堂始建于1850年。当时，教堂已经建成并已开放了几年。教堂建在河边，位于城墙附近的市郊。教堂周围有很多居民。高高耸立的教堂与周围破败的民居形成鲜明对比。这座教堂虽然非常朴素，但无疑是当地最引人注目的建筑。整个教堂能够容纳一千两百人到一千五百人。——原注

花费大量时间专门教授算术，尤其注重与贸易有关的知识；有专门的神父负责教授有音乐天赋的学生。只有在星期日，教会学校才会有常规宗教课程。而工作日里，宗教方面的教育仅限于晨祷和晚祷的朗诵。在教会学校接受教育的每个学生都会记住这一点。耶稣会之所以如此重视中国古典文学的教学，是因为充满竞争的科举考试。耶稣会希望教会学校的学生能够在科举考试中金榜题名，进入官场。接受过教会学校教育的学生一旦进入官场，其影响力或权力必然有利于天主教的发展。

　　然而，这种愿望很少能变成现实。大多数情况下，教会学校的学生家庭经济拮据，社会地位不高。有的家长希望教会学校的教育能够改善孩子的生存环境。有的家长指望朝廷分配官职时能够公平公正，以便于他们的孩子通过科举考试就能摆脱曾经的生活环境。去大教堂参加宗教仪式的教徒通常是劳动阶层中最穷的人，主要是妇女、儿童和衣衫褴褛的老人。显然，他们完全不理解宗教仪式的真正意义，只是机械地遵守规定。不过，我发现教徒满怀一颗奉献的心，十分投入。这有点不同寻常，因为中国的很多佛教徒在佛教仪式上总是表现出一副漠不关心、清心寡欲的神态。天主教传教团在中国的礼拜与佛教的祭拜在很多方面都有相似之处，因此要让中国人信仰天主教一点也不难。但奇怪的是，教徒数量并不多。一定程度上，这是因为朝廷和文人蔑视天主教和佛教，但真正的原因也许是中国各阶层人士对与宗教有关的话题都非常冷淡。

抵达中国后，天主教传教士立即换上当地服装，在符合天主教信仰的范围内，严格遵守当地风俗习惯。天主教传教士充分意识到，自己即将在中国度过余生。或者说，他们意识到必须放弃欧洲的一切，余生都将致力于传播自己的信仰这一伟大目标。为此，天主教传教士必须牺牲个人享乐、世俗野心及身体健康。

16 世纪中期到 19 世纪中期，即使在违反法律的情形下，天主教传教士也坚持深入中国内地，希望教徒忠于天主教会。记录这段时期天主教传教士遭受的苦难的资料也许是有史以来最有意义的作品之一。这些资料记录了许多人毫无瑕疵的人生，也记录了许多学识渊博的人的历史。天主教传教士不断追求自认为伟大、美好的目标，拥有坚定的意志、克己忘我的精神。他们值得所有人最高的敬意。

基督新教传教士经常受到指责，因为他们不像天主教传教士兄弟那样深入中国内地，努力争取教徒。相反，基督新教传教士在通商口岸消磨时间，混迹于最不值得信赖的人群中。基督新教传教士获得了领事的支持，受到军事力量的保护。不过，基督新教传教团和天主教传教团所处的情况不太相同，不能一概而论。天主教传教团造访各省时，会立即拜访一些已知的、值得信赖的基督教团体。这些基督教团体的成员把天主教传教士领到家里，为他们提供一切所需，并且协助他们开展传教工作。危难时刻，当地教徒还会设法帮助天主教传教士躲避搜查，确保其安全。基督新教的传教活动才开始不久。基督新教传教士还不具备天主教传教士当时的有利条件，所以就无法以类似的方式传教。不过，清政府对外国人越来越开放，基督新教传教士将有更多、更好的机会。毫无疑问，基督新教传教士所处境遇与天主教传教士所面临的危险不可同日而语。

1807 年 9 月，中国第一个新教传教士马礼逊^① 抵达中国。中国第一个基督新教教徒蔡科（Tsai-Ako）是土生土长的广东人。1814 年 7 月，他接受洗礼。马礼逊由伦敦传道会派出，抵达中国后不久就去了广州，并且在广州学习汉语。1810 年，马礼逊翻译、印刷并分发《使徒行传》（*Acts of the Apostles*）。1819 年 11 月，马礼逊完成了《圣经》的翻译。翻译《圣经》期间，马礼逊得到传教士米怜^② 的帮助。然而，直到第一次鸦片战争结束，基督新教传教团的影响力才凸显出来。随着五个通商口岸的开放，欧洲人获得了在通商口岸居住和开展贸易活动的许可。各个国家的宗教团体都满怀希望地派遣传教士前往中国。在这之前，几乎没有出现任何具有真正价值或永久意义的重要事件。马六甲的英华书院（Anglo-Chinese College）建于 1818 年，目的是让中国孩子接受教育，在基督新教的信仰中成长。马六甲英华书院尽管得到了大力支持，但并没有获得预期中的成功，二十六年后就中断了办学。精力充沛的知名传教士郭士立^③ 一副中国人的打扮，多年来

---

① 原名是罗伯特·莫里森（Robert Morrison）。——译者注
② 原名是威廉·米尔恩（William Milne）。——译者注
③ 原名是卡尔·居茨拉夫（Karl Gützlaff）。——译者注

搭乘当地帆船在海上航行了几次。在船上，郭士立卖力地向船员传教。郭士立还在沿海各地分发《圣经》和《使徒行传》，但收效不大。

1842 年，传教活动尽管可能并未达到预期的发展速度，但英国传教团和美国传教团都在厦门、福州、宁波和上海建立并稳步发展。与过去天主教长期传教产生的影响相比，基督新教的教会医院无疑为中国劳动人民带来了更多的好处、更大的福祉。

每一个人都不会轻易忘记教会医院带来的好处。据不同港口教会医院的反馈，从 1847 年到 1862 年，数十万病人在教会医院得到医治，其中大多数人是最底层的贫困百姓。许多人康复后通过书信向医生表达感激之情。不过，教会医院的存在并没有直接或间接地增加教徒的人数。这个不太令人满意的结果，使一些传教团开始质疑把资金投入医疗领域是否明智。尽管如此，只要教会医院还是弥补当时中国医疗落后状态的必要手段，人们就希望教会医院能够延续下去。1835 年，在美国传教士伯驾 [①] 的指导下，第一家外国医院——眼科医局——在广州建立。在中国各大城市，尤其是在广州，眼科疾病在穷人中非常普遍。1840 年，第一次鸦片战争爆发。因此，位于广州的眼科医局不得不停业，后来再也没有恢复。因为战争结束后，传教团将精力投入其他港口。雒魏

---

① 原名是彼得·帕克（Peter Parker）。——译者注

林①在上海开了一家医院，非常成功。1845年初，雒魏林表示已经有一万一千名病人得到救治。从雒魏林后来发表的一份报告来看，从1843年到1857年，就诊的病人总数超过了十五万。在宁波，伯驾管理下的教会医院的就诊人数每年平均有一万三千多。来自广州、香港和澳门的报告同样令人欣慰。如果上述信息完全可靠，那么自基督新教传教团建立以来，教会医院救治的中国人多达七十五万人，许多人的疾病彻底被治愈。这样一个意义重大、令人满意的结果毋庸置疑。

　　当时，有二十个教会团体向中国派遣传教士。其中，伦敦传道会在组织和重要性方面都非常突出。除了担负传教任务外，马礼逊、米怜、高大卫②、麦都思③、雒魏林、理雅各④等人还在西方国家广泛传播中国文化。在这方面，美国传教士的表现尤其突出。裨治文创办的《中国丛报》是当时关于中国制度和习俗最有参考价值的资料。欧洲人对另外一个美国传教士卫三畏感激不尽，因为他在《中国总论》中记录中国及中国人的资料非常宝贵。

　　据估计，当时外国传教团派往中国的传教士有八十人，其中一半以上是美国人。每个传教团在每个通商口岸都有自己的教徒和小教堂。维多利亚主教（Bishop of Victoria）乔治·史密

---

① 雒魏林（1811—1896），原名是威廉·洛克哈特（William Lockhart），英国外科医生，伦敦传道会的传教士，1839年到中国传教。——译者注
② 原名是戴维·科利（David Collie）。——译者注
③ 原名是沃尔特·亨利·梅德赫斯特（Walter Henry Medhurst）。——译者注
④ 原名是詹姆斯·莱格（James Legge）。——译者注

斯（George Smith）在香港管理着一所教会学校。这所教会学校主要是培养本地神父，但没有获得理想的成果。香港北部港口也有许多小型日间教会学校。大多数这样的教会学校都紧靠美国小教堂，学生人数很多。不过，不得不承认，教会学校的教学效果非常不理想。除了极少数学生，大部分学生受未信教家人的影响，最终放弃了基督教。在中国传播基督新教，无论最终是否成功，都不应该追究相关负责人的责任。这是管理传教活动的最佳方式，也是困难之处。即使传教活动受环境所限，但与当时正在执行的传教方案相比，要制订出任何其他更优的计划并不容易。显然，当时的传教方案也必然会失败。

除了穷人，没人愿意把孩子送到教会学校。为了接收穷人家的孩子，教会学校甚至得经常向学生发放少量大米或几枚铜钱。考虑到可以解决喂养孩子的问题，穷人便会欣然同意把孩子送到教会学校。此外，还有一个现实问题：教会学校的孩子信仰基督教后，通常会受到未信仰基督教同伴的歧视，这在很大程度上会促使教会学校的孩子放弃基督教信仰。

然而，客观冷静地调查基督教在中国的地位和发展后，我发现，与多年来基督教传播过程中投入的劳动力和资金相比，部分中国基督教徒放弃基督教信仰的影响几乎可以忽略不计。

一方面，欧洲国家和美国的传教士可能会认为自己的努力没有获得相应的回报。另一方面，他们怀有非常强烈的责任感和焦虑感，也许还夹杂着一点自豪感。传教士的活动成了中国发生的最重要革命的诱因之一，这场革命会在一定程度上影响清朝国民未来的宗教信仰。不过当前这种影响还无法清晰预见。

CHAPTER IV
第 4 章

————

洪秀全的早年生活

Early life of Hung-siu-tsuen

————

太平天国领袖洪秀全早年生活的相关资料由韩山明[①] 汇编成《太平天国起义记》一书。洪仁玕交给韩山明的一篇文章的译稿及 1852 年韩山明与洪仁玕对话的一些内容也收录在韩山明的作品中。韩山明撰写的《太平天国起义记》中的内容的真实性毋庸置疑。本书第四章到第五章的内容很大程度上以《太平天国起义记》的内容为基础。后来证实，洪仁玕的叙述中部分日期有误，但其他内容十分可靠。

无论世人如何看待太平天国运动，太平天国运动的领导人对自己的信仰无疑都是真诚的。从洪秀全第一次受到关注时起，只有承认洪秀全仅仅是因为完全忠实于自己的信念，外界才能解释洪秀全的所有行为，不论洪秀全的信念及其结果最终多么令人遗憾。继续了解洪秀全的生平，读者就会对上述观点深有体会。

洪秀全出生的村庄位于广东省，距离广州大约三十英里。村里大约有四百人，几乎都属于洪姓宗族。这一点和中国大多数村庄一样，村民同属一个宗族。洪秀全的父亲洪镜扬是里长。前文已经说明，当时，里长是一个很受村民信赖的职位。然而，洪秀全的家里生活清苦，全家靠耕种稻田及饲养猪和家禽维持生计。周围的邻居同样贫穷，为了生存下去，他们不得不在不停的劳作中度过一生。整个村庄共有三排房子，被两条狭窄的过道隔开。

---

① 　韩山明（Theodore Hamberg），瑞典人，巴色传道会传教士。1847年，受传道会派遣到中国。他的大量传教工作在广东进行，1854年在香港去世。——译者注

第一排房子共有六座房子。房子前面有一个满是泥水的池塘，池塘主要用于灌溉，村里所有污水也排到这个池塘里。池塘左边是一家私塾。第三排西侧的房子就是洪秀全父母简陋的住所。

1814 年，洪秀全出生。他在家中排行老四，是洪镜扬的第三个儿子。似乎从一开始，洪秀全就表现出了勤奋好学的个性及高于普通人的天资。他七岁开始上学，进步很快，并且在识记中国经典著作方面有着非凡的记忆力。然而，洪秀全屡次在广州的府试中落第。尽管如此，洪秀全仍然是村庄里最有学识的人。

在和朋友交谈时，年迈的洪镜扬特别喜欢谈论儿子洪秀全的才华。有人赞扬洪秀全时，洪镜扬都会满脸容光焕发，甚至会邀请他到家里喝茶、吃饭，继续自己最热衷的话题。

在很大程度上，家庭贫困是洪秀全科举考试失败的原因。为了增加洪秀全科举考试成功的机会，家里人已经倾尽所有，在朋友的帮助下把洪秀全送到更远、更好的私塾。但最后，迫于生计，家里人不得不把洪秀全接回家中。于是，十六岁的黄金学习时期，洪秀全被迫在田间劳作、放牛。

洪秀全并不愿意当农民。后来，他去村里的私塾教书。这为他提供了继续学习的机会。虽然报酬很低，洪秀全却甘之如饴。

"秀全"是洪秀全为自己取的学名，他希望以此彰显自己的个性。"秀全"的意思是"优雅、完美"①。在县试中，洪秀全

---

① 还有一种说法是"秀全"这两个字的意思是"禾（吾）乃人王"。——译者注

取得了优异的成绩。当时，花县由广州府管辖。要考举人，洪秀全必须去广州参加考试。1833 年左右，洪秀全前往广州。之前，他已经在科举考试中失利过。这次在广州，洪秀全遇到了一个对自己日后影响深远的人。根据洪秀全的描述判断，这个人一定是基督新教传教士。第二天，洪秀全遇到了两个人，其中一人手里拿着一套书，这个人把整套书全部送给了洪秀全。这套书共有九册，书名是《劝世良言》（*Good Words Exhorting the Age*）[①]。后来证实，给洪秀全送书的那个人是本地基督教徒，被雇来散发宣传基督教义的资料。《劝世良言》的作者叫梁发（Leang-Afah）。他曾在马六甲英华书院校长米怜的主持下接受洗礼入基督教。后来，梁发回到中国。马礼逊发现梁发非常渴望成为福音的传播者，于是任命他为传教士。马礼逊表示，1832 年，梁发印刷了九本由他自己编写的布道书，每本布道书约有五十页，书中内容多半集《圣经》章节而成。这九本布道书合成一套，叫《劝世良言》。

[①]　第一册是《真传救世文》（*A true Account of the Salvation of Mankind*）；第二册是《崇真辟邪论》（*Following the True and Rejecting the False*）；第三册是宣传单合集，其中一份是关于"救赎"的文章；第四册是《圣经杂解》（*Miscellaneous Explanations of Holy Scripture*）；第五册是《圣经杂论》（*Miscellaneous Statements Founded on the Holy Scriptures*）；第六册是《熟学真理论》（*A Perfect Acquaintance with the True the Doctrines*），包含梁发的自传；第七册是《安危获福篇》（*On Obtaining Happiness Whether in Peace or Peril*）；第八册是《真经注言》（*Excellent Saying from the True Scriptures*）；第九册是《古经辑要》（*Important Selections from the Ancient Scriptures*）。——译者注

"《劝世良言》借鉴了马礼逊翻译的《圣经》，包含了大量《圣经》整章内容、许多关于重要主题的文章及以《圣经》为基础的各种阐述。"①

我确信，太平天国的许多信条可能都源于梁发《劝世良言》中的各种"阐述"和马礼逊的误译。

洪秀全把《劝世良言》带回了家。当时，他并未意识到《劝世良言》的重要性，只是随便翻看了一下书中的内容就把其放在一边。1837年，洪秀全又去广州参加科举考试，但再次失利。因此，洪秀全的身体和精神都崩溃了，回到家里大病了一场。洪秀全卧床休息了一段时间。这时，洪秀全才二十三岁，根本不可能有任何途径身居高位或颠覆现有政权。洪秀全认为，自己卧病在床时脑子里出现的幻象一定是生病的缘故。不过，考虑到这些幻象对洪秀全今后人生的影响，我认为洪秀全一定把这些幻象看作现实发生的事件。

在自己生病期间出现的幻象中，洪秀全坐在轿子里，由许多演奏乐器的人抬着，参观一个灯火通明的地方。洗去所有杂质后，一些德高望重的老人陪着他走进一个美不胜收、光彩夺目的大厅。一位身穿黑袍的年迈老人坐在高位，气势威严。一见洪秀全，这位老人流着泪说："世界上的人都是我的子民。他们吃我的，穿我的，但没有一个人挂念我、尊重我。更糟的是，他们拿着我的

① 出自韩山明的《太平天国起义记》。——原注

礼物去祭拜邪神。他们悖逆我、触怒我。你不要效仿他们！"老人递给洪秀全一把剑，命令他消灭恶灵，但要放过兄弟姐妹。老人还交给洪秀全一个能战胜恶灵的封印及一个黄色水果。洪秀全发现这个水果非常香甜。接着，老人嘱咐洪秀全，让他劝说悖逆的人。老人带洪秀全走出大厅，吩咐他观察世上人们的悖逆行为。洪秀全一眼便看到人类的堕落与邪恶。人类的恶行简直难以言表，让人无法忍受。

就在这时，洪秀全从梦中醒来。然而，幻象在他的脑海里久久难以消失。洪秀全穿上衣服，离开卧室，来到父亲面前请安，然后说："天上一位德高望重的老人命令所有人归顺我，所有财富将向我涌来。"

见此情形，洪秀全的父亲洪镜扬喜忧参半。洪镜扬不知道这对儿子来说意味着什么。洪秀全精神恍惚的状态持续了四十天。洪秀全表示，这段时间，自己经常看见一个中年人。洪秀全称他为"兄长"。"兄长"指导着洪秀全如何行事，陪他到天涯海角寻找恶灵，并且协助他消灭恶灵。生病期间，洪秀全经常在房间里像战斗中的士兵一样跑跑跳跳，不停地乱喊乱叫。

对此，洪镜扬非常焦虑。他将眼前的不幸归咎于风水先生 ①

---

① 风水先生的工作就是为死者选择一个吉利的安葬地点。安葬前，风水先生运用工具，为墓穴的修建提供指导。据说，风水先生通常会为死者选择一个满意的"新居所"。墓址的勘察、墓址的方位及墓址离水的距离，都是风水先生需要考量的问题。——原注

选择的埋葬祖先的地点不吉利。于是，他请了几个法师来驱赶邪神。然而，洪秀全说："这些小鬼怎么敢和我作对？我必须杀了他们！我必须杀了他们！无论是谁，都不能违抗我。"

洪秀全的想象力异常丰富，甚至认为自己正在寻找的恶灵可以随意变成飞禽走兽。如果其他方式都没法降服这些恶灵，封印就是制胜法宝。

在劝勉他人时，洪秀全常常落泪说道："你没有敬畏祖先的心，却与邪神交好。"

洪秀全的大哥洪仁发和二哥洪仁达一直把洪秀全关在房间里，看着他，以防他跑出去。洪秀全闹够、跳够、喊够后筋疲力尽，便躺到床上。洪秀全睡着时，很多人慕名前来看他。很快，洪秀全就在整个花县出名了。大家都知道洪秀全疯了。洪秀全常常说自己被正式任命为中国的皇帝。只要有人叫他"皇上"，他就十分高兴。洪秀全的亲戚用尽各种方法，试图治好他的病，但一切都是徒劳。一天，洪镜扬在门柱的缝隙里发现了一张纸条，上面写着朱红色的字："万物的主、至高无上的天王秀全。"洪镜扬把这张纸条拿给家中其他人看，但大家都不明白其中的含义。

此后，洪秀全的身体开始好转，渐渐康复。许多亲戚、朋友前来探望他，希望从他口中了解他在病中经历的一切。洪秀全毫无保留地将自己所能记得的异乎寻常的幻象娓娓道来。亲戚、朋友纷纷表示，整件事情确实很奇怪。当时，他们完全没有质疑洪秀全的陈述。①

　　在此必须注意的是，洪秀全病中出现的幻象是十五年后洪仁玕讲述出来的，因此必须考虑到其中可能存在的错误。尽管如此，鉴于整件事十分简单，并且没有明显的意图凸显，洪仁玕的叙述也有可能最接近事实。产生幻象时，洪秀全身边的人似乎完全把他当作疯子，或者至少是一个暂时缺乏理性的人。因此，他们很可能不会太在意洪秀全说的内容，也不会把洪秀全的话铭记于心。后来，洪秀全开始其征服生涯时，村庄里一定有人想起当初洪秀全生病时说过的胡话。这一定会成为村民们茶余饭后的谈资，因为很有可能正是这些胡话对洪秀全日后的行为和主张影响最大。洪仁玕向韩山明讲述洪秀全的故事时，太平军还没抵达南京，也没有任何关于太平军从广西向北进发后的消息。韩山明是一个高度谨慎、诚实守信的人。他一定是出于对洪仁玕的信任，才会相信洪仁玕提供的信息。

　　痊愈后，洪秀全在离家几英里远的一家私塾当了几年塾师。据说，这时的洪秀全非常严厉。与生病前相比，洪秀全变化很大：更加保守，更加有男子气概。后来，洪秀全又去广州参加了一次科举考试，但同样以失败告终。

　　1843 年，洪秀全在离家大约十英里的一户李姓人家家里做教书先生。在此期间，李姓人家的一个亲戚李敬芳偶然翻阅洪秀全

---

①　生病期间，洪秀全还创作了几首颂歌。这几首颂歌大体上都是关于他在幻象中拥有的权力、惩罚作恶者、奖赏有德者的内容。——原注

的书，发现了《劝世良言》。李敬芳便询问洪秀全《劝世良言》讲述了什么内容。洪秀全表示不太清楚，说《劝世良言》是以前从广州带回来的。李敬芳向洪秀全借走了《劝世良言》，带回家认真阅读。还书时，李敬芳告诉洪秀全，《劝世良言》非常特别，与中国传统书籍有很大的区别。于是，洪秀全开始认真研读《劝世良言》。结果，他惊讶地发现，《劝世良言》为自己生病时出现的幻象提供了恰当的解释。

　　洪秀全终于明白，幻象中坐在高位、受人尊敬、值得所有人顶礼膜拜的老人，就是上帝；指导自己行动、协助自己消灭恶灵的中年人，就是救世主耶稣。洪秀全突然感觉自己好像刚从一个漫长的梦境中醒来，在现实中找到了一条通往天堂的道路，也找到了永生和幸福的希望。于是，洪秀全欢欣鼓舞。从《劝世良言》中了解到受洗的必要性后，洪秀全和李敬芳按照书中的描述，按自己的理解，为他们自己施洗。随后，他们丢掉了神像，把私塾里的孔子牌位也移走了。

　　此后，洪秀全似乎走上了一条狂热追随者的道路。为了推翻现有信仰，传播自己的观点，洪秀全放弃了世俗的一切。洪秀全失去了差事，几乎成了乞丐。

　　同样是在1843年，在拜访一个庞姓朋友时，洪秀全举止疯癫，说话也很奇怪。庞姓朋友觉得洪秀全又疯了，便安排一个值得信赖的人把洪秀全安全送回家。回家后不久，洪秀全就收了两个信徒，一个是洪仁玕，另一个是冯云山。当时，冯云山是塾师，后来成了太平天国运动的主要发起人之一，并且是太平天国举足轻重的人。在研读梁发的《劝世良言》时，洪秀全和朋友越来越相信这套书的出现，就是为了向洪秀全证实曾经出现在他脑海中的幻象是真实存在的。洪秀全相信曾经的幻象及《劝世良言》中的内容都是真实存在的，两者之间相互印证。因此，洪秀全以《劝世良言》为基础建构自己的宗教理论体系，同时将幻象作为行动指导。

　　一定程度上，洪秀全难以真正理解《劝世良言》似乎存在诸多因素：其一，《劝世良言》缺乏适当的注释；其二，书中一些术语混乱。

　　1844 年，洪秀全第一次公开表示决心摒弃公认的习俗。1844年春节期间，洪秀全所在村举办元宵节庆祝活动。洪秀全和洪仁玕受邀为元宵节写颂歌，颂扬神灵的功德。但洪秀全和洪仁玕断然回绝。对他俩的行为，朋友们十分不满。洪秀全因移除私塾里的孔子牌位及放弃当时人们普遍信仰的神灵而失去了塾师的职位。不久，在冯云山和另外两位朋友的陪同下，洪秀全离开了花县，打算前去拜访广西一带的苗族部落。很快，一同前往的两位朋友就离开洪秀全和冯云山，打道回府了。而洪秀全和冯云山坚持前往，最后抵达了目的地。在苗族部落，他们遇到了一个塾师。这个塾师招待他们住了几天。洪秀全和冯云山不懂当地特有的方言，便离开了。

　　洪秀全和冯云山继续前往广西的亲戚家。历经千辛万苦，他们终于来到洪秀全的表哥王盛均家。王盛均热情接待，洪秀全和冯云山在王盛均家住了几个月。在此期间，一百多人成为洪秀全的信徒。这时，洪秀全打算返回花县。他让冯云山和两个洪姓信徒先行一步。两个洪姓信徒欣然答应，但冯云山决定留在广西传教。在附近的一个村庄，冯云山遇到了一些佃农。冯云山向他们传教，努力劝他们信教。听说冯云山很有才华，地主曾槐英请他在紫荆山的私塾当塾师。冯云山在紫荆山待了几年，有很多人皈依。很快，这些追随者就开始聚集起来参加宗教活动，形成了一个组织——拜上帝会。后来，拜上帝会成了社会暴动的主要力量，并且经常在政府官员的备忘录和报告中出现。

在广西完成了传教愿望后，1844 年底，洪秀全回到花县。抵达花县后，他没有看到冯云山，并且完全不知道冯云山的下落。因此，洪秀全只得忍受冯云山家人的责备。

1845 年到 1846 年，洪秀全一直待在家乡。在此期间，洪秀全在当地一家私塾当塾师。洪仁玕的叙述中并没有提及洪秀全是如何再次当上塾师的。在教学过程中，洪秀全似乎仍然在努力向学生传教，并且禁止学生依照旧俗在私塾里敬拜孔子。据说，洪秀全这时开始表现出对清廷的仇恨情绪。一次，洪秀全说："上帝划分世上各国，以海洋为界，就像父亲分家产给儿子。每个儿子都应该尊重父亲的遗嘱，各自保管自己所得的家产。奈何满族人暴力侵入中原，还强夺汉族人的家产！"

洪秀全还写了一些以宗教为主题的颂歌和文章，其中大部分后来收入了洪秀全的文告中。从那时起，洪秀全的写作似乎特别高产。

　　1846 年底，一个刚从广州回到花县的人捎来消息：一个外国传教士正在广州传教。听到这个消息后，洪秀全和洪仁玕决定去广州拜访这个传教士。然而，由于当时有教职在身，洪秀全和洪仁玕只得推迟到 1847 年才动身。这个传教士就是罗孝全①。后来，罗孝全因与南京的太平军有联系而闻名。罗孝全是美国传教团的一员，于 1837 年抵达中国。不久，他前往广州传教，他之后的传教工作主要就是在这儿开展的。根据罗孝全的报告和不同时期的书信判断，罗孝全无疑是一个非常尽责认真的传教士。太平天国运动早期，罗孝全发现，某种程度上自己对太平天国运动主要领导人洪秀全的思想形成起了重要作用。取得了一系列成功后，洪秀全开始给罗孝全写信。在信中，洪秀全流露出非常友好的态度，就像学生写信感谢自己值得信赖的老师一样。见此情形，罗孝全似乎失去了理性判断力。在罗孝全于 1852 年写给《教会传教报》（*Church Missionary Gleaner*）的一封信里全是关于太平天国近乎疯狂的宗教思想和行为。不过，罗孝全的语言有力地证明了自己的真诚。当时，宗教界和思想界都在关注太平天国运动。这场运动似乎为中国复兴拉开了一个奇妙的序幕。然而，基督教徒认为，太平天国首领们令人痛苦的、几乎亵渎神明的自命不凡

---

① 原名是伊萨卡·杰科克斯·罗伯茨（Issachar Jacox Roberts）。——译者注

让人不解。从表面上看，在至高无上的上帝的指引下，太平天国运动即将让基督教成为清朝四亿人的信仰。摧毁人们曾经信仰的神灵、每周留一天做礼拜、认可至高无上的上帝、绝对遵从《十款天条》（*Ten Commandments*），这一切及其他令人欣慰的报告让传教士对未来充满希望。这几年来，所有与太平天国运动有关的著作都强烈支持这场运动。直到最近，欧洲才有人反对太平天国运动。很大程度上，这是因为支持者发现太平天国倡导的信条与自己设想的情况大相径庭。支持者在太平天国运动早期撰写的报告与后来撰写的报告之间形成的巨大反差，也可以说明支持者态度的转变。

　　为实现传教的目的，罗孝全临时采纳天主教曾经的传教计划，身穿中国服装，把自己打扮成中国人的样子。罗孝全略微懂一点医术，这对他的传教帮助很大。罗孝全有一些中国助手，其中一个助手曾听一个花县的人说过洪秀全及洪秀全生病期间脑子里出现幻象的事。于是，罗孝全写信给洪秀全，邀请他到广州。在信中，罗孝全写道："如果你能来广州，我们传教士及教会的兄弟都会非常高兴。"收到罗孝全的信后，洪秀全和洪仁玕赶赴广州。罗孝全亲切地接待了他们。几年后，当有报道称洪秀全在传教团待了几个月，但被拒绝洗礼时，罗孝全给《教会传教报》写了一封信（1852）。直到这时，罗孝全还完全不了解曾经在宗教方面接受自己指导的洪秀全和洪仁玕的本质性格。本书在此引用信中的几句话：

1846年或1847年某个时候，两个中国绅士来到我在广州的家中。他们表示想接受基督教教导。其中一个人很快就回家了，而另一个人在我们身边待了两个多月。在此期间，他学习《圣经》，接受基督教义的指导。他的行为举止无可挑剔。他好像就是太平天国首领洪秀全……他将一篇自己写的文章交给我。文章详细叙述了他收到《劝世良言》这套书的经过，也讲述了他生病的经历。文章还讲到生病期间，他仿佛看到一些幻象。幻象的内容证实了他在《劝世良言》中读到的内容……我承认，当时，甚至现在，我都很困惑，完全不知道他在没有充分研读《圣经》的情况下脑子里是如何出现幻象中的画面的。他要求受洗，但在完全符合受洗条件前，他就去了广西。直到现在，我仍然不知道他后来怎么样了。

根据模糊记忆，罗孝全回忆道，洪秀全身高一米六三到一米六五，相貌平平，体格健壮，圆脸，中等年纪，举止文雅，有男子气概。罗孝全的描述与洪仁玕的描述不太一致。在洪仁玕的描述中，洪秀全很高，椭圆形脸，高鼻梁，眼睛大且明亮，体力极好，举止威严，有着超凡的精神力量。后一说法显有偏颇。不过，在很多方面，罗孝全的讲述和洪仁玕的讲述有惊人的相似之处。这恰好有力地证明了洪仁玕的讲述的真实性。

一到广州，洪秀全等就得到了中国教徒的友好接待。在广州待了一个月后，洪秀全回家了。当时，洪仁玕也在家里。后来，洪秀全又回到广州继续学习基督教义。然而，罗孝全的两个助手嫉妒洪秀全，因此洪秀全待的时间并不长。罗孝全的两个助手担心，以洪秀全的天资，受洗后一定会超越自己，进而威胁自己的地位。为了消除这个威胁，这两个助手建议洪秀全向罗孝全申请一笔津贴。当时，因为中国有一些假教徒经常提出给予津贴的申请，所以基督新教传教士通常对此极为怀疑和厌恶。不知情的洪秀全按照罗孝全两个助手的建议行事，结果惹得罗孝全很不高兴。这样一来，洪秀全的受洗申请被无限期推迟。

　　由于囊中羞涩，洪秀全无法继续在广州待下去。见受洗无望，1847 年 6 月中旬，洪秀全再次前往广西的表哥王盛均家。整个旅程，洪秀全历尽艰辛。刚动身不久，洪秀全身上仅有的一点盘缠就被人抢了。洪秀全靠偶然的接济才得以成功到达广西。一到王盛均家，他便开始打听冯云山的消息。洪秀全了解到，冯云山受雇于附近的村庄，许多人在他的影响下加入了拜上帝会。洪秀全很快也加入他们。拜上帝会的人数迅速增加。据说，1847 年，仅在贵县就有两千多名拜上帝会信徒。拜上帝会的教义迅速传播到邻近地区。许多有影响力的人士，包括一些秀才都加入了拜上帝会。当时，拜上帝会的礼拜形式还很模糊，其主要特征似乎就是废除了所有神像。另外，拜上帝会引入了受洗仪式，受洗仪式上也会传授信徒每天早晚祷告的方法。拜上帝会的祷告形式稍加修改后，在南京收录进《天条书》（*Book of Religious Precepts*）。洪秀全把自己的教义与民间古老的迷信习俗结合在一起，比如某些节庆仪式上，如结婚、新年等，必须献上动物祭品，稍后出席仪式的人再一起吃掉祭品。

在此，我补充罗孝全记述的拜上帝会的早期仪式：

起初，洪秀全对宗教仪式的真正形式只有模糊的概念。他撤掉曾经朝拜的神像，用手写的上帝名字、香烛和金纸代替神像。几个月后，洪秀全发现这种形式有误，于是将其废除。然而，洪秀全的继母李氏认为，把上帝的名字从墙上拿下来很可惜，因为供奉上帝期间，家里增加了一些田产。李氏认为，这应该归功于上帝的恩惠。当广西的会众聚在一起举行宗教仪式时，男女信徒分开就座。按惯例，他们唱颂歌赞美上帝、发表演说谈论上帝的仁慈和耶稣的功德、劝说人们忏悔自己的罪行、废除其他神像崇拜、全心全意信仰上帝。有人如果相信拜上帝会的教义，愿意加入拜上帝会，就会参加下面的受洗仪式①。

桌上摆放两盏点燃的灯、三杯茶，这可能是为了迎合中国人的习俗。跟着复述书面忏悔书（包含不同受

① 此处没有提及前期准备工作或前期指导工作。——原注

洗者的姓名）后，受洗者把忏悔书烧掉，表示向上帝忏悔。接着，有人会询问受洗者是否答应遵守不拜恶灵、不行恶事、只守上帝的诫命。受洗者答应后跪下，有人说着"洗净前罪，解除旧怨，继获新生"的同时，从一大盆清水中倒出一杯从接受洗礼的人的头上淋下。接受洗礼的人站起来后喝口茶，然后用水清洗胸口，以示净化内心。另外一种受洗形式是在河中进行私人受洗，受洗过程中要忏悔罪过、祈祷宽恕。受洗后的人要学习每天早晚祷告及饭前祷告的形式……节庆仪式上，比如婚礼、葬礼或新年，信徒会献上动物作为祭品，稍后出席节庆仪式的人吃掉祭品……祷告时，所有信徒朝阳光照进房间的方向跪下，闭上眼睛，其中一人以全体信徒的名义祷告。

不久，拜上帝会信徒便不满足于只为宗教信仰而默默聚集在一起。在领袖榜样的示范下，他们开始摧毁神像，干扰周边村庄的祭拜活动。一个非常富有的秀才王作新向官府报告，说拜上帝会信徒表面上打着上帝的旗号破坏寺庙和神像，实际上是在谋逆造反。于是，拜上帝会的两位首领冯云山和卢六被捕入狱。因此，洪秀全前往广州，向两广总督^①耆英请愿，请求释放冯云山和卢

---

① 两广总督，明朝时期开始设置的地方官员，负责管理广东省、广西省的军务和民政，清朝时是九位最高级别的封疆大臣之一。——译者注

六。然而，当时耆英不在，洪秀全的请愿计划未能成功。此时正值 1848 年初。请愿计划失败后，洪秀全只得返回广西。洪秀全前往广州请愿期间，拜上帝会信徒送礼贿赂相关官员，成功解救了冯云山。不过，地方官为了防止再次出现类似问题，在冯云山保证不再回来后，将其押解回广东省花县才释放。而卢六在狱中死亡。回到广西了解了事情的来龙去脉后，洪秀全立即前往花县与冯云山会合。1848 年 10 月，洪秀全见到冯云山。之后，他们在花县一直待到 1849 年年中。在此期间，在外人看来，洪秀全和冯云山的暴动想法已经根除。洪秀全协助兄长赶牛去山上吃草。冯云山所在的村庄离洪秀全所在的村庄只有一点五英里。与之前一样，冯云山还是在私塾里当塾师。洪秀全和冯云山常常碰面，讨论宗教问题。很快，其他友人也加入讨论。洪秀全偶尔给大家读《旧约》和《新约》的部分内容。"许多小男孩把牛牵到草场后，围在洪秀全和冯云山身边，饶有兴趣地倾听他们的指示。"[1]

在谈话过程中，洪秀全和冯云山经常自然而然地提到远在广西的兄弟。洪秀全和冯云山表示，想再去看看这些兄弟。于是，他们在当地筹了一笔钱以作川资。1849 年 5 月，洪秀全和冯云山人生中最后一次离开故乡。当时，他们没有想到自己注定一去不复返。

洪秀全和冯云山不在贵县期间，拜上帝会信徒经历了一些非

---

[1]　出自洪仁玕的叙述。——原注

常奇怪的事，这些事给他们带来了混乱和纷争。比如，有时信徒跪下祷告时，突然有人抽搐起来，摔倒在地，全身是汗，状若癫狂，嘴里说着令人难以理解的劝勉话语。拜上帝会信徒把这些话语记录下来。洪秀全返回贵县后，信徒便把这些记录呈递给他检视。最常倒地抽搐的人叫杨秀清，他的劝勉话语也最引人注目。几年后，杨秀清成了众人皆知的"东王"。从这时起，杨秀清就成了拜上帝会最受欢迎的人。在他身上频繁上演的"天父附体"事件终于在南京引发了起义史上引人注目的事变。洪仁玕表示，杨秀清本来很穷，加入拜上帝会时，他非常诚恳。让信徒吃惊的是，杨秀清突然之间就失去了说话的能力，并且持续了两个月。信徒们认为这是一个凶兆，但后来杨秀清康复了。值得注意的是，杨秀清比其他任何一个信徒都更频繁地抽搐。抽搐期间，他以天父的名义庄严而令人敬畏地指责他人的罪行。杨秀清常常指出信徒的邪恶行为。他的话语给信徒们留下了深刻印象。

除此之外，据说杨秀清还有代祷治病的能力。"根据描述，杨秀清心甘情愿地祈祷把病人所患疾病转移到自己身上。在短时间内，杨秀清承受了病人所受之苦，再通过代祷让自己解脱，从而挽救病人。"[①] 洪秀全并未以权威证实"天父下凡"时的言论，只宣称信徒记录的话语半真半假，有些出自恶灵之口，有些是来自上帝的指示。

---

① 出自罗孝全的叙述。——原注

1850 年初，洪秀全写信回花县，让家人和亲戚全部前往广西团聚。大约就在这时，全国瘟疫横行，庄稼歉收，民不聊生。洪秀全的家人前往广西与他团聚，追随洪秀全的人也大大增加了。

当时，洪秀全三十七岁。根据洪仁玕的描述，与青年时期相比，洪秀全变化很大。他举止严肃，对自己的要求非常严格，对追随者也很严苛。追随者完全认可洪秀全高高在上的地位，并且服从他制定的纪律。

拜上帝会只是宗教团体时，团体内最重要的事都发生在洪秀全不在期间。不过，这一点并不奇怪。因为拜上帝会成立时，洪秀全正在花县默默无闻地当塾师。因此，冯云山成了太平天国运动的发起人和首领，这也证明了洪秀全是多么出类拔萃。多年后，在回顾往事时，冯云山一定会意识到当时自己本应是太平天国天然的首领。而紧接着非常重要的"天父下凡"事件发生时，冯云山和洪秀全已经离开广西。太平天国早期的公文和法令都是基于虚构的物象起草的。因此，阅读这些公文和法令时，必须始终牢记，许多情况下，"天父""天兄"等人物其实是指发布这些公文和法令的人。实际上，这意味着这些公文和法令的发布者被这两种心境所占据，受此影响，自认是天父、天兄的喉舌。自从加入太平天国，直到在南京去世，东王杨秀清一直是最重要的代言人，即天父上帝的代言人。杨秀清在"天父下凡"的影响下，不断地暗示自己。关于杨秀清的真挚，我觉得很难得出任何结论。但根据杨秀清卑微的出身及他后来的生平推断，他不可能是有蓄谋的骗子。洪秀全和其他太平天国首领一样，默许"下凡"事件的存在。另一个拜上帝会信徒萧朝贵，成了天兄耶稣的代言人。详述天父上帝、天兄耶稣降世的公文中，杨秀清和萧朝贵分别以天父和天兄自居。天父、天兄降世事件首次发生在1848年到1849年。下文引用太平天国的一些公文来说明他们暗称自指的方式。第一份公文内容如下：

1848年3月，我们伟大的上帝、至高无上的主——天父降世，展示了无穷的奇迹与力量，证据确凿。

1848年9月，我们的救世主耶稣——天兄降世，展示了无穷的奇迹与力量，证据确凿。

…………

1851年4月19日，天父在东乡对信众说："噢，我的孩子!你们认识天父、天兄吗?"所有人答道："我们认识天父、天兄。"天父接着说："你们认识你们的主——太平天国的首领吗?"所有人答道："我们非常了解他。"天父说："我派你们的主来世上做天王。他说的每一句话都是天令，你们必须听从他的命令；你们必须真心帮助他、尊敬他；你们不可行为不检，也不可无礼。"

1851年4月23日，天兄在东乡对信众说："噢，我的兄弟!你们要遵守天命，听从吩咐，彼此和睦……你们要做善事，行善行。不可进村抢夺百姓的财物。战斗时，你们不能退缩。有钱了，你们要主动上交，不可私藏。你们必须同心协力，征服天下。你们要找到通往天堂的路，坚持走下去。虽然现在很苦、很累，但你们将会加官晋爵。"

1851年8月18日，在莫村，天兄非常严厉地斥责信徒。因为信徒私藏物品，没有全身心投入太平天国的事业并为之效忠。

上述公文提到了天父、天兄的诸多"后裔"。这些人与自"天父下凡"到太平军北上之间发生的事关系极大。以上摘录足以说明"下凡"的特殊本质。

只要提到天父有话要说，就意味着杨秀清即将传达天父的指示。萧朝贵时常传达天兄的教义和命令。但令人难过的是，记录天父降世、天兄降世的公文只是轻描淡写地提及天父、天兄的名字。对虔诚敬拜上帝和耶稣的基督教徒而言，这无异于冒犯之辞。不过，我认为，基督教徒真正理解记录天父降世、天兄降世的公文的含义和意图后，受冒犯之感会大大减弱。如果"天父说"和"天兄耶稣责骂信徒"的措辞分别修改为"杨秀清收到至高无上的圣灵昭示"和"相信耶稣附身的萧朝贵责骂信徒"，那么太平天国可能会免受诟病。

许多人认为，最近发生在爱尔兰的上帝"显灵"事件似乎只会产生愚蠢的言论，亵渎神灵。不过，有人认为这是圣灵存在的证据。为了某种伟大而美好的目的，圣灵感召了这些可怜的人。我认为，没有必要比较爱尔兰的上帝"显灵"事件和太平天国的"附体"事件之间的相似性。但值得注意的是，这两个事件有一个共同点：会众都是劳苦大众，他们的身心都受控于一种常人难以理解的宗教影响。

对宗教性质的起义来说，上帝"显灵"或"附体"等玄幻是确保起义最终获得成功的一种重要方式。考虑到起义军全部来自社会最底层，只要稍微思考一下，就可看出这种做法的必要性。当时，许多受过良好教育的人可能会蔑视像杨秀清和萧朝贵这样的穷人和文盲，拒绝接受他们的虚假"启示录"。他们的虚假"启示录"不仅使用当地方言，还充斥着当地粗俗的话语。然而，太平天国运动正是以这样的"启示录"为基础而发展起来的。对这样的"启示录"，太平天国的追随者似乎有不容置疑的信赖。每当有必要激励追随者更加努力或自我克制时，杨秀清和萧朝贵就会分别上演"天父附体""天兄附体"的戏码，并且以天父、天兄的名义训诫追随者，促使大家按照天父、天兄的指示行事。太平天国运动取得一定成功后，"启示录"存在的必要性自然就消失了。此外，太平天国在南京建立政权后，杨秀清太过频繁地上演"天父附体"的戏码似乎不太明智，这也给他带来了很大的麻烦，并且导致他最终走向毁灭。

在阐述太平天国的政治史前，有必要稍微回顾一下，发现自己和追随者与清政府之间存在意想不到的冲突之前，洪秀全的立场及他可能持有的想法。洪秀全拥有与众不同的精神特质——毅力。他是贫苦劳动人民的儿子，受环境所迫，在田里干过一段时间农活。然而，洪秀全从未忘记伟大的人生目标——考取功名。科举考试失败似乎说明洪秀全的天资肯定不够聪颖，但洪秀全并没有被失败击垮。他多次前往广州参加科举考试，并且一次比一次笃信自己会成功。洪秀全所在的花县距广州三十英里，从花县前往广州的路途并不方便，并且科举考试时间很长，过程也很艰难。很大程度上，家庭贫困增加了洪秀全的困难。后来，洪秀全前往广西也历经千辛万苦，尤其是在经过强盗横行的艰险山路时。洪秀全前往苗族部落，经常往返于相距两三百英里的花县和贵县。这一切都说明在洪秀全思想形成过程中，一个非常重要的性格特征——毅力起着非常大的作用。我们无法断定英国人在广州水域的出现及第一次鸦片战争对洪秀全的影响。在广州参加科举考试时，洪秀全一定经常听到"洋人"这个词，也一定看到了清政府的无能。此外，他从梁发的《劝世良言》中一定了解到了洋人的相关信息，因为《劝世良言》中的一册是梁发的自传。在自传中，梁发经常提到米怜和马礼逊。1846 年到 1847 年，在罗孝全的教堂里，洪秀全一定了解到了清政府因难以筹齐战争赔款而引起的麻烦。曾一度动摇洪秀全的思想的所有因素中，梁发的《劝世良言》起的作用最大。1833 年，梁发写道：

梁发虔诚地写给所有爱耶稣、信仰耶稣的人，祝他们幸福。三四年来，我一直有传诵经文①的习惯。许多人都愉快地接受我的教导。今年，三年一次的科举考试在广州举行，我计划向参加科举考试的人分发我的书。8月26日，我在吴昌、周山和梁山的陪同下，分发了五千多本书。参加科举考试的人愉快地接受了我的书，丝毫没有觉得受到打扰。

　　梁发还写道，捕快发现其中一个分发者的胳膊下夹着许多《劝世良言》，便逮捕了这个分发者。因此，梁发丢弃所有书，逃离广州。在评论《劝世良言》时，麦都思表示十分遗憾。因为早年所受教育的缺陷，梁发的写作风格散漫，句子结构拙劣。"他似乎不知道汉语助词的正确用法和位置，也不注意'惯用句式'的用法。一个受过良好教育的中国人不会认可梁发的作品。在梁发的书里，几乎每一页每一行都会出现一些冒犯性内容，这破坏了语言的美感，用语也不规范。"

　　《劝世良言》大部分内容摘自《圣经》，完全抄自马礼逊和米怜的译本。1844年，《圣经》协会委员会（Committee of the Bible Society）提到了马礼逊和米怜翻译的《圣经》："马礼逊和米怜的翻译无可挑剔。自从这项伟大的工作完成后，马礼逊和

---

①　此处的"经文"指《劝世良言》中的内容。马礼逊，1834。——原注

米怜已经非常熟练地掌握了复杂的中文。马礼逊正在考虑修订《圣经》译本。传教士也非常强烈地感到现在有必要修订之前翻译的《圣经》。在此之前，传教士不再分发现有译本。"这段话足以说明洪秀全可能在很多方面被他手中的《劝世良言》所误导。回顾所有事件，《劝世良言》居然是洪秀全信仰的唯一基础，这多么令人遗憾！

到 1850 年，除了对清朝的统治有些憎恨，洪秀全似乎只是一个宗教狂热分子，只是因科举考试失利而心烦意乱。从洪秀全对狂热追随者的指挥中可以明显看出，洪秀全具有统治者的特质，这些特质注定会被用于更加庄重的目标。贵县周围各县的起义和暴动即将来临，洪秀全及其追随者也随之介入，即将加入战斗。

在本章的最后，我想附加 1851 年咸丰帝和广东按察使祁宿藻就宗教信仰自由和外交事务进行的一场有趣谈话。这场谈话发生在祁宿藻任期结束后返回北京觐见咸丰帝时。在广州发现的叶名琛的文章里，有一份备忘录记录了这场谈话的情况。威妥玛把这份备忘录翻译成了英文。下面是这次谈话中与基督教传播带来的麻烦有关的内容。

咸丰帝问："法兰西人在广东老实吗？"

祁宿藻答："法兰西人继续乖乖地待在广东，没有惹是生非。但据说，除了贸易，法兰西人最喜欢的活动就是传教。"

咸丰帝问："通常情况下，哪些中国人会信基督教？信教的中国人中有举人和秀才吗？"

祁宿藻答："一般来说，信教的中国人都是没有理智的平民。他们接受的基督教义是，通过行善可能会得到福祉。他们很有可能被传教士给迷惑了。举人和秀才饱读诗书，对理学也有所了解，只会相信自己，不会被传教士迷惑。奴才从未听说举人和秀才信教。"

咸丰帝问："广东和广西出现过因有人传教而上告官府的情况吗？"

祁宿藻答："奴才听说不久前有过这类情况。不过，自从去年奴才去广州到今年四月都没有出现过。后来，叶名琛密函告知，据说，在英德县，李三万是赤巾①大王。以李三万为首，一些无耻的秀才已经和流民等同流合污。他们悄悄地与衙门的捕快和士兵联合在一起。其中大部分捕快和士兵都信教。叶名琛希望奴才派人秘查。奴才派了一名部下乔装打扮后在县里挨村走访了一个多月，但没有找到确凿的证据。五月，奴才又派部下在翁源县和曲江县仔细调查。奴才离开广州时，派出的部下还没有回来。因此，奴才暂时不清楚接下来的情况如何。"

---

① 指太平军，因头裹红布而得名。——原注

咸丰帝问："天主教的教义不是也在山西传播了吗？"

祁宿藻答："是的。还是举人时，奴才在平阳府洪洞县任书院山长。暴徒曹顺和其他人一起谋杀了赵城的官员，并且占领了赵城。洪洞县离赵城只有三十里，我们日夜戒备。一天，平阳知府发来一封密函，说有人正在洪洞县传教。这些人很有可能与赵城的坏人有勾结，所以平阳知府希望秘捕他们。地方官员和军队合作，抓获了一个王姓直隶人。当时，他正在洪洞县传教，在他身上发现了一个十字架及一些关于天主教义的书。这些书都是用欧洲文字书写的。随后，参与传教的人悉数被依法起诉了。"

咸丰帝问："那些书的内容是什么？"

祁宿藻答："奴才发现，其中有一些用汉字抄写的书，都是关于耶稣的。耶稣就是被钉在十字架上的那个人。传教的人自称是在劝诫人要有德，要心存善念、行善事。他们宣传的教义内容几乎一致。通常情况下，为了获得宣扬的福祉，没有脑子的人会认为获得幸福而斋戒，但这也没有太大伤害。如果短时间内传教的人中涌现出一个与众不同的人，百姓在这个人的激励和蛊惑下，肯定会带来麻烦，引起动荡。"

CHAPTER V

第 5 章

太平天国运动爆发—三合会

Outbreak of the Rebellion — Triad Society

　　1848 年到 1852 年，《京报》上几乎都是关于南方及西南各省暴动的内容。广东省和广西省已经成了持续不断的小纷争和地方暴动的舞台。尤其是在广西省，全副武装的起义者不顾政府权威，挨村挨户抢劫百姓，劫掠常平仓①。政府尽力镇压也无济于事。一个县的暴动刚被武力镇压下去，另一个县又发生暴乱。

　　其中，一些暴动规模很大，可以称为起义；另外一些暴动则可以简单地称为地方匪徒造反。当时，清兵无力平息暴乱，令皇帝和朝中大臣十分震惊。一位八旗将军在回忆录中解释，各省暴动的局面是清朝在第一次鸦片战争中失败导致的。他讲道：

　　　　士兵不服从命令，经常临阵脱逃……我曾经听说过临阵脱逃的事，但不敢完全相信。然而，现在我在战场上目睹了这一切，内心深感忧虑。

　　　　…………

　　　　广东、广西的不法分子猖獗。他们聚在一起，时常制造混乱。从前，他们将朝廷官兵视作猛虎。现在，见识过朝廷官兵与洋人交涉时的样子后，他们把朝廷官兵看作绵羊。此外，成千上万名非正规士兵在通商口岸就地遣散。其中，很少有人重操旧业，而是

———————————
①　常平仓，中国古代政府为了储粮备荒、平抑粮价而在各地设置的粮仓。市场上粮价低时，政府以稍高的价格买入粮食，粮价上涨时再降价出售给平民，帮助平民度过灾年，从而稳定社会秩序。——译者注

直接成了强盗。①

    这段文字从八旗将军的角度非常客观地解释了暴动频发的原因。毫无疑问，一定程度上，这位八旗将军把暴动频发间接归咎于第一次鸦片战争是正确的。不过，第一次鸦片战争只是暴动发生的众多源头之一。丁德安②是巴黎外方传教会的传教士，任云南教区副主教。在一封信中，丁德安将流动的鸦片走私团伙视为暴动的一个原因。当时，太平天国运动应该算是整个暴动的高潮。提及太平天国运动，丁德安说道，在对地区民众的调查中发现，太平天国运动的诱因如下：

        五六百个贩卖鸦片的商人在云南结伴，打算前往广东。抵达广西时，他们没钱继续前行了。这时，这些商人发现住在附近的张氏兄弟很富有，便向张氏兄弟借钱。张氏兄弟担心不借钱不仅可能会引起骚乱，还可能会被抢，便借了六百两白银（两百英镑）给这些商人。当地知府听说后，派人逮捕了张氏兄弟，认定张氏兄弟协助鸦片走私贩。张氏兄弟无论怎样解释都无济于事，最后被关押。张氏兄弟遭受的不公正待遇立刻引起了一

---

①   引自密迪乐的《中国人及其反抗》（*The Chinese and Their Rebellions*）。——原注

②   原名是约瑟夫·皮埃尔·肖沃（Joseph Pierre Chauveau）。——译者注

场大暴动。这时，"天地会"开始推波助澜。至此，事态已经发展成公开大暴动。^①

　　奇怪的是，罗马天主教传教士没有提供更多关于太平天国政治史的信息。他们身处各省中心，身边围绕着许多当地教徒。罗马天主教传教士熟悉当地语言，能听懂当地人的日常对话。外界很自然地认为他们本应获得大量可靠的信息，以供查阅者据此做出判断。然而，情况恰恰相反。信仰传播学会（Society for the Propagation of the Faith）^②出版的一系列丛书中，很大一部分是来自中国的书信。其中，前文提到的丁德安的书信是唯一一封提供了与太平天国运动有关的真实信息的书信。太平军引起的动乱规模之大，以至于罗马天主教传教士在详述传教情况时，都无法忽视太平军对当地教徒的精神影响。然而，在这样的情况下，来自江西省、湖北省和湖南省的一些书信只是简单提了一下太平天国运动的事。其实在这种情况下，没有消息才最危险。

　　除了对宗教虔诚，在必要的情况下，天主教国家传教团派遣的传教士还应具备足够的智慧，去利用影响力（如有必要的话）实现某种程度的政治远见和外交目的。然而，根据天主教传教士

---

① 出自《信仰传播》（*Propagation de la Foi*）。在信中，丁德安显然错误地将天地会等同于拜上帝会。——原注
② 信仰传播学会，一个天主教国际组织，为传教地区的传教士提供援助，是天主教会四个宗座传教协会中最古老的一个。——译者注

写给上级的书信判断，在政治才能方面，天主教传教士远远逊色于基督新教传教士。由此可以推测，大多数天主教传教士肯定不是因具备政治和外交才能而被挑选出来的。

很多时候，我也怀疑基督新教传教团高估了派出的传教士的智商，无论是耶稣会传教士，还是其他修会的传教士。当然，不得不承认，我在中国遇到过几个有能力的传教士。不过，我也认识一些能力连平庸都算不上的传教士。他们无疑出身于劳动阶层。

然而，不管什么原因，事实是，纵观中国当时出现的暴动，在传教士最应站出来发表观点的时刻，也是最让人期待的时刻，传教士没有发表任何引人注目的观点。与太平天国运动早期历史有关的官方文件中，最重要的一份可能是广西巡抚周天爵于1851年呈给清政府的一封奏疏。这封奏疏叙述了拜上帝会的行动，从侧面证实了洪仁玕叙述的内容的真实性。虽然周天爵完全不认识洪仁玕，但他俩叙述的内容几乎完全吻合，甚至连日期也几乎一致。

周天爵的这封奏疏写于1851年5月。当时，清兵陷入困境，既缺军费，又受军事任务困扰。不久前，广西巡抚周天爵刚刚获总督衔，专办军务。在给皇帝的奏疏[①]中，周天爵说道："陛下，微臣执掌军队几个月，仍无法镇压叛军。最近，微臣突然患上一种严重的疾病，以致无法平息叛乱以表忠心。微臣无法赡养年迈

① 《京报》，译自麦都思。——原注

的母亲，以敬孝心。微臣已吩咐犬子，微臣死后便衣入葬，以示微臣的过错。"在奏疏中，周天爵提到自己鼻子出血严重。几天后，他就死了。

周天爵在奏疏中提出的与贵县暴动有关的某些官员的降级申请得到了咸丰帝的批准。

下文援引自周天爵这封奏疏的译文，出自1851年7月的《中国丛报》。

《周天爵奏请将释放冯云山之官员革职拿问折》
咸丰元年四月二十二日（录副）

总督衔专办广西军务臣周天爵跪奏，为特参纵逆酿祸之府县巡检幕友，请旨分别革职拿问，以凭严审治罪，恭折奏祈圣鉴事。

窃臣驻武宣剿办会匪，据住居桂平县之武宣县生员王作新赴臣行营呈告：会匪冯云山、洪全、曾玉珍、卢六等结盟拜会，于道光二十七年内，经该生拿获冯云山、卢六并会簿呈解江口司巡检，解县讯办，卢六押毙，曾玉珍恃财重贿江口司巡检，同绅耆捏词，衙役舞弊，释放冯云山。冯云山赴县府诬告该生等情。

当经臣飞札调取原案卷宗，逐细查阅。缘冯云山系广东花县人，于道光二十四年来广西桂平县，住县民卢六家。二十五年，在卢六家教读。二十六、二十七两年，在曾玉珍家教读。二十七年十一月内，生员王作新等以冯云山在曾玉珍家教习妖法，煽惑乡民，拜会结党，打毁社坛神像，协同保甲于十一月二十一日，将冯云山拿获，交保正曾祖光送官。冯云山伙党曾亚孙等将冯云山抢去。该生王作新等即以前情赴江口司巡检衙门呈告，并呈缴会簿。即据冯云山以王作新等索诈捏陷等情呈辩。该生王作新等复赴县呈告。该县王烈以该生等捏饰大题架控，批候提讯办理。旋经江口司巡检王基差传冯云山、卢六二名到案解县。该县王烈讯供押候，卢六在押病故。该县王烈卸事，接署县贾柱到任，冯云山又以王作新等架捏诬控等情，赴浔州府呈告。该府顾元凯批解讯究。嗣经该县贾柱提讯冯云山，据供并无为匪不法情事，将冯云山递回原籍广东花县管束在案。核与该生王作新现呈情节，稍有不符。

臣查浔州知府顾元凯、桂平县知县王烈，身任地方，除匪安良，责无旁贷，乃于该匪冯云山在卢六、曾玉珍等家结盟拜会，距城数十里，事经数年，毫无觉察。迫至该生王作新等呈告，何难赴乡亲查,有无打毁社坛神像，且妖书所载耶苏系西洋邪神，该逆等崇奉之，其为邪匪毫无疑矣。况冯云山采录经训，文饰逆谋，即其所引，已可概见。何乃府县木偶，皂白不分，至于如此。是无论其愤愤，即其幕友所拟之批，亦可谓无人心矣。

查粤西一省，吏治废弛，希见罕闻，至此已极，
所以冯云山包藏祸心，毫无忌惮，复潜来广西，煽惑乡
愚。一朝为逆败露，潜伏不知实有几何，百姓遭其荼
毒，兵饷因之劳糜，是该府县之纵逆酿祸，殃民误国，
实属罪无可辞。

奏疏中没有提到洪秀全。1851年年底前，《京报》还没注意
到洪秀全的存在。周天爵奏疏中提到的朝廷官兵不仅包括广西省
的官兵，还有来自邻省——湖南省、贵州省及广东省的军队。此外，
大批自愿加入的人也大大充实了军队力量。上述几个省里，所有
能够征去镇压暴动的人加在一起，不到六千人。尽管参与镇压暴
动的人不多，朝廷的军费开销却十分巨大。1851年，仅咸丰帝在
位的前四个月，朝廷就花费了五十万两白银，并且还急需三十万
两白银。广西巡抚周天爵曾一度恳请将计划上交国库的十三万两
白银留作本省使用。各叛乱团体能成功，广西省内的大量山口起
到了很大的作用。在与主力部队会合途中，官兵常常遭到叛乱分
子的游击战式袭击。下面附上广西道监察御史^①的一份报告，这
份报告对1850年年底事态的发展持悲观态度。

---

① 广西道监察御史，明清时期都察院将全国划分为十五个道，广西道
便是其中之一，每道设监察御史，负责监察地方官员、纠正刑狱等事
务。——译者注

广西道监察御史向陛下报告广西省暴动情况。

去年四月①（1849年4月至5月间）到今年五月，暴徒头目张家祥和杨捞祥劫掠广西省东线的南宁府和柳州府各县，从南宁府、柳州府到省会桂林的整片区域都被暴徒践踏。张家祥和杨捞祥带领几百个暴徒在桂林劫掠了多个县。其中许多暴徒是广东省和湖南省的强盗。暴徒头上裹着红布巾，上面写着"替天行道""我们替天伸张正义"诸如此类的口号。暴徒劫走沿途所有东西，包括家具、武器、马匹等。无论走到哪里，他们惯常的做法都是放火烧村庄、抢夺财产、侵犯妇女、谋杀善人。②

这份报告还提到："匪首拉拢几千个暴徒袭击、劫掠所到之处，控制水陆交通。一遇到暴徒，官兵就被击溃。百姓不知何去何从，混乱中四处逃窜。"

为了对太平军客观、公正，本书有必要提供起义方的描述及他们在其中扮演的角色。韩山明在洪仁玕叙述的基础上整合的下述内容，可以说参考价值很大。

---

① 此处指农历月。——译者注
② 这份报告的译文发表在1850年12月29日的《陆路中国邮报》（*Overland China Mail*）上。随《京报》转寄，但未刊印。——原注

　　长期以来，广西省人迹罕至的山区一直是不法分子的藏身之地。他们抢劫毫无戒心的行人，劫掠邻近村庄。过去几年，不法分子的数量不断增加。他们组成强盗团伙，胆大包天，公然袭击村庄和集镇。为了抓获并驱散他们，官兵常常要付出艰苦的努力。虽然强盗团伙在一个地方被驱散后又会在其他地方聚集，但大多数情况下官兵的努力都值得肯定。大多数不法分子来自广东省和其他邻近省份。广西省本地人称外地迁移来的人为客家人，意思是陌生人或移民。广西省的客家村庄非常多。客家村庄比本地人聚居的村庄小。客家人也不如本地人富裕。本地人和客家人长期处于对立状态，每一个新发生的事件都会激化双方的矛盾。当时，贵县的一个非常富裕的文姓客家人娶了一个姑娘做妾。但这个姑娘以前已被许配给一个本地人。文姓客家人同意支付一大笔赔偿金，但断然拒绝返还这个姑娘。县衙每天都会收到许多针对客家人的指控。知县却无法解决所有争端。不过，很有可能是因为知县想省事。针对文姓客家人娶妾这件事，知县建议那个本地人自己找文姓客家人要回姑娘。结果，不久，即1850年八月二十八日（公历9月），贵县的本地人和客家人之间爆发了一场战斗，大量村庄逐渐卷入其中。战斗刚开始，客家人占据优势。

　　············

然而，渐渐地，随着事态发展，本地人更加勇敢，更富有经验，并且本地人的数量更多。最后，本地人打败了客家人，还烧毁了客家人的房子。客家人没有了安身之所，只好向拜上帝会寻求庇护。当时，拜上帝会的势力分散在几个县，各县的信徒人数从一百到三百不等。为了躲避本地人，无论什么崇拜形式，客家人都接受。客家人从拜上帝会那里获得了必要的紧缺物资。①

　　在此之前，拜上帝会与广西省内的不法分子还没有联系。信徒聚集在一起也只有宗教动机。官兵搜寻不法分子时，也没有考虑过干涉拜上帝会的活动。后来，情况发生了变化。拜上帝会成了县里所有作恶者聚集的中心。被村庄驱逐的客家人、流动的暴徒和强盗及各色各样的人带着孩子和财产，成群结队地加入拜上帝会。事态和过去已经不同。拜上帝会与当地政府的冲突甚至决裂已不可避免。据说，洪秀全早已预料到会发生的一切："洪秀全曾经的预言变成了现实。对此，洪秀全早已制订好计划。他只等合适的时机迈出决定性的一步。"在讲述这部分内容时，洪仁

① 　德意志传教士在毗邻广东省东南海岸的地区设了几个传教站。他们将宗教指导和医疗援助结合在一起，为许多村庄里的穷人做了很多善事。德意志传教士表示，广东省东南海岸地区的本地人和客家人经常发生争端。有时，争端演变成大规模的战斗，本地人和客家人参与战斗的有上千人。他们的武器通常是旧抬枪、矛或石头。当地官员完全无法镇压诸如此类的纷争。幸运的是，本地人和客家人之间的战斗不会造成太大的人员伤亡。这种纷争通常会持续三四天。——原注

玕比较感性。洪仁玕认为，洪秀全有惊人的先见之明。据说，在一首颂歌里，洪秀全暗示自己与明朝开国皇帝朱元璋非常相似。洪秀全和朱元璋人生早期的社会地位及后来的奋斗目标当然十分相似。不过，朱元璋最后成功推翻了当时的鞑靼政权，而洪秀全最后能否成功，还有待观察。

秀才王作新似乎是拜上帝会坚定的敌人。王作新再次利用自己的影响力破坏拜上帝会。一个叫王为正的拜上帝会信徒，"打砸神坛、佛像时鲁莽轻率的行为激起了民愤。百姓把王为正告到官府，但官府拒绝受理此事。年轻的王为正从衙门出来，刚走到街上，便和两个原告争吵起来。王为正的态度十分傲慢。他向两个原告索要一大笔钱，并且声称他们如果不给这笔钱，事情就不算完。就在此时，王作新碰巧路过。王作新向两个原告了解到事情的原委后说：'我会把这个人送进监狱。'王作新写了一份诉状，还向官府行贿。结果，王为正被关进监狱，后来因饱受折磨而死"。

拜上帝会卷入百姓冲突的第一个例子表明，拜上帝会与客家人的联系非常紧密。一些本地人牵走了拜上帝会信徒的一头水牛。这件事引发了拜上帝会信徒的报复。拜上帝会信徒夺走本地人的几头母牛。事情圆满解决前，一些本地人向客家人开火。客家人则回击了本地人，将他们赶回了自己的村庄。从那时起，拜上帝会信徒或客家人（因为拜上帝会信徒和客家人联系紧密，所以无法将他们分开叙述。）就与本地人纠纷不断。拜上帝会逐渐卷入当地暴动，并且被指控干扰百姓的宗教崇拜、毁坏神坛和佛像、煽动反政府活动。

　　为了安全起见，洪秀全和冯云山认为有必要避开当地官府的搜捕。于是，他们躲到一个朋友家里。这个朋友的家位于群山中，普通人很难进入。收到洪秀全和冯云山藏身之地的消息后，当地官府派遣一批官兵守在通往他们藏身之地的山口。洪秀全和冯云山身边还有一些随从。为了防止他们逃跑，官兵在通道上埋下了削尖的木桩。洪秀全和冯云山的命运处于非常不确定的危急关口。据说，这时杨秀清突然陷入癫狂状态，就像被上帝"附体"。杨秀清把洪秀全和冯云山身处危险的消息告诉邻村弟兄。邻村弟兄立即召集一支强大的力量展开营救。最后，官兵被打败，锋利的木桩被拔出，洪秀全和冯云山获救。

　　　　洪秀全通告各地信徒，召集大家聚在一起。其实，在此之前，拜上帝会的信徒就已经强烈感受到有必要联合起来共同防御敌人。当时，信徒已经开始把田产和房子换成钱，全部交到天朝圣库①。天朝圣库再将这些钱等额分配给信徒。信徒的衣食也从天朝圣库领取。拜上帝会所有钱财和物资共有、共享的情形吸引了大量百姓。他们准备随时放弃自己的家园。具有重大历史意义的一刻终于来临。拜上帝会的信徒聚集到洪秀全的旗

---

① 天朝圣库，天朝是太平军对太平天国的尊称，圣库是太平天国时期实行的物资共有、统一分配的公库制度。——译者注

帜下，相信洪秀全就是上帝派来的救世主。无论老少贫
富、有影响力的人，抑或受过教育的人、秀才或举人，
都带着家人和随从聚集在洪秀全身边。韦正[①]一个人就
带来了整个宗族的约一千人。洪秀全占领了秀才王作新
居住的富饶集镇。王作新的粮店和堆满衣服的当铺刚好
满足了身处困境的客家人的需求。一条宽阔的河流包围
着该镇，保护它免受突袭。洪秀全在这里安营扎寨。官
兵到来前，洪秀全的驻防工事已经牢不可摧。

　　以上引文唯一值得怀疑的内容是，有影响力的人和秀才、举
人加入拜上帝会。太平军占领南京后，在南京居住过的欧洲人证
实，除了少数首领，太平军的士兵都是文盲。另外，洪仁玕（或
韩山明）也曾提到，有影响力的人和秀才或举人不太可能接受一
群宗教狂热分子的管理。这些宗教狂热分子出身低微，除了两位
主要首领，其他人完全不懂官话，只会说本省方言。洪秀全占领
王作新居住的富饶集镇算是太平军与官兵的第一次正式对抗，也
是太平天国运动的开始。太平天国运动开始的具体日期很难确定，
但根据当时的《京报》及韩山明书中提供的信息判断，一定是
1850 年 11 月或 1850 年 12 月的某个时间，或者是 1851 年 1 月初。

---

① 又叫韦昌辉。——译者注

当时，道光帝驾崩，咸丰帝即位 [①] 不久，整个国家困难重重。

　　从 1849 年到 1853 年，在中国刊印的英国报纸刊发了一些当时鲜为人知的关于太平天国运动的文章，其中大部分是独创性文章。文章的作者试图阐明太平军是著名的三合会的一个分支。但当时就已证实，除了太平天国运动早期，三合会暂时加入外，太平天国运动和三合会没有任何关系。洪仁玕在讲述中也提到了这件事。当时，也就是永安沦陷前几个月，太平军在广西省还是一个流动团体。后来，太平军因占领永安而声名鹊起。

　　洪秀全驻扎蔡村时，"三合会八个首领带领部下投奔洪秀全，表示想加入拜上帝会。洪秀全答应了他们的请求，但条件是他们必须崇拜真神。三合会这八个首领表示愿意接受条件，并且送来牛、猪、大米等礼物。洪秀全分派拜上帝会十六个兄弟做三合会这八个首领的宗教导师。每个首领配拜上帝会两个兄弟，以便八个首领及其随从在真正加入拜上帝会前接受一些宗教知识。预备工作完成后，作为回报，八个首领送给宗教导师一大笔钱。很快，八个首领及其随从加入了洪秀全的军队。其中的十五个宗教导师根据拜上帝会的规定，把三合会首领赠送的钱上交给了天朝圣库。但有一个宗教导师把钱私吞了。这个宗教导师曾多次因行为不端受到惩罚，当时由于他在布道时能言善辩而得以幸免。起初，这个宗教导师没有完全戒掉鸦片，把军队里用藤条做的盾牌卖了钱

① 据史料记载，1850 年 2 月 25 日，道光帝驾崩。1850 年 3 月 9 日，咸丰帝即位。——译者注

买鸦片。还有一次，他在酒后伤了一些兄弟。这次，私吞钱的事得到证实后，这个宗教导师在军队中的亲戚及洪秀全都决定依法办事，将其斩首，以儆效尤。目睹自己的宗教导师因为一个小小的错误就被斩首，三合会首领觉得难以接受。他们表示：'你们的法令太过严苛，我们可能很难遵守。即便是小小的过错，我们也可能会因此丢掉性命。'"

之后，三合会七个首领带着部下离开，最后向清政府投降，与同僚一起镇压太平军，还有一个首领留了下来和洪秀全站在同一阵线。这个人就是罗大纲。太平军占领永安后封头衔时，罗大纲被提名担任要职。关于三合会，洪秀全曾发表过下述观点：

我虽未尝加入三合会，但常闻其宗旨在"反清复明"。此种主张在康熙年间该会初创时，果然不错的；但如今已过去二百年，我们可以仍说反清，但不可再说复明了。无论如何，如我们可以恢复汉族山河，当开创新朝。如现在仍以恢复明室为号召，又如何能号召人心呢？况且三合会又有数种恶习，为我所憎恶者。例如：新入会者，必须拜魔鬼邪神及发三十六誓，又以刀加其颈而迫其献财为会用。彼等原有之真宗旨今已变为下流卑污无价值的了。如果我们讲真道理，倚靠上帝强有力之助佑，我们几个人便可比他们多数。甚至孙膑、吴起、孔明等及其他古代历史中之娴于韬略战术者，亦不

值得我之一赞，三合会更卑卑不足道矣。^①

后来，洪秀全下令不再接收任何来自三合会的人，"除了甘愿放弃以前的做法，愿意接受真正教义指导的人"。

分析太平天国运动的各种起因时，三合会的影响不容忽视。第一次鸦片战争、鸦片贩运、瑶族人叛乱、频繁的饥荒及贵县宗族之间的纷争共同促成了最后的暴动。此外，三合会可能也是诱因之一。1855 年，一位官员在广东省上奏咸丰帝^②。这位官员列举了近年来发生在广东省的所有社会问题和不幸。值得注意的是，这位官员认为这一切源于三合会。奏疏说道，三合会在道光帝统治前就已存在，但三合会秘密活动，鲜为人知。1831 年 5 月，湖广道监察御史冯赞勋奏报，自己已查明三合会在五省拥有印章、旗帜、登记册等物品。1843 年，一千个或更多的三合会成员在顺德的容奇打了起来，数百人受伤，但事件被掩盖下来。1844 年，三合会竭尽全力争取百姓加入。接着，奏疏详细叙述了三合会的发端。1844 年，大批三合会成员带着武器进入百姓家里勒索钱财。此后，广东省经常出现强奸和道路抢劫案件。政府出动力量抓获并处罚了许多帮派，但收效不大。从 1847 年到 1848 年，"许多县的非法社团聚集了数千人。他们搭建帐篷，封锁道路，实施抢劫"。最后，奏疏指出，这些强盗因暂时的成功而胆大、自命不凡，

---

① 据《太平天国起义记》著录。——译者注
② 这份奏疏的译文刊于1855年的《陆路中国邮报》。——原注

自以为已经具备了包围城市的实力。

　　这份奏疏充分说明三合会对广东省和广西省的暴动起到了促进作用。但对太平天国运动而言，三合会的影响完全可以忽视。从上文可以看出，太平军的首领对三合会的偏见根深蒂固。后来，太平军似乎从未接纳三合会。

　　拜上帝会的第一个据点很快转移。接着，拜上帝会信徒占领了一个叫蔡村的大集镇。洪秀全在蔡村为信徒找到了充足的物资。与此同时，清兵在拜上帝会已经撤离的镇上发泄愤怒。他们烧毁商铺，抢走能找到的一切东西。清兵认为当地百姓是拜上帝会的教唆者，便杀害了许多百姓。清兵的残忍行径激怒了当地百姓。后来，许多人陆续加入起义军队伍。

　　关于太平军最初的行动，洪仁玕的讲述就此结束。关于太平军后续行动的具体情况，我唯一可以获得权威信息的来源就是每天的《京报》、官员奏疏及太平天国偶尔发布的公文。因此，在某种程度上，我获取的信息十分片面。不过，对了解太平天国运动的进展来说，这些信息还是很有价值的。

CHAPTER VI

第 6 章

———

太平天国运动的发展—攻占永安—太平天国的公文—撤离永安—其中一个首领之死

Progress of the Rebellion—Capture of Yung-gnan—Taeping Proclamations—
Evacuation of Yung-gnan—Decapitation of one of the Chiefs

———

　　带领拜上帝会信徒占领村庄的同时，洪秀全等太平天国首领充分利用时间，组织军队、制定铁的纪律。密迪乐详细引述了广西巡抚周天爵写给湖北巡抚龚裕的一封信。在信中，周天爵高度评价太平军的战术及其组织秩序。在提及之前的一些军事行动后，周天爵写道："1851年3月19日和1851年4月6日的战斗中，我方军队懦弱，叛军并没有遭受重大损失。1851年4月11日，叛军企图夺取渡口，联合力量一起往北进发。幸运的是，最近派来的非正规军作战勇猛。"信中接着详述了广西省几个县送来的报告。从这些报告来看，太平军已经遍布广西省各地。太平军已经完全控制其中两个县，并且打败了一队官兵。

　　五个强大的叛军首领中，洪秀全排第一，接着依次是冯云山、杨秀清、胡以晃……洪秀全和冯云山都善于用兵。洪秀全熟知古代军事战术，是危险人物。起初，洪秀全把自己的实力全部隐藏起来，接着再一点一点显露，直到最后全部爆发。洪秀全践行孙膑的战术，总是采取一败两胜的策略。前几天，我得到一本描述叛军组织的书。书中描述了周朝的司马制度：依次逐级设大司马、军司马、都司马、家司马。这支军队由一万三千二百七十人组成，实力相当于一支古代军队，但比古代军队多一百人。

　　按照大禹划分九州的先例，叛军把军队分为九支。书中特别描述了第一支部队，即洪秀全领导的那支部

队。最后，书中指出，九支部队的编制与组织方式都
一样。这本书已经送交内阁。叛军越来越多。我军战
斗的次数越多，士兵就越害怕。叛军强大、勇猛。我
们决不能把叛军当作乌合之众。他们的规章制度和纪
律十分严明。

　　这封信写于 1851 年 4 月。太平天国运动始于 1850 年年底。
由此可以看出，短短四个月的时间里，太平军已经演变为一支纪
律严明的常规军。太平军首领掌握了中国古代最著名的将领之一
孙膑的军事战术。此外，太平军首领还撰写了一部大作。他们根
据古代经典著作中军队的特殊划分体系，以类似的方式，划分、
指挥并管理太平军。

　　不可否认的是，短短四个月的实践和学习完全不可能达到上
述效果。但周天爵的陈述足以说明当时整个事态。太平军首领肯
定早已预见到事态可能出现的变化。他们努力研究并掌握尚存的
军事科学著作，做好了应对紧急情况的准备。回顾前文，在表达
对三合会的看法时，洪秀全说："甚至孙膑、吴起、孔明等及其
他古代历史中之娴于韬略战术者，亦不值得我之一赞。"这发生
在洪秀全会见三合会首领之前。由此可见，当时，洪秀全肯定已
经仔细研究过上述名人的军事著作。从 1847 年到 1849 年，拜上
帝会信徒聚集显然只是为了举办宗教仪式。如果不是这样，在眼
线的协助下，地方官员早已发现拜上帝会信徒的行动。拜上帝会

信徒能够这么高效、迅速地组成一支强大的军队，反映了信徒对首领的极大信任。虽然与太平军有关的所有信息一直以来是一个谜，但太平军撤离永安后，清兵抓捕的一个太平军首领的供词使外界对太平军有了一定的了解。

从1851年4月到1851年8月，《京报》上充斥着广西省各地叛军不断取得胜利的报道。一直以来，太平军遵循的原则是：只要占领地能够满足需求，太平军就把驻地转移至此。广西省所有叛军中，太平军的地位直到1851年8月才凸显出来。《京报》报道："八月初一（1851年8月27日），叛军主要头目洪秀全及其追随者突然闯入广西省东部的永安州[①]。他们抢劫国库，杀害官员，打开监狱，占领粮仓。永安州代理知州吴江、平乐协副将阿尔精阿以及各部署官员及其家人几十人全部遇害。叛军把永安州作为驻地。"[②] 这是《京报》第一次提到洪秀全的名字。

太平军首领发布的公告表明，洪秀全此时已经称天王。永安沦陷前几天，洪秀全发布了一份通知转移驻地的公文：

众兵将各宜醒醒。

今据奏说现无盐，移营是。又据奏说多病伤，护持紧，兄弟姊妹一个不保齐，辱及天父天兄也。今行

---

① 永安州，清朝的一个州，属桂林府，位于今广西壮族自治区蒙山县。——译者注
② 麦都思译。——原注

营，其令各军各营，队伍宜整齐坚重，同心同力，千祈恪遵天令，不得再逆。前军主将贵妹夫、左军主将达胞同统戊壹监军、前壹军帅、前贰军帅、左壹军帅、左贰军帅开通前路；中军主将清胞统土壹总制、中壹军帅、中贰军帅及前选侍卫二十名护中；右军主将正胞、后军主将山胞同统右壹军帅、右贰军帅、后壹军帅、后贰军帅押后。每行营匝营，各军各营宜间匀连络，首尾相应，努力护持老幼男女病伤，总要个个保齐，同见小天堂威风。①

　　这份公文的特别之处在于，这是太平军处于"地方叛军"阶段发布的最后一份公文。后来，在首领的指挥下，太平军占领了永安州衙门。接着，太平天国内部开始封头衔，论功行赏。随后的公文变得非常浮夸。据广州的报道，太平军以一种非同寻常的方式占领了永安："叛军很快抵达永安城外。城墙不太高。叛军向城内投掷大量点燃的鞭炮。持续不断的鞭炮声让城内的清兵不明所以。情急之下，清兵立即撤退。于是，叛军轻松翻过城墙进入城内。"清政府认为，永安沦陷是迄今为止地方暴动引发的最严重事件。清政府立即派遣一支由著名将领乌兰泰领导的军队赶往前线。成功进驻永安后，洪秀全宣布自己成为太平（盛世和平

---

① 参见《行营铺排诏》，《太平天国文书汇编》，太平天国历史博物馆编，中华书局，1979年。——译者注

之意）天国第一任天王。[①]1851 年 9 月到 10 月，洪秀全致力于颁布约束太平军的法律法规，同时奖励在之前的行动中表现突出的将士。1851 年 11 月 30 日，洪秀全发布了一份公文，授予主要首领头衔。在这份公文中，洪秀全命令所有将士谨遵其谕旨：

> 天父上主皇上帝才是真神，天父上主皇上帝以外，皆非神也。天父上主皇上帝无所不知，无所不能，无所不在，样样上，又无一人非其所生所养，才是上，才是帝。天父上主皇上帝而外，皆不得僭称上、僭称帝也。继自今，众兵将呼称朕为主则止，不宜称上，致冒犯天父也。天父是天圣父，天兄是救世圣主，天父天兄才是圣也。继自今，众兵将呼朕为主则止，不宜称圣，致冒犯天父天兄也。天父上主皇上帝是神爷，是魂爷，前此左辅、右弼、前导、后护各军师，朕命称为王爷，姑从凡间歪例，据真道论，有些冒犯天父，天父才是爷也。今特褒封左辅正军师为东王，管治东方各国；褒封右弼又正军师为西王，管治西方各国；褒封前导副军师为南王，管治南方各国；褒封后护又副军师为北王，管治北方各国；又褒封达胞为翼王，羽翼天朝。以上所封各王，俱受东王节制。

---

① 天王的封号取自为天德——太平——王（神圣的美德——盛世和平——君王）。——原注

另诏：后宫称娘娘，贵妃称王娘。并钦此。^①

上述公文中分封的诸王分别是南王冯云山、东王杨秀清、西王萧朝贵、北王韦昌辉。

据说，杨秀清和萧朝贵都曾出现过"附体"事件：杨秀清向世人传达天父的意志，萧朝贵向世人传达天兄耶稣的意志。韦昌辉在贵县有一些影响力。1848 年，韦昌辉带领整个宗族加入拜上帝会。冯云山是拜上帝会的创始人，也是洪秀全的密友。石达开被封为翼王。1850 年年初，石达开带领全家投奔洪秀全。在公文中的拜上帝会信徒必须遵守的教义部分，洪秀全很仔细地界定了自己的地位。从当时洪秀全所处的环境来看，洪秀全的所作所为无可挑剔。然而，在随后的一些法令中，洪秀全完全背离了上述公文定下的法则。上述公文最后一段显示，洪秀全明确区分了纳妾与通奸。根据太平天国之前颁布的法令，通奸行为会受到惩罚。在中国，除了合法的妻子，有钱人拥有妾室已经成了一种习俗。因此，世人不要对洪秀全不纳妾抱任何希望。另外，洪秀全之所以没有禁止纳妾，很大一部分原因可能是他没有在《劝世良言》中发现任何积极禁止一夫多妻的内容。

在太平军占领永安期间，太平天国发布的公文内容除了包含眼下的奖励，还有对未来的许诺。其中，1851 年 9 月 24 日的一

---

① 参见《永安封五王诏》，《太平天国文书汇编》。——译者注

份公文内容如下:

> 朕实情谕尔,眼前不贪生怕死,后来上天堂,便长
> 生不死。尔若贪生便不生,怕死便会死。又眼前不贪安
> 怕苦,后来上天堂,便永安无苦。尔若贪安便不安,怕
> 苦便会苦。总之,遵天诫,享天福,逆天令,落地狱。
> 众兵将千祈醒醒,再逆者莫怪。①

1851 年 10 月 30 日的一份公文表明,此时太平军内部并不存
在官僚之风。公文号召太平军所有士兵保持充沛的精力,灵活行
动,战斗时要奋力向前。这份公文接着说:

> 今诏令各军,每场杀妖后,各两司马立即记录
> 自己管下兵某名,头顶遵令向前,则画圆圈,以记其
> 功。某名头顶逆令退缩,则画交叉,以记其罪。中等
> 者免记录。记录册成,两司马执册达卒长,卒长达旅
> 帅,旅帅达师帅,师帅达军帅,军帅达监军,监军达
> 总制,总制次递达丞相,丞相达军师,军师转奏。俟
> 到小天堂,以定官职高低,小功有小赏,大功有大封,
> 各宜努力自爱。②

---

① 参见《谕众兵将遵天令诏》,《太平天国文书汇编》。——译者注
② 参见《令各军记功记罪诏》,《太平天国文书汇编》。——译者注

太平天国在永安发布的公文几乎都是劝诫士兵打仗及对士兵的郑重承诺。最后一份公文高度关注违反第七条戒律（Seventh Commandment）① 的情形。公文指示将领严格按照上级的命令管理士兵，一旦发现士兵犯了罪，立即将之斩首，以示警告。这份公文结尾部分内容如下：

> ……决无宽赦。众兵将千祈莫容忍包藏，致干天父皇上帝义怒。②

与此同时，清兵开始围攻永安，将太平军逼入绝境。太平军的物资供应逐渐减少，疾病开始在军中蔓延。因此，太平军面临着两个抉择——要么因物资缺乏而亡，要么拼死一搏杀出重围。1851 年 11 月，在与太平军的交战中，清兵已经取得了几次胜利。他们把太平军从驻扎营地驱逐出去，迫使太平军撤退到永安城内。《京报》曾报道："洪秀全带领的广西叛军一直控制着永安，以莫村为驻扎点。广州副都统乌兰泰开始率兵攻打水窦村，杀死七八百个叛军，烧毁了叛军的帐篷和武器。叛军的前哨被毁后，叛军士气受到极大打击。"

据后来的《京报》记载，清兵从北面和南面同时攻击太平军的阵地，但没有成功。1851 年 12 月，清朝将领赛尚阿向咸丰帝

---

① 指太平天国《天条书》中的"第七天条，不好奸邪淫乱"。——译者注
② 参见《严命犯第七天条杀不赦诏》，《太平天国文书汇编》。——译者注

报告，自己率领部队靠近永安，并且取得几次胜利。清兵在离城墙一英里远的地方扎营。1852 年 4 月 7 日晚上，太平军分三队冲出永安城，突破清兵的防线，向广西省东北方向进发。不过，太平军损失惨重。在报告中，赛尚阿还说"他已收复永安城，并且俘获了叛军头目洪大全，即将其押送回京……夺永安城时，三千多个叛军被歼。由于暴雨肆虐，道路湿滑，在追捕叛军的过程中，两位将领长瑞和长寿阵亡。十六名参将以下的军官参加了此次战斗……一听到长瑞和长寿的死讯，咸丰帝立即追封他们谥号，同时重赏他们的后人"。——《京报》

　　太平军首领洪大全被俘。赛尚阿将其押解回京严刑拷问。为了让洪大全坦白，清政府对其施以酷刑。洪大全的供词是一份非常引人注目的文件。后来，这份供词的译文发表在一份英文报纸上，引起了热烈讨论。多年来，外界一直认为洪大全就是天王洪秀全。所以，大家都以为太平军已经失去了首领。其实，洪秀全一直处于隐居状态让上述观点更加深入人心。社会上还出现了一种观点：洪秀全从未存在过，其他首领之所以相信洪秀全的存在，是为了防止太平军内部出现纷争，避免打击军队士气。位于北京的刑部这样描述被俘的洪大全的结局："广西叛军头目洪大全被押送到京城。洪大全承认自己在广西假称天王，是洪秀全的同伙。根据法律规定，洪大全被凌迟处死，以示警告。"

　　在中国人的传统观念里，没有任何惩罚手段比分尸更有辱人格。因此，只有犯了令人发指的恶行才会被判凌迟处死，其用意在于通过行刑带来的恐怖效应防止同类罪行再次发生。类似的制度在印度兵变①期间也施行过。印度人和中国人一样，非常害怕被分尸。

洪大全的供词值得读者仔细揣摩。下面是刊登在中国南方一份杂志上的洪大全的供词译文。

　　我是湖南省衡州府衡山县人，今年三十岁。我父母双亡，没有兄弟，也没有成家，更没有子嗣。我从小潜心读书，曾多次参加科举考试，但考官不认可我的写作天赋。因为能力无法施展，所以我出家当了和尚。不久，我离开寺庙，再次参加科举考试。和以前一样，我再次落榜。这让我非常恼火。于是，我开始研读军事书籍，计划与清政府对抗。我还认真研究地形。做和尚时，我离群索居，研读所有与军事战略有关的书籍。因此，我非常熟悉从古到今所有练兵方法和作战规则。我认为自己可以媲美三国时期的孔明。如果按照孔明的计谋行事，我认为自己可以轻易接管清政府。

　　几年前，还在当和尚时，我来到广东。到花县后，我结识了洪秀全和冯云山。他俩才华横溢。洪秀全并非我的亲戚。他和我一样，科举考试屡次落榜。洪秀全曾

① 印度兵变，即印度民族大起义，指1857年到1858年印度反对英国东印度公司殖民统治的一次大型起义，以失败告终。——译者注

在广东和广西成立三合会。加入三合会的人都是鲁莽、粗俗之辈。在广东加入三合会的人都拥护冯云山。冯云山要求每个人发誓与他一起出生入死。三合会的人渐渐增多。洪秀全担心有些成员缺乏团结心，便和冯云山一起编造了天父上帝和天兄耶稣的故事。洪秀全和冯云山讲述"天兄耶稣如何下凡；凡是听命于天父上帝的人，就会知道自己的财富在哪里；凡是天兄耶稣停留的地方，就是一个小天堂；天兄耶稣被人杀死后，去了真正的大天堂"诸如此类的故事。洪秀全和冯云山利用上述煽动性言论欺骗三合会成员，所以没有一个成员离开。我非常清楚，这种状况持续了很多年。

1850年12月，三合会的成员已经非常多，队伍力量也已十分强大。我前往广西，在那里见到了洪秀全。这时，洪秀全和广西平南县的韦昌辉、广东的杨秀清、萧朝贵等人一起开始反抗清政府。三合会的成员自愿跟随他们，将自己、家人及财产全献给他们。这样一来，洪秀全等人就有了资金招兵买马。大家也斗志高昂。此时，三合会已经改称拜上帝会。

我抵达广西时，洪秀全称我为贤弟，封我为天德王，并且向我请教用兵之法。洪秀全自称太平王。杨秀清是太平军统帅，被封为东王。萧朝贵是右军副统帅，被封为西王。冯云山是预备力量的将领，被封为北王。

另设大臣，石达开任内务大臣，被封为右翼王。秦日纲任财务大臣，被封为左翼王。吴来和曾天养任御林侍卫。还有许多军官，但我不记得他们的名字了。有的军官统帅三百个士兵，有的军官统帅一百个士兵。

在军事行动中，凡是临阵脱逃的士兵都会被处决，其长官也会受到严厉惩罚。获胜的士兵会获得奖励和晋升机会。我称洪秀全兄长。下面的人称呼我和洪秀全"陛下"。我和洪秀全则直呼下属名字。

1851年8月27日，韦昌辉率兵打败清朝官兵。太平军攻占了永安。

1851年9月2日，我和洪秀全乘坐轿子进入永安。太平军占领了永安州衙门。我们将永安州衙门定为皇宫，不许任何人住在里面。洪秀全的大部分战略都是从我这里学来的。不过，我和洪秀全的看法并不一致。我经常质问洪秀全，永安这么小，分封这么多王是否合适。洪秀全全凭自己的巫术捏造故事才能获得大家的信任。即使在古代，也没有人能够凭借巫术获得王位。洪秀全是酒鬼，并且十分放荡，身边有三十六个女人。我希望洪秀全失败，这样我就可以成功取得统治权。

军队由杨秀清管理。他负责调派军队、布置任务、管理军官。韦昌辉负责监督军队作战。韦昌辉既聪明又无畏，是非常勇敢的人。一万个清朝官兵都抵不上韦昌辉领导的一千个士兵。在我们占领永安的几个月里，杨秀清指导发布了一份日历，这份日历没有闰月。不过，我没有参与此事。

当进城通道被堵，米、火药和其他物资短缺时，我们想到拜上帝会在广东和广西梧州府的成员非常多。于是，我们鼓起勇气试图突出重围。

1852年4月7日，我们振作精神，兵分三路，尝试突围。当天20时左右，韦昌辉率领六千人突围。当天22时左右，杨秀清和冯云山率领五六千人紧随其后。洪秀全及其女眷共三十多人或骑马或坐轿，也在队伍中。

1852年4月8日2时左右，我和萧朝贵带领一千多人出发，距离洪秀全大约一里格远。我们受到清朝官兵的攻击和追赶。萧朝贵不服从我的命令，我们的部队被击溃。一千多个太平军丧生，我被俘。我们原本计划到平乐府昭平县，然后前往梧州府，最后抵达广东。

太平军突出重围时，我指挥东炮台开火。为了突出重围，我还指挥士兵向永安城开火。

我原本不姓洪，只是因为和洪秀全拜了兄弟，所以改名洪大全。平时，我身穿绣花衣服，头戴黄色高帽。四个王都戴着红边帽，其他高官作战时系着黄色绣花围裙，手拿黄旗。在衙门里，我身穿黄袍。但我不愿意坐在王位上。

我保证上述供词真实可靠。[1]

　　这份供词公之于世之前，广州有传言说，太平军在一座寺庙里发现了一个和尚，他自称明朝皇室后裔。为了让更多人追随太平军，太平天国奉其为"天德皇帝"。明朝的开国皇帝朱元璋曾经也是和尚。这个巧合被认为是一个好兆头。某种程度上，这个传言证实了洪大全的供词。洪大全的供词中有几处显示，他对太平军的首领及其计划非常了解。这让人不得不相信洪大全真实存在，并非冒名顶替者。然而，有人对此持异议。洪仁玕及洪秀全的公文中都没有提到关于洪大全的信息。太平天国的任命在公文中都公布了。公文中任命的人后来也在南京会合了。此外，洪秀全似乎没有理由给洪大全封天德王这么高的头衔。洪大全在官阶上几乎与天王洪秀全齐平。因此，很有可能是清政府官员想让咸丰帝相信太平军的重要首领已经被捕，捏造出了一份供词。不过，这也不太可能，因为向皇帝提供虚假供词的危险远大于抓到太平军重要首领带来的好处。洪大全被捕后立即被清兵押往北京，这充分印证了洪大全的预估。洪大全的供词中描述的拜上帝会的情况、太平军被困永安时经历的困苦、太平军突出重围的经过、军队的部署及其他大量的独立陈述与清兵及太平军提供的内容几乎吻合。在某种程度上，洪大全无疑与太平天国运动有着密切联系。

---

[1]　《陆路中国邮报》，1852年8月23日。——原注

此外，洪秀全如何习得军事战术方面的知识一直是个谜。既然这个谜一直无法解开，那么洪大全的供词也许是最好的解释。

　　事实上，我认为洪大全供词真实的最重要证据是，太平天国占领南京前一直以天德纪年，如公文中的时间都是"天德元年或天德二年"（后来已做修改）。即便承认洪大全的供词值得相信，但仍然存在问题。到目前为止，还没有任何线索能够解释洪大全在太平天国运动中的恰当地位。除了知道洪大全是一个重要人物，其他的外界一无所知。洪大全提供的名字也没有任何线索——很可能是他自己杜撰的一个假名，以免家人受到牵连。

CHAPTER VII

第7章

————

杨秀清的幻象—太平军从广西进军岳州— 抵达长江流域

Yang's Visions—March of the Taepings from Kwang-si to Yoh-chow—Descent of the Yang-zte-kiang

————

在讲述太平军从永安撤离直到 1853 年 3 月占领南京这段时间的情况之前，本章先为读者分享第一次记录杨秀清利用"天父附体"的戏码实施政治惩罚的材料。这虽然与太平天国的军事史没有直接联系，但有助于正确理解太平天国天京事变 [1] 的动机和影响。

1851 年 12 月 4 日，冯云山、杨秀清、韦昌辉和石达开来到天王府。杨秀清禀告洪秀全："今天，臣弟和韦昌辉、石达开、曾天芳、蒙得恩 [2] 一起在臣弟的住处举行会议，希望天王赐给周锡能 [3] 一个职位。就在此时，天父突然降世。天父指示我们捉拿周锡能。指示完毕，天父说：'现在，我要回天堂了。'"天王洪秀全问道："那你们捉拿周锡能了吗？"杨秀清等人答道："周锡能已经被关押起来了。"洪秀全说："这是天父神力的显化！让我们跪下，承蒙天父恩惠！"随后，各王散去。

当天晚上，冯云山和石达开又来到天王府，向洪秀全报告天父再次降世。洪秀全立即前去拜见天父。天父指示洪秀全传唤周

---

① 天京事变，1856年，太平天国的领导层因权力之争而发生的内讧，东王杨秀清及家人和部属、北王韦昌辉、燕王秦日纲、翼王石达开的亲属都死于这场事变，石达开则成功逃出天京。这次事变使太平天国元气大伤，开始衰落。另外，"天京"即南京，太平天国占领南京后，将其定为首都并改名为"天京"。但清政府及外国人依旧采用"南京"这个地名。因此，除了必要的几处用"天京"，本书都用"南京"来表述。——译者注

② 蒙得恩（1806—1861），广西平南人，太平天国的赞王。——译者注

③ 周锡能，广西博白人，拜上帝会早期成员，金田起义时任太平军军帅，后被清朝收买，企图叛变，被太平天国判处斩刑。——译者注

锡能。审讯完毕，天父说："现在，我要回天堂了。"随后，洪秀全回到天王府，要求韦昌辉和其他大臣记录天父下凡期间的圣旨。韦昌辉让蒙得恩和曾天芳执行洪秀全的指示。1851 年 12 月 9 日，洪秀全仔细阅读了蒙得恩和曾天芳撰写的记录文件。内容如下：

> 辛开元年十月二十九日，秀清、云山、聿正、达开上朝，云山奏曰："今日小弟同聿正、达开、曾天芳、蒙得天到清弟府商议，并欲奏封周锡能，忽然天父下凡，喊锁周锡能。吩咐毕，天父曰：'我回天矣。'"秀全曰："拿获否？"清等对曰："早已拿获在案。"秀全曰："天父衔大权能，我等跪谢天恩，各自退朝。"是夜云山、达开上朝，奏说天父又复下凡。秀全即至天父面前。

> 天父即命吊周锡能。审毕，天父曰："我回天矣。"全亦自回殿。秀全命聿正等记录天父下凡诏旨，聿正等转命蒙得天、曾天芳记录。十一月初四日，秀全披阅蒙得天、曾天芳等记录云："小臣曾天芳、蒙得天同承命记录天父上主皇上帝下凡诏书；十月二十九日，冯南王、聿北王、石翼王同小臣曾天芳、蒙得天齐到杨东王殿前请安，并会议天父上主皇上帝江山大事，言不数语，忽然天父下凡。

　　天父密吩咐各千岁等曰："今有周锡能反骨偏心，串同妖人回朝，内应谋反，尔等知么？"众等对曰："不知。"

　　天父曰："尔等立即发令擒拿他三人押候，我天父自有分断。"尔等对曰："遵令。"

　　天父曰："尔等各要灵变闭密，我回天矣。"

　　天父回天后，小臣曾天芳、蒙得天与七千岁、六千岁、五千岁将天父圣旨回禀东王九千岁，九千岁闻言愤怒，即令猛将擒拿反骨妖人周锡能，并串同妖人朱八、陈五三人押候在监。后复奏知天王。是晚北王吊审无供，赖得天父劳心，复又下凡。

　　天父令杨润清、杨辅清二位国宗兄到各王府，传知各千岁上朝奏接天王。即时各千岁同侍卫众官员及小臣护卫天王到天父面前。

　　天王统率众臣跪伏问曰："天父下凡？"

　　天父吩咐天王曰："秀全，今日是我天父做事，若是凡人做事难矣。今有周锡能反心，昨日串同妖人回朝，欲做好大的事，尔知么？"

　　天王对曰："清胞等亦既说知。今日做事，幸赖天父权能，不然难矣。"言毕天父吩咐蒙得天曰："尔去吊周锡能来。"得天对曰："遵令。"蒙得天带周锡能到天父面前，天父曰："周锡能，尔当前去何方来？"

锡能对曰："当前自屡求东王及各王奏主恩准小子周锡能回博太团集兄弟姊妹也。"

天父曰："尔同谁人去？"周锡能对曰："小子同黄超连去。"

天父曰："周锡能，今东殿讲话是谁？"周锡能曰："是天父上主皇上帝。"

天父曰："日后又是谁？"锡能对曰："日后是我主天王，天下万国之真主也。"

天父曰："日后照得几阔？"锡能对曰："照得普天下。"

天父曰："照得见尔么？"锡能对曰："照得见。"

天父曰："现今是何人做事？"锡能对曰："是天父上主皇上帝做事也。"

天父曰："周锡能，尔知天父无所不能，无所不在，无所不知么？"锡能对曰："知得天父无所不能，无所不在，无所不知也。"

天父曰："今凡间中国，年载久矣，未曾敬我，尔知么？"锡能对曰："中国人瞒昧天父恩德，丢空未曾敬拜天父久矣。"

天父曰："尔知天父量如何？"锡能对曰："知得天父有海底之量。"

天父曰："尔知得天父能救人么？"锡能对曰：

"知得蒙得天父亦屡次救过小子。"

天父曰："尔知得我屡次救过尔，尔行错之事，就不可瞒天，直说我天父听也。"锡能瞒天对曰："小子情实无二心待天，实为回乡团集兄弟姊妹也。"

天父曰："天就是我，一心不二心我尽知。尔说真心回乡团接兄弟姊妹，今带有多少人来？"锡能对曰："小子带有一百九十余人来。"

天父曰："尔所带之兄弟何时在博白起脚？如何设计行程？"锡能对曰："小子头一，好得天父化醒，朱锡杰、梁十六同小子商议，假办带妖壮，十月初十日在博白起脚，至本月二十一日到。"

天父曰："据尔自说带有一百九十余人，缘何独尔三人到来？今尔所带之兄弟现在何处？"锡能对曰："事因假办妖壮，曲从带兵，现投入新墟妖营，既有七八天矣。"

天父曰："周锡能，尔回朝时对尔千岁讲如何说话？"周锡能对曰："小子回朝时对千岁所说事情无欺，独是小子说回来三四日之话无合，我未推算日期。今小子在天父面前不敢乱讲，细推算回来日期，已有七八天矣。"

天父曰："周锡能，尔所带有百余人到妖营，尔知得他是乜妖头？"锡能对曰："那妖头性赛，是咸丰妖之舅叔也。"

天父曰："尔见他同讲如何说话？"锡能对曰："小子见他妖头，无有商议，如何说话也。"

天父曰："周锡能，尔既投进妖营，今又如何出关前来回朝？"锡能对曰："小子对他妖头说出关把路佩剑关刀白马，并带朱锡琨凡叔，是朱八，与小子外甥陈五共三人，直向圣营逃入天朝，奏知千岁知情，不至无望。再者还有小子所带百余人，现在新墟妖营，要待小子先来报知，然后方可齐来，不至有误，小子真心情形如此。"

天父曰："周锡能，就将尔供词恐来有误，难道尔千岁就不认得尔乎？尔又信尔千岁不过乎？"周锡能其时无词可对。

天父曰："周锡能，尔这瞒天之计，尔好好从头直说，尔瞒不得我天父也。"周锡能自料其奸谋事重，不敢直承，恐罪无宽，仍瞒天对曰："小子实因真心回朝，路道难通，迫假就妖，作妖壮，瞒路回朝情实。小子余无比别心，求天父开恩赦罪。"

天父曰："周锡能，尔真不知我量大乎？从前中国不敬我衔久，我都容得他，难道尔有些错，我就容不得尔么？"周锡能仍不敢直说。

天父曰："周锡能，尔是我天父上帝生尔养尔，切不好枉费我生养功劳。周锡能，尔自出至入，事术行为如何，天父尽知，尔不好屡屡瞒天。尔既知真是天做事，知得皇上帝有无所不知之能，又知得日头能照得普天下，今天父皇上帝在此，尔主天王日头又在此，尔仍藏奸心。尔直说我亦知，尔不直说我亦尽知，尔好好一总直说我天父听。尔若不认，要我天父指出尔之奸心，尔就难矣。"周锡能还不敢直说，曲瞒对曰："小子实未有奸心对天，求天父开恩。"

天父曰："尔知我天父上帝要人生则生，要人死则死，是天上地下之大主宰么？"周锡能对曰："知得天父皇上帝是造天地独一真神大主宰也。今小子有错，求天父开恩赦罪，小子实不敢奸心瞒天。"

天父头指周锡能曰："周锡能，尔无奸心瞒天，尔自带二人同伴回朝，立意如何？"锡能仍瞒天对曰："小子同伴二人，他说愿随小子回朝敬拜天父上帝也。"

天父又指周锡能曰："周锡能，尔果带他回朝，敬拜上帝，缘何昨晚尔二人同朱锡琨、黄文安夜静时四人讲如何说话？尔还瞒我天父不知么？尔果愿知错直认，我自赦尔，若要我一总指出，尔就难矣。"时周锡能不得不直供，对曰："小子出外错从妖人，被其诱惑，曲从妖计回来，以为妖魔内攻外应。此事不是小子立心所为，求天父开恩。"

天父又指周锡能曰："尔说如此奸心谋反事情，不是尔立心所为，缘何尔回朝未满一日，就带人去往探天朝城楼？所讲如何说话？"周锡能心愧，对曰："小子自心未醒，得去四成楼观探情形，其时小子既得商度此城易攻之话，此是小子被妖魔迷朦，实无本心行奸，求天父开恩赦罪。"

天父显指周锡能曰："尔说实无本心行奸，缘何尔一回朝时就去见尔妻儿，密中吩咐尔妻，那些如何话说？"其时天父皇上帝伸出无所不知之能。周锡能伏闻天父皇上帝指出叠次真情，自知奸心难隐，果是天眼恢恢，真神难欺，直诉出真情曰："小子周锡能被妖魔迷朦心肠，果的受其妖头所惑，串同计较回朝，诱惑军心，较通外攻内应，方可领妖级赏大功。小子立心行错，谋反逆天，奸心如此，求天父格外开恩赦罪。"

天父曰："仍有朱八又有何意？"周锡能隐讳朱八，对曰："他无何意。"

天父曰："周锡能，尔同天父过亲，或是同他过亲？同尔主过亲，或是同他过亲？"锡能对曰："小子同天父与天王过亲也。"

天父曰："尔既知同天父过亲，为何不肯直说朱八奸心，致我天父说出他奸心，尔甘领他罪么？"锡能自知难隐，求天父赦罪曰："小子实不能瞒得天父，恳求天父恩赦小子之罪，实是妖头同朱锡杰与朱八计谋，谴入天朝行刺。那朱八魔鬼入心，实来为此事也。"

天父吩咐小臣曾天芳，令人传朱锡琨、黄文安到来。小臣曾天芳对曰："遵命。"片刻朱锡琨、黄文安到前跪问曰："天父下凡？"

天父曰："朱锡琨，昨夜更候，周锡能同朱八与尔讲有何话？"朱锡琨曰："昨夜周锡能同朱八诱惑小子去投妖，包有封赏，小子则愤怒说他，此事断不是我所为也。至今小子适逢承命往水斗军营造册，意欲今晚回来，然后禀报，不觉至操劳天父下凡，小子知罪，求天父格外开恩。"

天父则骂朱锡琨曰："尔闻说此情，理该即刻禀报尔千岁，奏知尔主天王，则为是也。为何我传尔到来，尔方诉出？"天父即令杖他一百。

天父又责朱锡琨曰："尔身现居监军，不知缓急之事。"又令再杖一百。

天父问黄文安曰："黄文安，尔昨晚周锡能与尔说有何话？"黄文安对曰："小子问周锡能如何设身回来？周锡能与小子说曰，他是假办妖壮，投入新墟妖营，今在妖营脱身回来。小子又问他那些还有多少妖兵？周锡能与小子说曰，那妖兵不多，约后日初三来开仗。小子又问他，既在那妖营回来，有知得那妖头有如何诡计么？周锡能曰，那妖魔无有诡计可设，但知得那妖头今欲用人投营，诱惑我们军心。又说他前投在妖营时，受了妖封六品顶戴。又说妖计不愿与圣兵对战，欲以银钱买和。小子所得周锡能之话如此。"

天父责黄文安曰："尔知此情，缘何不即刻禀报尔千岁？"黄文安对曰："小子知罪，求天父格外开恩，小子一时昧错，以为他闲言，不觉推其奸意。"

天父责黄文安曰："尔现奉天命巡查，身居何职，该杖一百。"杖毕，天父恩谓黄文安曰："尔自今以后，每事俱要推明，时加格外灵变。"黄文安对曰："小子蒙天父开恩化心，小子下次不敢怠惰，遵天父教导。"

天父命北王出东王殿前晓谕兵将。北王承天父命大声唱道："众兵将！今我们托赖天父皇上帝权能，破残妖魔鬼计，指出周锡能反骨偏心，谋反对天。众兵将同心踊跃，立志顶天，天做事，天担当，齐要放胆，时刻要记念天父权能恩德，每事要加时长灵变。"众兵将同心唱叹天父皇上帝无所不知，无所不在也！

天父皇上帝嗟谓周锡能曰："锡能，我天父上帝指出尔所设计，谋反逆天，不指差尔，亦不冤屈尔也。依尔自己供词，亦无差也。"周锡能自悔，对曰："天父所指小子之错无差矣。并小子自供谋反逆天情由，亦无差矣。"周锡能自知错入法纪，罪无可宽，悔之晚矣。斯时皇上帝圣兵合军兵将共怒切齿，伏求天父上帝下令即将谋反妖魔凌迟焚灰。

天父谕众小曰："尔众小放胆，不妨同心踊跃，立志顶天，我自有主张也。"

天父又吩咐天王曰："秀全，尔宽心，我回天矣。"其时天父回天，既三更矣。众朝臣护卫天王回殿，山呼万岁后，各职回衙，虔谢颂赞天父恩德，谈叙天父无所不知，权能独一。忽然天父又下凡，令杨运清国宗兄命人到各王府传知各千岁。小臣曾天芳、蒙得天与各官员一齐同到天父面前，跪问："天父如此劳心下凡。"

天父吩咐南王、北王、翼王及各官员等曰："我今晚破残妖魔鬼计，并诛灭变怪妖魔，尔众小再加时时灵变，每事有我做主不妨。"众等对曰："小子知得天父权能大，求天父看顾化心。"

天父曰："尔众小未知天父权能，且看今晚；未知天父无所不在，无所不知，无所不能，亦观今晚。尔众小要认真天堂路，切不好踏差，放胆立志，顶天不妨，我自有主张也。"众等对曰："蒙得天父劳心教导小子。"

天父曰："各各宽心，我回天矣。"嗣后合军人等同喜沾天父恩德，即宰猪牛敬拜，虔谢天父皇上帝破灭

凡间妖魔鬼计，看顾众小权能恩德也。次日奉天父命，
将周锡能及其妻蔡晚妹，其子周理真并串妖人朱八、陈
五等捆缚起解之时，周锡能自知死罪难逃，一时良心发
现，大声呼喊："众兄弟，今日真是天做事，各人要尽
忠报国，不好学我周锡能反骨逆天。"其妻蔡晚妹亦戚
指其夫，大声骂曰："今日真是天做事，尔今如此反骨
逆天，真是天诛尔。那时尔对我说欲谋此事，我苦劝尔
不好，今连我母子被尔害死，真是害人害自己矣。"时
朱锡琨枷锁在朝门示众，亦大声呼喊曰："众兄弟，各
人要醒，我朱锡琨实托赖天父权能，不然险被我血叔朱
八所害矣。我血叔如此狠心，众兄弟要将他凌迟矣。"
其时朝廷有姊妹传闻曰："不怪得周锡能妻蔡晚妹吩咐
其子周理真曰：'理真，尔穿此布衣不久，三天后就有
绸缎尔穿矣。'"又有姊妹传闻曰："见他昨晚打整行
李，预备其夫做事；即周锡能在那日观探城楼，亦极力
磨利关刀，预备在那晚做事，谁知天父皇上帝有主张，
忽然下凡，指出真情，谋事不成，反陷地狱受永苦矣。
哀哉！"

在将上述内容翻译成英文时，麦都思评论道，以上对话用语
普通，其中还包含一些广州方言特有的俗语。上述内容引自《天
父下凡诏书》。

　　撤离永安时，太平军本来打算前往广东省。然而，太平军发现前往广东省的计划不可行，便向广西省东北部转移，准备从广西省东北部到邻省湖南。但太平军在广西省省会桂林被围困了一个月，前往湖南省的计划落空。这时，包括妇女和儿童在内，太平军总共不到一万人，其中还包括之前提到的客家人。不过，客家人与本地人经常发生冲突。

　　最近一次与清政府交战中[①]，英国军队中最重要的一个兵种是著名的苦力团。客家人是苦力团的主要成员。在战斗过程中，客家人的勇气和耐力得到了普遍认可。在此战中，客家人毫不畏惧清兵猛烈的炮火。在大沽炮台攻击战中，英国士兵之所以损失不大，很大程度上是因为这群客家人的存在。指挥苦力团的军官对客家人的评价一直很高，其中一名军官说："客家人是清朝官员十分憎恨的群体，因为客家人不认可清政府的统治地位。客家人在战斗中表现突出，其中一些客家人的表现如果放在任何一个英国士兵身上都可以获得维多利亚十字勋章（Victoria Cross）[②]。客家人的忍耐力很强。只要认为是必须完成的任务，即便在烈日下辛苦劳作十小时到十二小时，客家人也不会发牢骚。鸦片是客家人最大的敌人。人一旦吸食鸦片，就不可能再放弃。很多吸食鸦片的客家人还不到四十岁就老态龙钟。客家人很少喝酒，他们

---

① 指第二次鸦片战争。——译者注
② 维多利亚十字勋章，英国最高级别的军事勋章，用来奖励在对敌作战中最英勇的人，可以授予军中将士，也可以授予平民。——译者注

是语言天才。英国军队中，一些客家人整个三年半时间里都说法语、英语，并且和印度兵相处得十分融洽。我认为，只要有效地引导和指挥客家人，就可以用客家人来组建一支精锐的轻兵团。"

太平军的核心力量由客家人组成，这可能是太平军在向北行进的过程中取得巨大成功的一个原因。

《京报》报道："1852 年 5 月 15 日，广西叛军攻打广西省省会桂林时，清兵突袭叛军，打败并烧死大量叛军。1852 年 5 月 19 日，叛军发起围攻，并且沿不同线路前往湖南省……1852 年 6 月 12 日，广西巡抚劳崇光奏报，广西叛军头目洪秀全撤离永安后占领了湖南省南部的道州。道州知县冒死保卫，但没有成功。"咸丰帝下令收回永安的将领赛尚阿立即率领官兵前往湖南省镇压暴动。另外两位将领向荣和乌兰泰也奉命率兵跟进，以防太平军向北行进。根据赛尚阿的奏报，1852 年 7 月到 9 月，太平军稳步向北行进，沿途占领了几个城市。在占领区，通过强制手段，太平军获得了必需品后快速撤离。太平军避开了衡州的清兵驻扎的营地，并且于 1852 年 9 月初靠近湖南省省会长沙。在毗邻长沙城外的一些高地上，太平军安营扎寨，开始了为期两个多月的定期围攻战。清兵立即向长沙集中。长沙城郊成了一些重要战斗的战场。

"1852 年 9 月 18 日，叛军没能用大炮攻破长沙城墙。接着，叛军在南门下埋设地雷，但被英勇的清兵击退。咸丰帝下令调派湖南省、四川省、湖北省和贵州省八千名士兵与已经在湖南省作战的一万名满族士兵和汉族士兵联合起来剿灭广西叛军。"①这表明，即便在太平天国运动早期，清政府可供镇压暴动的军事力量也非常缺乏。在咸丰帝下诏调派兵力后不久，清政府颁布了一项贬黜赛尚阿的命令，内容如下：

> 自广西军兴以来，将及两载。因大学士赛尚阿人尚朴诚，能任艰苦，特命为钦差大臣，前往督剿；又虑其秉性慈柔，特赐遏必隆刀，冀其随时振励，以肃军威。上年大军围贼于新墟、紫荆山等处，初犹屡次获胜，迨贼窜聚永安，蕞尔一城，围攻半载有余，迄无成效，转致损将折兵，任贼鸱张，围扑桂林省城。旋又窜掠兴安，改陷全州。继复任贼窜入楚境，连陷数城，现又分股围扑长沙省城。赛尚阿身为统帅，调度乖方，总由号令不严，赏罚失当，以致劳师糜饷，日久无功，实属辜恩，大负委任。赛尚阿著革职拿问，解交刑部治罪。
>
> 程矞采总制两湖，特命前往湖南督办防堵，一年之久，如果布置得宜，何至任贼窜越？该督初闻贼警，遂返长沙，已不免张皇失措；继复株守衡州，一筹莫展。前已摘去顶令羽，不足蔽辜，著即行革职，仍留军营办理粮台事务。

----

① 出自《京报》。——原注

从1852年10月到11月，太平军不断发起进攻，试图占领长沙，但每次进攻都被清兵击退，损失惨重。1852年11月29日，太平军发动最后一次攻击。太平军计划用地雷炸开城墙。一段八十英尺宽的城墙被炸毁，太平军从炸毁的城墙缺口冲进城。然而，清兵将他们赶了出去。太平军惨败。11月30日晚上，太平军解除围攻，向西北方向行进。

太平军向洞庭湖方向行进，占领了位于洞庭湖和长江交界处的岳州。洗劫了岳州的粮仓和金库后，太平军沿长江继续前进，很快抵达汉阳。12月23日，太平军占领汉阳。接着，太平军派遣一部分人过江，于1853年1月初占领湖北省省会武昌。《京报》称，叛军在武昌城西边通往长江的两个城门处秘密埋下地雷，放入几百磅火药，炸毁了大约五十英尺宽的城墙。1月12日，太平军占领武昌。湖北巡抚常大淳、湖北提督双福及许多官员在武昌保卫战中战死。

1853年2月，太平军已经占领了两个重要城市——汉阳和武昌，以及毗邻的著名贸易城市汉口。在此期间，太平军搜刮了大量钱财和物资。2月8日左右，太平军驾驶满载物资和人员的船向南京挺进。2月18日，太平军占领了位于鄱阳湖与长江交界处的九江。2月25日，太平军进入安徽省省会安庆。当地百姓被迫为太平军贡献物资和钱财。3月4日，太平军占领芜湖。3月8日，太平军抵达南京。

面对上述事态，咸丰帝宣布前往天坛祭天。咸丰帝由衷希望和平。"在与此有关的圣旨中，咸丰帝愤怒地指责大臣举措不当，也为自己没有及时调查大臣滥用职权的行为而自责。正是大臣滥用职权的行为引发了暴动，给百姓带来了苦难。想到这里，咸丰帝寝食难安，但自责无济于事。咸丰帝忧心忡忡，谦卑地恳求上天宽恕自己的罪行，拯救受苦的百姓。"①

---

① 出自《京报》。——原注

CHAPTER VIII
第 8 章

———

南京陷落—太平天国的公文—文翰爵士
乘坐"哈尔米士"号到访南京—军规—
戴作士到访镇江

Fall of Nankin—Proclamations—Visit of Sir George Bonham in H.M.S. 'Hermes'—
Army Regulations—Dr. Taylor at Chin- keang

———

1853 年 3 月 19 日，太平军开始进攻南京。与当初攻占武昌和长沙时一样，太平军在城墙角落埋下地雷，将城墙炸出一个缺口，借此冲进城内。不过，驻守南京的清兵抵抗不力。因此，太平军很轻松地就攻陷了南京。后来，密迪乐在南京调查后得知，驻守南京的清兵不少于七八千人[①]。对驻守南京的清兵的表现，密迪乐有下述评价：

> 按道理来说，八旗士兵不得不为人类所珍视的一切而战，为一向善待自己的皇族而战，为国家荣誉而战，为自己的生命而战，为妻子和孩子的生命而战。八旗士兵知道，洪秀全曾公开宣布太平天国的首要任务就是消灭清朝统治阶层。外界都认为八旗士兵可能会为了自卫而殊死搏斗。然而，他们的表现并非如此。太平军不可抗拒的行动及对清朝统治阶层根深蒂固的敌意，似乎让八旗士兵丧失了所有理智与力量，失去了男子汉的气概。八旗士兵俯伏在太平天国首领面前，可怜地哀求怜悯，大声喊着："天王，饶了我吧！天王，饶了我吧！"也许这些八旗士兵认为，自己如今的命运正是当年祖先入关后曾采取屠杀措施的报应。在广州，至今仍然有人谈论清兵当初占领广州时对当地百姓实行的灭绝制度……

---

① 虽然八旗驻军只有七八千人，但如果算上他们住在南京驻地的家眷，总人数至少两万。——原注

驻守南京的两万多八旗士兵及其家眷，只有一百来人逃脱，其余人全部死于太平军的刀下。"我们把他们全杀了！"太平军强调说。可怕的杀戮进行时，太平军的脸上肯定只有冷酷无情。"我们把他们全杀了，包括襁褓中的婴儿。我们连根也没有给他们留下。"这些人的尸体被扔进长江。

南京沦陷前一年，太平天国东王杨秀清和西王萧朝贵发布的一份公文清晰地表明了太平军对清政府的态度。这份公文的内容如下：

嗟尔有众，明听予言！予惟天下者，上帝之天下，非胡虏之天下也；衣食者，上帝之衣食，非胡虏之衣食也；子女民人者，上帝之子女民人，非胡虏之子女民人也。慨自满洲肆毒，混乱中国，而中国以六合之大，九州之众，一任其胡行，而恬不为怪，中国尚得为有人乎？妖胡虐焰燔苍穹，淫毒秽宸极，腥风播于四海，妖气惨于五胡，而中国之人，反低首下心，甘为臣仆，甚矣哉！中国之无人也！

夫中国首也，胡虏足也；中国神州也，胡虏妖人也。中国名为神州者何？天父皇上帝真神也，天地山海是其造成，故从前以神州名中国也。胡虏目为妖人

者何？蛇魔"阎罗妖"邪鬼也，鞑靼妖胡，惟此敬拜，
故当今以妖人目胡虏也。奈何足反加首，妖人反盗神
州，驱我中国悉变妖魔，罄南山之竹简，写不尽满地淫
污；决东海之波涛，洗不净弥天罪孽！予谨按其彰著人
间者，约略言之：夫中国有中国之形像，今满洲悉令削
发，拖一长尾于后，是使中国之人变为禽兽也①。中国
有中国之衣冠，今满洲另置顶戴，胡衣猴冠，坏先代之
服冕，是使中国之人忘其根本也。……中国有中国之制
度，今满洲造为妖魔条律，使我中国之人无能脱其网
罗，无所措其手足，是尽中国之男儿而胁制之也。中国
有中国之言语，今满洲造为京腔，更中国音，是欲以胡
言胡语惑中国也。凡有水旱，略不怜恤，坐视其饿殍流
离，暴露如莽，是欲我中国之人稀少也。满洲又纵贪官
污吏，布满天下，使剥民脂膏，士女皆哭泣道路，是欲
我中国之人贫穷也。官以贿得，刑以钱免，富儿当权，
豪杰绝望，是使我中国之英俊抑郁而死也。凡有起义兴
复中国者，动诬以谋反大逆，夷其九族，是欲绝我中国
英雄之谋也。满洲之所以愚弄中国，欺侮中国者，无所

---

① 这是鞑靼人拥有至高无上权力的一个显著证据。征服中原后几年，鞑靼
人认为，自己拥有的权力已经足以改变人口众多的汉族人的发型，即使
汉族曾十分强大。同时，它还证明了汉族人对任何公认的统治者的无比
顺从。——原注

不用其极，巧矣哉！

　　……今满洲乃忘其根源之丑贱，乘吴三桂[①]之招引，霸占中国，极恶穷凶。予细查满鞑子之始末，其祖宗乃一白狐、一赤狗，交媾成精，遂产妖人，种类日滋，自相配合，并无人伦风化。乘中国之无人，盗据中夏，妖座之设，野狐升据；蛇窝之内，沐猴而冠。我中国不能犁其窟而锄其穴，反中其诡谋，受其凌辱，听其吓诈，甚至庸恶陋劣，贪图蝇头，拜跪于狐群狗党之中。今有三尺童子，至无知也，指犬豕而使之拜，则艴然怒。今胡虏犹犬豕也，公等读书知古，毫不知羞？昔文天祥[②]、谢枋得[③]誓死不事元，史可法[④]、瞿式耜[⑤]誓死不事清，此皆诸公之所熟闻也。予总料满洲之众不过十数万，而我中国之众不下五千余万，以五千余万之众受制于十万，亦孔之丑矣！

　　今幸天道好还，中国有复兴之理，人心思治，胡虏有必灭之征。三七之妖运告终，而九五之真人已出。[⑥]胡罪贯盈，皇天震怒，命我天王肃将天威，创建义旗，

---

① 吴三桂，故明将领。他引清军入关援助朝廷导致了明朝的灭亡。——原注
② 文天祥因不愿向蒙古人屈服而被忽必烈所杀。——原注
③ 谢枋得，南宋爱国人士，被蒙古军队俘虏后不屈，绝食而死。——原注
④ 明朝灭亡后自杀。——原注
⑤ 瞿式耜，明朝末年人，1644年慷慨就义，壮烈殉国。——原注
⑥ 《易经·乾卦》中的说法："九五，飞龙在天，利见大人。"据说，"飞龙在天"意味着一个新的君主即将登上中国的王位。——原注

扫除妖孽，廓清中夏，恭行天罚。

劝说汉族人加入太平军并许诺以长期和短期的巨大回报后，这份公文总结如下：

公等苦满洲之祸久矣！至今而犹不知变计，同心勠力，扫荡胡尘，其何以对上帝于高天乎？予兴义兵，上为上帝报瞒天之仇，下为中国解下首之苦，务期肃清胡氛，同享太平之乐。顺天有厚赏，逆天有显戮。布告天下，咸使闻知。①

前往南京途中，太平天国发布了两份重要的公文。其中，第一份公文是在长江边发布的，目的是安抚广大百姓。这份公文在太平军占领区广泛传播。其主要内容如下：

贪婪的满清统治者看起来比暴力的强盗更可怕，腐朽的官员比虎狼还残暴。这一切源自握有统治权、邪恶又愚蠢的满清皇帝。满清皇帝的所作所为向我们展示了他的存在对人类而言没有任何价值。朝廷中忠诚的人被疏远；官员卖官鬻爵，诋毁有才干的人。贪婪的灵魂日

---

① 　参见《东王杨秀清西王萧朝贵发布奉天讨胡檄布四方谕》，《太平天国文书汇编》。——译者注

渐膨胀，朝野上下都在为利益争得不可开交。有钱有权的人干着无法无天的勾当，贫穷可怜之人却无人拯救，这简直让人义愤填膺。尤其是土地税收，据说上一位皇帝统治的第十三年的税收一次性免除。然而，近来的苛捐杂税大幅增加，几乎掏空了百姓的口袋，将百姓逼入无以复加的苦难中。一想到这些，我们就十分难受。仁人志士急不可待地希望铲除每个州和县贪婪的官员，将百姓从水深火热中解救出来……

目前，我们的军队正准备开赴江西省。我们认为有必要告诉各位同胞，不必惊慌，希望已经来临。当地的农民、工人和商人可以安心生活。不过，有钱人应该为我们的军队提供充足的粮食物资。每个人都应该清楚上报自己能贡献的数量。我们会提供收据，作为今后偿还所有款项的凭证。

和往常一样，这份公文的文末对服从者许以回报，对未能帮助太平军的人发出威胁警示。

另一份公文以杨秀清的名义发布。当时，太平军距离南京仅有几天的路程。这份公文的内容如下：

我，作为太平军将领，听从天王的命令，发动军队惩罚满清压迫者。如第一份公文所述，我们所到之

处，敌人四散逃开。每占领一个城市，我们就处死当地
贪官，但没有伤害任何一个平民。你们尽可放心，不要
惊慌。你们都可以好好照顾自己的家人，继续自己的工
作。关于这一点，我已经发布过公文。据我推测，你们
应该已经了解到其内容。不过，我听说，我们的军队到
来前，村庄里到处是无法无天的暴徒。这些暴徒趁着国
家陷于混乱，玷污村民的妻女，劫掠村民的财产，还到
处纵火。我，作为太平军将领，已经逮捕了其中一些暴
徒，并且斩首了几十人。现在，由于此地远离省会，暴
徒自鸣得意地认为我不知道他们的行动，这非常可憎。
我已派遣一个袁姓大官作为特别使者，让他带领几百名
士兵在村里巡逻，一旦发现暴徒立即问斩。你们只需把
"顺"字贴在门扇外，就可安心。我想问一下，你们有
谁为自己的头衔和官职花过钱？你们得到满清政府的头
衔和官职后，得到了任何区别待遇吗？你们参加科举考
试中榜后获得了满族强盗授予的功名又有什么用呢？我
和我的追随者都是中原大地的臣民。我们学习古代圣贤
的典籍。我们怎么能屈尊接受满族蛮夷授予的官衔和报
酬呢？你们每个人都应抛弃功名，不要再为满族蛮夷授
予的功名而沾沾自喜了。占领南京后，我就会考虑安排
天朝的科举考试。权衡各位考生的优点后，我会选择最
杰出的学者，授予他们功名。寺庙、道观及妓院、赌场

的财产最好分配给村里的穷人。目前，我们正在全国各
地抓捕和尚、道士，并且处死他们。我们正在调查建造
和修缮寺庙的重要出资人，同时逮捕他们。我们的军队
推翻满清政权后，我会进一步考虑举办我们汉人的科举
考试。考试按照中国人原来的习俗安排。如果有人不服
从我们的命令，我们的军队一到，他们连一条狗、一只
家禽也不会留下。

　　太平军占领南京几天后，太平天国派遣了一支军队前往毗邻
南京、位于长江南岸的镇江及位于长江北岸的扬州。1853 年 4 月
1 日，镇江和扬州沦陷。驻守镇江的清兵没有做出丝毫抵抗就逃
走了。太平军不费吹灰之力就占领了一排三英里长的炮台。镇江
和扬州的百姓被带到南京，他们被迫协助修复南京的防守漏洞，
从而使得南京处于可靠的防御状态。适合加入军队的人随后被吸
纳进太平军。

　　从永安撤离后的十二个月里，太平天国的组织机构和人员都
发生了巨大变化，包括妇女和儿童在内不到一万人的小队伍逐步
发展壮大。据保守估计，占领南京时，太平军已有七万多人，其
中很大一部分是太平军沿途接纳的地方叛乱分子，剩下的一部分
人则是被迫加入太平军的。大部分太平军士兵不到十八岁。太平
天国创立时期的广西人构成了整个太平军的核心力量，其中最值
得信赖的人被选拔出来担任文武官职。包括男子、女子和儿童在

内，扬州、镇江等地送到南京的人不少于十万。因此，1853 年 4 月，英国人第一次和太平天国的首领接触时，太平军至少拥有十万名可供调配的士兵。

一直以来，洪秀全都按照从中国古代典籍中了解到的原则行事。太平军在南京安顿下来后，洪秀全开始实行中国古代帝王制度。各下级官员以各地衙门为官邸，管理着自己的"小朝廷"，并且按照当时清政府推行的模式成立法庭。此时，天王的妃嫔数量大大增加。与妃嫔在天王府里面安顿下来后，洪秀全几乎不再公开露面，甚至连各位首领兄弟都很少能面见他。洪秀全效仿明朝初期的皇帝，考虑将南京作为首都。在公文中，洪秀全称南京为"天国之都、天王居住的地方"。如果洪秀全当时不是在南京养尊处优、虚度时光，而是立即派兵全力以赴向北京挺进，那么太平天国的最终结局可能会发生翻天覆地的变化，北京很有可能会被太平军占领。那时，清朝皇帝就不得不逃到关外去。历史已经清楚证明，中国人极易向京城的权威屈服。一旦控制北京，得到百姓的认可，洪秀全就可以成为中国真正的统治者，有权利收税、委任官员或贬黜官员，这毋庸置疑。如果太平天国当时的首领更加英明、能力更强，那么整个中国就已成为太平天国的天下。

太平天国运动的迅速发展，使驻守在上海和南京之间的清兵十分震惊。清政府发布公告，声称英国打算帮忙平息太平天国运动，希望以此鼓舞士气。然而，为了表明英国完全中立的立场，同时为了亲自了解太平天国运动的进展情况及太平天国的信条和准则，1853 年 4 月 27 日，英国驻华公使文翰[①]爵士乘坐"哈尔米士"号（Hermes）巡洋舰抵达南京。密迪乐作为翻译陪同文翰爵士出行，并且提前上岸为迎接文翰爵士做好安排。密迪乐虽然遇到了一些困难，但最后还是见到了韦昌辉和石达开。密迪乐与韦昌辉和石达开之间的对话，主要围绕双方首领的级别及接待文翰爵士的规格。密迪乐向太平天国方面解释，清政府发布的公告中存在不实内容，同时表明英国绝对中立的立场。表面上看，韦昌辉对密迪乐的讲话内容毫不在意。

　　韦昌辉在其主导的对话中，主要询问我们的宗教信仰，同时阐述他的见解。韦昌辉说，我们都是上帝的孩子，也是上帝的崇拜者。本质上，我们就是兄弟。了解到英国方面一直以来对此也持相同看法后，韦昌辉询问我是否了解"天道规则"。我答道，我虽然没有听说过"天道规则"这几个字，但很有可能熟知其内涵。思索片刻后，我问道："'天道规则'是不是共有十条？"韦昌辉急切地做了肯定回答。然后，我开始讲述十诫第一条的内容，但还没讲多少，韦昌辉就友好地拍拍我的肩，大声说道："和我们一样！和我们一样！"而这时，韦昌辉和同伴交换了一下眼色。他的同伴脸上不露

---

① 　原名是乔治·博纳姆（George Bonham）。——译者注

声色的表情立刻消失了，代之以满意的神情。

　　提到我之前就太平军对英国人的情感和诉求所做的调查时，韦昌辉表示，英国和太平天国不仅应该和平相处，还应该是亲密的朋友。他还补充道，现在，英国人在南京可以自由地上岸行走。韦昌辉一再提到，广州有一个他称"Lo-ho-sun"[①]的外国人是个好人，不计报酬地为人治病。韦昌辉十分感激上帝多次保护并帮助自己及军中兄弟。他说，如果没有上帝，太平天国就没有今天。提到英国的中立立场及英国不向清政府提供援助的声明时，韦昌辉坚定且平静地说："你们不向清政府提供援助是正确的，并且援助清政府没有意义。天父一直在帮助我们，我们战无不胜。"

　　这次谈话中，最值得注意的一点是，太平天国首领似乎对英国表示中立的立场毫不在意。密迪乐知道太平天国运动爆发于广西省。假设1840年到1842年，太平军已经见识了英国的军事力量，那么令密迪乐感到不解的是，太平天国首领原本没有必要如此急于得到英国方面的认可，毕竟太平天国与英国有着相似的信仰似乎是太平天国首领唯一感兴趣的地方。

　　密迪乐不赞同太平天国首领会见文翰爵士时的安排。韦昌辉

---

① 即罗孝全。——原注

则表示："无论文翰爵士的级别有多高，都比不过现在陪同你坐在这里的人。"1853 年 4 月 28 日，"哈尔米士"号上的文翰爵士收到一封来自太平天国的信函，其内容如下：

> 为通晓礼制，令仰远方兄弟知照事：
> 天父皇上帝派遣吾主临凡，即为天下万国之真主。天下臣民有愿来朝者，对于礼制必须严格遵守。彼等必须具文奏明，自为何人，所操何业，来自何处，先行具奏，始终朝见，此谕。
> 太平天国三年三月二十四日（1853年4月28日）

授命后面的内容提到，文翰爵士转交给太平天国方面的信函陈述了他来访的原因。

收到太平天国的授命信函后，文翰爵士和随员非常震惊。文翰爵士完全没有预料到太平天国首领的姿态如此傲慢。他将这份授命信函连同一份英国和清政府之间签订的已经生效的条约副本交给太平天国方面，以示强烈不满。

1853 年 4 月 29 日下午，太平天国一位低级首领赖汉英[①]登上"哈尔米士"号解释情况。赖汉英表示，根据安排，30 日上午 11 时，太平天国高级军官亲自安排轿子和马，护送文翰爵士及其全部随

---

① 赖汉英是洪秀全的妻子赖莲英的弟弟。——译者注

员前往北王和东王的住所。

太平天国方面信守了承诺，轿子等准时出现在岸边。然而，文翰爵士认为太平天国的礼仪规则可能会破坏彼此之间的友好印象，便以天气不好为由没有上岸。

5月2日早上，天王洪秀全的妻舅赖汉英送来一份黄绸圣谕，其内容如下：

> 谕尔远来英人知悉：尔等英人久已拜天，今来谒主，特颁谕抚慰，使各安心，请除疑虑。
>
> 天父上主皇上帝自始创造成天地、海陆、人物于六日中，由是天下为一家，四海之内皆兄弟也。彼此之间，既无差别之处，焉有主从之分？自人类受魔鬼之试诱，深入人心，忘却天父上帝给予生命，维持生命之恩惠，忽视天兄耶稣代人赎罪之无极功德；将泥土木石为神，淫昏颠倒。胡人满洲窃取天朝(中国)，其祸尤烈。所幸天父天兄降福与尔英人，使尔知奉天父上帝，知敬天兄耶稣，真理赖以宣传，福音赖以保全……
>
> 尔海外英民不远千里而来，归顺我朝，不仅天朝将士兵卒踊跃欢迎，即上天之天父天兄当亦嘉汝忠义也。兹特降谕，准尔英酋带尔人民自由出入，随意进退，无谕协助我天兵歼灭妖敌，或照常经营商业，悉听其便。深望尔等能随吾人勤事天王，以立功业而报答天神之深

恩。为此用特示以吾主太平诏命，告谕尔等英人，使凡人皆识崇拜天父天兄，而且得知吾主天王所在之处，凡人当合心朝拜其受命自天也。

太平天国东王杨秀清、西王萧朝贵等人

癸丑年农历三月二十六日（1853年5月1日）

文翰爵士的回复如下：

溯我英国与中国通商，在广州已二百余载。前十数年又新立和约并通商章程，议定广州、福建（州）、厦门、宁波、上海五口凡英国商民均可建造房屋，携眷居住，照令叙话记实一，与北王翼王叙话录。例纳税贸易，不得稍有妨碍；各处俱设本国领事专管本国商民事件。又有本大臣奉我国君主旨驻扎香港，统辖五口英国商民事务，凡与中国官员交涉事宜，俱归本大臣经理，迄今十数载，并无变异。近来闻得汉人与满洲人兴动干戈，又闻贵王已得守金陵，传播不一。有满洲官晓谕云，借西洋国火轮船十数双，由长江直上，与贵王军兵打仗等情，此皆满洲官之假语谎言。查我英国往各国贸易居住，凡各该处有兵戈，向例均不干预。今在中国为有借用火轮船相帮之理？至于满洲官雇广艇，置买西洋船只，本大臣并不闻问。所有英国商民船只均不准其雇用。其买卖英国人商船者，与买洋布及各贷无异，难以禁止。如他国买卖船只，本大臣更难阻当（挡）。但买去之船，俱不许用我国之旗号。设有我国人民仍旧在船为满洲官使用者，实属不该，本国决不护庇。总之贵王与满洲相敌，我英国情愿两不干预。独是英国在上海建造许多房屋居住，并礼拜堂及堆贷机房，黄浦江内是有英船多只来往停泊。刻下贵王已抵金陵，与上海近在咫尺，闻得贵王军兵欲到苏、松一带后，至上海时，贵王之存心立意，欲与英国如何办理之处，先原闻知。

文翰爵士（Sir George Bonham）（签名）[1]

1853 年 5 月 2 日 16 时，文翰爵士的回信发出后不久，"哈尔米士"号起锚，沿河返回上海。经过镇江时，"哈尔米士"号遭到太平军水师的炮击。英国军队进行了相应的回击。"哈尔米士"号沿着长长的防御线缓慢地航行到几英里外的锚地。后来，在与驻守镇江的太平军指挥官的通信中，文翰爵士提到了"哈尔米士"号遭到攻击的事。事后证实，驻守镇江的太平军指挥官是罗大纲。他曾是三合会首领。后来，罗大纲为此事特意向文翰爵士道歉。罗大纲把此次事件的责任归咎于下属。

5 月 5 日，"哈尔米士"号抵达上海。这是第一次与太平天

---

[1] 《中国蓝皮书》（*China Blue Book*），1853 年。——原注

国方面接触，这次接触让我们非常不悦。据推断，与双方面对面
交谈相比，太平天国方面在信函中表达出的傲慢语气可能要稍稍
弱一些。与清政府相比，太平天国的信函透露出的语气可能更具
攻击性。如果能够考虑到太平天国首领出身非常低微，文化程度
也不高，英国人就能释怀了。太平天国首领在运动早期就获得了
所谓的至高无上的权力，以及他们对主动拜访的英国人冷淡的态
度，无疑成了文翰爵士强烈反对太平天国运动的原因。在报告中，
文翰爵士表示："就太平天国所谓的至高无上的普遍权力而言，
太平军醒悟得越早，各方越有利。"太平天国方面转交给文翰爵
士的黄绸圣谕中提到的天父降世和天兄降世明显指杨秀清的"天
父附体"和萧朝贵的"天兄附体"事件。太平天国方面赠送给英
国人的书籍^①阐述了太平天国在政治、宗教、军事组织和宫廷礼
仪方面的观点。后来，这些书籍和太平天国方面转交给文翰爵士
的黄绸圣谕都被麦都思翻译成了英语。麦都思是一位传教士，长
期居住在中国，以非凡的语言能力享有很高的声誉。太平天国方
面赠送给英国人的书籍中，最有趣的是出自洪秀全笔下的作品。
洪秀全只写道德戒律和宗教宣言。军事公文及其他方面的公文由
其他首领——主要是杨秀清——完成。据麦都思所述，其他首领

① 共有十二本书，即《天条书》《三字经》《幼学诗》《天命诏旨书》
《天父下凡诏书》《太平诏书》《颁行诏书》《太平军目》《太平条
规》《太平天国癸好三年新历》《太平礼制》《旧约·创世纪》。——
原注

的作品风格十分粗俗，充满了乡土味。

1852 年，太平天国颁布了《太平条规》。《太平条规》是为太平军制定的规则，其编写体例与《天条书》相似。在此援引部分内容：

　　　　一要恪遵天令。

　　　　二要熟识天条赞美，朝晚礼拜，感谢规矩及所颁行诏谕。

　　　　三要炼好心肠，不得吹烟饮酒，公正和雅。毋得包庇徇情，顺下逆上。

　　　　四要同心合力，各遵有司约束，不得隐藏兵数及匿金银器饰。

　　　　五要别男营女营，不得授受相亲。

　　　　六要谙熟日夜点兵鸣锣吹角擂鼓号令。

　　　　七要无干不得过营越军，荒误公事。

　　　　八要学习为官称呼问答礼制。

　　　　九要各整军装枪炮以备急用。

　　　　十要不许谎言国法王章、讹传军机将令。

　　太平军在行军过程中须遵守的一些规则表明，规则的制定者希望通过规则来避免行军过程中常常出现的混乱，第一条规则说：

令各内外将兵凡自十五岁以外，各要佩带军装、粮
食及碗锅油盐，不得有枪无杆。

第五条规则禁止军官和士兵、男人和女人进入村子做饭、
偷粮。

令军兵男妇不得入乡造饭取食，毁坏民房，掳掠财
物及搜抄药材铺户并州府县司衙门。

令不许乱捉卖茶水、卖粥饭外小为挑夫，及瞒昧吞
骗军中兄弟行李。

令不许在途中铺户堆烧困睡、耽阻行程，务要前后
联络，不得脱徒。

令不得焚烧民房及出恭在路并民房。

令不得枉杀老弱无力挑夫。

上述规定似乎与报道中太平军的残忍行径大相径庭，但报道
很有可能夸大其词。在一定程度上，上述规定从侧面证实了太平
军在行军过程中确实常常做出上述极端行为。这一点也不奇怪，
即使是纪律严明的军队，穿越敌境时也难免会犯下滔天大罪。太
平军当然也不例外。更何况，太平军的大部分士兵出身低微，大
多是南方各省的地方叛军。

文翰爵士搭乘"哈尔米士"号抵达上海两个月后，美国传教

士戴作士①带着宗教书籍，拜访了驻守镇江的太平军。显然，戴作士希望太平军能信仰基督教。此外，戴作士还携带了一些药物，以便在需要时可以提供医疗帮助。戴作士此次访问意义重大。他提供了1853年6月太平军相关情况的非常宝贵的一手资料。然而，返回上海后，戴作士因一些不明原因而拒绝出版此次访问的相关资料。后来，一家当地报社②以值得信赖的形式公布了戴作士了解到的关于太平军的所有详情。

　　1853年6月2日，戴作士乘坐一艘本地船离开上海，前往镇江。距离镇江两英里远时，船夫就拒绝再向前走了。5日黎明时分，戴作士只好携带行囊，独自一人上岸，沿着河岸步行。随后，戴作士看见一些人正在围栏旁干活。他们向戴作士招手示意，让戴作士上前。

　　戴作士发现，防守镇江的军事力量非常强大，防御措施也很高超，有壕沟、栅栏、堤坝、鹿砦、拒马等。戴作士艰难地通过层层障碍后，一个太平军士兵从山上下来，接过他的行囊，带领他前往驻地。靠近围栏时，戴作士发现周围都是留着长发、长相凶悍的男子。这些男子称戴作士为"兄弟"。他们问了戴作士许多问题，但戴作士很想和指挥官罗大纲交谈。于是，戴作士表示，见到罗大纲之前，自己拒绝回答任何问题。几名太平军士兵多次试图说服戴作士先与下级军官交谈，但没起作用。他们只好护送

① 原名是查尔斯·泰勒（Charles Taylor）。——译者注
② 即《北华捷报》（*North China Herald*）。——原注

戴作士前往城内罗大纲的住处。

罗大纲出现在戴作士面前时，一点也没有清政府官员常见的
浮夸表现。一开始，戴作士觉得，这个人绝对不是罗大纲，一定
是又有人企图阻止自己接近罗大纲。因此，戴作士拒绝回答问题。
后来，随从给罗大纲穿上一件红黄相间的丝质长袍，戴作士的疑
虑才渐渐消除。戴作士告诉罗大纲自己从哪里来及此次到访的目
的，同时把行囊中的书交给罗大纲。罗大纲非常满意，说了一句
经常被人重复的话："这些教义和我们的教义一样。"太平军确
实声称与外国人有着共同的兄弟情谊。

戴作士到访期间，罗大纲在住处热情款待他。戴作士离开时，
罗大纲为戴作士配了一匹马及由数百名将士组成的护送队，将戴
作士一直护送到城外河岸边的围栏处。据戴作士说，太平军没有
正规的军服，这可能是因为缺乏相应的染料。太平军的衣着各色
各样。许多士兵用红色或黄色的丝线在头顶把头发扎成一个结。
大多数士兵装备着长矛和长剑，少数士兵拥有火绳枪。许多少年
手持长矛和剑，与年长士兵一起执行任务。围栏和炮台配备了各
种尺寸和种类的枪及炮，从抬枪到大炮都有。太平军有许多三角
旗，上面写着首领的名字及"太平天国"。在不同时间和不同地
点反复询问不同人后，戴作士得知，镇江的太平军有五六万人。
戴作士注意到，太平军的行动毫无规律，也无秩序，但呈现出一
种绝对服从、严守纪律的状态。街道一片冷清，商铺和住宅的门
窗都被拆下来搭建河岸边的临时围栏。后来，临时围栏很快被拆

除，取而代之的是砖石砌成的坚固厚墙。铁匠和木匠正在建造炮车等作战工具。他们是唯一一群在从事之前行业的人。

戴作士还参加了太平军的朝拜仪式。据戴作士描述，太平军的朝拜仪式如下：所有人先坐着庄重严肃地唱颂歌；然后大家跪下，闭上眼睛，看起来非常虔诚；与此同时，其中一人祈祷；唱颂歌时，伴随着极不协调的乐器声。这些乐器都是中国人在平常节日里使用的乐器。

上述朝拜仪式一天举行两三次，包括吃肉前的谢恩祷告。随后，太平军立即走到餐桌前就餐，朝拜仪式至此告一段落。戴作士没有看到一名女子。经询问才知，她们都在南京。戴作士看见餐桌上摆放着各种各样献给上帝的食物，其中有三碗茶，圣父、圣子、圣灵各一碗。不断询问太平军接下来的仪式细节时，戴作士得到的答案是，他们自己也不知道，必须等待天父的昭示。

太平军的平静和浑身洋溢的热情让戴作士非常感动。戴作士充分相信太平天国运动的正义性，相信太平军最后一定会取得成功。戴作士访问镇江期间，清兵舰队袭击了镇江。清政府的陆军就驻扎在镇江附近的山区。

离开镇江前，戴作士收到了罗大纲的一封信。这封信写给在上海的英国人，即《殿左伍检点罗大纲致上海英国领事馆书》。从信中可以看出，罗大纲并不支持外国传教士到访。这封信的内容如下：

真天命太平天国殿左伍检点罗书到英吉利国诸位兄
弟台前：

五月初一日，贵邦有兄弟戴作士带来各书，俱已收
到。既系同拜上帝，皆系兄弟，所阅来书，两相符合，
总属一条道路也。

兹前者贵邦船到，随后则有伪清妖船，今贵邦复有
船来，而清妖船又于后。在贵邦以诚信待人，弟处亦不
疑及。惟目天下人应顺，正兴汉灭满之时，谅诸明公通
达气运，不待询之。今弟处非阻通商，终以两下交兵，
恐其往来不便。依换情势，须俟三两月之间，灭尽妖
清，庶贵邦之往来不受伪清之欺侮也，不亦宜乎？今借
羽便，特修寸楮，伏惟明鉴！既候统佳。

现便携弟处各书，仰肯悉散历阅。①

戴作士到访镇江期间，了解到太平天国的宗教观点很有趣。
根据戴作士提供的信息，在距离南京大约四十七英里的镇江，太
平军在各自长官的管理下，和南京的太平军一样严格按照规定举
行宗教仪式。镇江的太平军长官罗大纲之前是三合会成员，而非
拜上帝会成员。能够在这么短的时间内在镇江严格落实太平天国
的宗教法律，所有功劳应该属于天王和其他诸王。

---

① 参见《殿左伍检点罗大纲致上海英国领事馆书》，《太平天国文书汇
编》。——译者注

　　"哈尔米士"号到访太平天国后的一年内，欧洲人与太平天国没有任何往来。

　　此刻，各方必须重视 1853 年太平天国的重要军事行动，并且为了清楚地了解太平军的行动，有必要经常查阅地图。

CHAPTER IX
第 9 章

————

北伐—"萨斯奎汉纳"号到访南京—
十诫—东王的幻象—东王之死

Northern March—'Susquehanna's 'Visit to Nankin—
Decalogue—Visions of the Eastern King—His death

————

　　占领南京后，太平天国的军事战略发生了翻天覆地的变化。在这之前，太平天国只是一个不断转移的团体。占领南京后，太平天国所有兵力集中在南京及邻近地区，重心放在防守已占领的城市及军队训练上。此外，洪秀全及其他首领开始思考建立政府、组建相应的司法机构的问题。在这期间，清政府获利很多。当时，太平天国并没有孤注一掷地带领充满毁灭性的军队不断前进，而是将兵力集中在一两个地方。太平天国在南京和镇江的陆军力量和海军力量很快得到了充实。此时的太平军不容小觑。南京成了物资集聚中心和军队大本营。接着，太平天国向各方派遣军队发起新的进攻，以便在占领新城市的同时获取南京驻军的必需物资。1853 年 5 月，太平天国决定派兵北伐。一直以来，外界都在质疑太平军北伐的目的。根据太平军北伐的路线直逼北京这一点判断，太平天国似乎是想夺取清政府的首都北京。然而，太平天国部署的北伐军事力量及任命的指挥官完全无法承担这个重任。

　　5 月中旬，太平天国北伐军离开南京，横跨长江，抵达长江北岸。太平天国北伐军战士应该不超过七千人，指挥官是一个下级长官。洪秀全和另外四个王留守南京。击败登陆地点的一队清兵后，北伐军迅速朝西北方向前进。他们穿过安徽省、河南省。河南省省会开封作为中国仅有的一个小的犹太人聚居区而闻名于欧洲。住在开封的犹太人拥有自己的犹太教堂，可以举行宗教仪式。北伐军攻占开封失利，但对开封造成了巨大破坏。在开封附近渡过黄河后，太平天国北伐军继续前往怀庆。在怀庆，北伐军前进的步伐受到清兵的阻挡。因此，北伐军被迫向西偏离了很长一段距离行进，直到 9 月 4 日占领垣曲[①]。在垣曲，北伐军又转向北方。尽管行进路线与计划路线略有偏差，但他们仍向北京方向稳步前进。途中，北伐军占领了几个重要城市。9 月下旬，北伐军进入直隶省。迅速穿过直隶省，不费吹灰之力占领了一个又一个城市后，北伐军于 10 月底抵达京杭大运河边。随后，他们从京杭大运河出发。10 月 28 日，北伐军抵达静海，并且很快占领静海。静海距离天津约二十英里。然而，北伐军的步伐在静海受阻。10 月 30 日，一部分北伐军前往天津，但损失惨重，被迫撤退。此时，位于北京的朝廷对太平天国北伐军的进展非常震惊。清政府紧急抽调大量军力征讨北伐军。11 月初，一部分驻守北京的八旗军队，连同大批蒙古士兵抵达静海。清兵力量很快增强。清兵严密封锁静海的太平天国北伐军阵地。对清兵而言，北方道路状况良好，有助于骑兵顺利通行；静海靠近北方大型商业城市天津，补给充足；如果有必要，北京还可以随时派增援部队。然而，太平天国北伐军与南京完全断了联系。此外，北伐军中几乎没有人会北方方言。当时正值寒冷的冬季，与裹在毛皮里久经考验的清兵相比，来自南方、衣着单薄的北伐军将士更深切地感受到空气中弥漫的寒意。

　　从 1853 年 11 月到 12 月，被困的北伐军发动了几次攻势，

---

① 垣曲，县名，位于今山西运城。——译者注

但都失败了。最终，占领静海三个月后，太平天国北伐军于 1854
年 2 月 5 日撤离静海，开始往南京撤退。评论太平天国北伐军时，
密迪乐非常中肯地说了下面一段话：

　　　　太平天国北伐军从南京挺进静海的军事行动是一场
　　具有重大历史意义的战略行动。从南京到静海的征途不
　　少于一千三百英里或一千四百英里。从离开南京对面的
　　长江北岸那一刻起，除了通过伪装的信使维持通信，太
　　平天国北伐军几乎切断了与后方兄弟的所有联系。与此
　　同时，一支来自南京和镇江附近的清兵紧追不舍。各地
　　的政府军也紧紧地跟在太平天国北伐军队伍后面。尽管
　　天气恶劣，又有大量清兵虎视眈眈，孤立无援的北伐军
　　仍然克服重重困难，坚持不懈地向北行进。北伐军先转
　　向西边，后又向东转向。六个月的时间里，太平天国北
　　伐军从未后退过，这有力地说明了其组织的实力。

　　1853 年 11 月，另外一支来自安徽省省会安庆的太平天国北
伐军向北行进。他们迅速穿过安徽省、江苏省和山东省，几乎朝
着正北方向行进。在攻占了沿途多个城市后，这支太平天国北伐
军于 1854 年 3 月横渡黄河。4 月 12 日，这支北伐军攻占了山东
省和直隶省交界处的重要城市临清。在临清，从静海撤离的第一
支太平天国北伐军应该加入了从安徽省出发的第二支太平天国北

伐军。第一支北伐军如果能够在静海坚持到第二支北伐军的增援，就很有可能攻占天津，然后在天津一直等到南京的增援部队。在这样的情况下，北京的命运、清朝的统治历史就很难言说了。对这一点，清政府应该非常清楚。正是这一时期太平天国首领缺乏远见，不愿投入精力，才会错失如此有利的时机。

1854 年 5 月，太平天国北伐军的大部分行动均告失败。由于受到清政府骑兵的袭击，太平天国北伐军开始慢慢调头向南转移。1855 年年初，黄河以北的北伐军全部撤离。他们采取当初太平军从广西省向南京行进时的战术，沿途攻下主要城市，但无意长期占领。每攻下一个城市，北伐军便搜刮当地百姓的粮食和钱财，然后继续前行。通过这种方法，北伐军一路收获很多。沿途，他们砍下满族官员的脑袋，汉族官员得以幸免。北伐军一撤离，清兵便紧随其后夺回该城，并且任命新的知府，一切照旧。

从广西省和湖南省一路跟在太平军后面的清兵一直追不上太平军。《京报》详细报道了南京失守的情况，其中还解释了太平军很轻易就攻下南京的原因。一旦失败，太平军便没有任何退路，只会被视为掠夺者和篡权者。当时，除了重要城市南京（或者更确切地说是一个废墟），太平军没有任何稳固的据点。

1853 年 5 月，第一支太平天国北伐军出发后不久，太平天国派遣一支军队沿长江而上。这支军队一直行进到鄱阳湖，并且攻陷安庆，建立了一个军事行动基地。这支军队攻下了许多大大小小的城市，将粮仓洗劫一空后便迅速撤离。他们对清兵展开了几次军事行动，但都没有取得决定性的结果。太平天国从南京派遣了许多搜刮粮食和钱财的军队，这支军队只是其中的一支。根据授命，这些太平军无须长期占领攻下的城市。1854 年初，其中一支太平军直抵洞庭湖，沿着曾经在湖南省走过的部分旧路线行进。6 月，太平军重新攻下湖北省省会武昌及毗邻的汉阳和汉口。武昌、汉阳和汉口的失守激怒了咸丰帝。因此，咸丰帝下旨将湖北巡抚青麟斩首。

1854 年年中，太平军攻占了长江沿岸从镇江到汉口的所有重要城市。虽然太平天国并未完全控制长江以北的城市，但撤退的太平天国北伐军不断向南推进，并且不时与清兵交战。这让清政府非常焦虑，也让其损失巨大。《京报》上关于请求借款、卖官和卖科考功名的报道比比皆是。咸丰帝在《京报》上对此深表痛心。咸丰帝表示，为了百姓的福祉，清政府急需改革。

从军事角度来看，与 1853 年相比，南京和当地百姓没有太大变化。然而，洪秀全和其他诸王的自命不凡似乎并未减弱。1853 年，美国护卫舰"萨斯奎汉纳"号（Susquehanna）到访南京。身处中国的欧洲人由此获得了关于太平天国的非常有价值的信息。裨治文陪同出访团队访问。返回后，裨治文将访问南京期间的所见所闻写成信，全部寄给《北华捷报》。

在这之前，外界对太平天国还不太了解。关于太平天国的宗教理念，裨治文的信中有几个明显错误的地方。但除此之外，他的观点表达得清楚、客观、公正。这次出访团队中还有一个人以

"X.Y.Z."的笔名写了一封信。通过裨治文和"X.Y.Z."的信，外界了解了当时南京百姓的生活状况及其地位。1853 年 5 月 27 日，"萨斯奎汉纳"号抵达南京城外。与当初"哈尔米士"号到访南京时的情形一样，美国使者提前上岸与太平天国首领沟通。太平军士兵和下级军官像以前一样友好。上岸后，裨治文与几位太平军军官展开交流。裨治文详细描述了太平天国诸王的权力架构，并且继续写道：

> 太平天国声称拥有全天下的主权。毫无疑问，太平天国诸王及其臣民几乎完全不知道地球上的国家到底意味着什么，也不了解地球上到底有多少个国家及其权力是什么。然而，他们非常明确地提出对全天下的统治权的主张。他们认为天父——至高无上的主，是唯一真神，是天下万民之魂的父。因此，太平天国的天王便是天下万民的平安真君。无论是在交流谈话中，还是在书面写作中，诸如此类的话语在太平天国十分普遍。从这些半真半假的论调中，太平天国方面得出了一个结论——既然所有国家都应该服从和敬拜唯一的真主，那么所有国家也应该向洪秀全臣服，并且向太平天国进贡。在太平天国的圣城，也就是他们的首都南京，人们恪守纪律，严格自律。南京城部分地区专门拨给在外征战或参与公共事务的将士的妻子和女儿居住。在维持管

理秩序方面，南京城处处透露出高度的警惕性。一切违纪违规行为都会受到及时的谴责和惩罚，这在以前的中国非常罕见。所有人无一例外地接受各自的任务，承担着各自的职责，像上了发条一样按部就班地工作。简而言之，各条防线、各条街道、所有船，以及所有我们能见到的地方都在施行戒严。虽然在某种程度上，太平天国的宗教信条全部或者大部分是《圣经》中的内容，但或许由于太平天国首领的无知或牵强附会，抑或两者都有，太平天国的宗教信条已经远远偏离《圣经》中的内容，甚至出现了严重错误。太平天国政府是一个混合体，虽然一定程度上包含强大的宗教元素，但没有教堂。太平军名义上号称基督教教徒，但实际上是秩序最严格的反传统主义者。当时，太平天国发行的是郭士立（Gützlaff）版本的《圣经》。太平军可能拥有整套《圣经》，包括《旧约》和《新约》。因此，某种程度上，太平军可能知道《圣经》的教义。他们对真正《圣经》教义的误解程度实际上取决于郭士立版本《圣经》中内容的错误程度。关于这个问题，在此我不讨论。太平天国方面虽然明确表示世上只有一个真神，但完全忽视了诸如《圣经》的启示、父与子之间的平等及基督新教教徒普遍接受的许多其他教义。《圣经》清晰地表达了上述内容。的确，太平天国方面拥有一些教导宗教教义的方式，但这些方式是他们借用来的。太平天国方面并未真正理解其含义，只是照搬而已。我相信这一点在太平军唱颂歌或赞美诗时显而易见。此时，杨秀清被奉为"圣灵"。

我们发现，太平天国首领把星期六定为礼拜日。然而，他们似乎没有公共敬拜的场所，也没有所谓的基督教牧师或福音牧师。太平天国对家庭敬拜、祈祷及感恩的仪式等都有要求，所有人——即使是不识字的人——必须学习并执行。我们屡次见到太平军敬拜上帝的场景。其中一些人非常虔诚，但有些人毫无敬意。大部分被要求这样做的人很快就记住了分发的小册子上《十诫》的内容。谈到上帝时，太平军几乎总是使用"天父"这个称呼。他们也提到过洗礼仪式。我们到访的城市——镇江、南京和芜湖的城墙上、城门上贴有大量布告，其中大部分是杨秀清授权发布的。这些布告涉及的主题范围比太平天国发行的书中涉及的主题广泛得多，其风格与太平天国发行的书类似，没有什么特别之处。

布告讨论的主题包含食物的分配、衣服的分配、药品的分配、纳税、财产保存、礼仪和礼节的遵守、为推广牛痘接种而修改的对某些地区的禁令等。其中一份布告公布了最近在太平天国首都举办的科举考试中中榜人员的名单。

对太平天国的社会状况，我们了解得很少。不过，太平天国内部成员在某些方面至少有共同利益，除了极少数情况，似乎没有人表示自己拥有的一切属于自己。这到底是源于现实需求，还是一个既定原则，我无从得知。但可以确定的是，太平天国已经积累了大量物资和财富，并且其数量每天还在不断增加。

男子全副武装，女子坐在马背上，给人耳目一新的感觉。太平军来自不同省份，主要是安徽省、江西省、湖北省、湖南省、广西省和广东省，各个省份的人员构成非常不均衡。如今，他们聚在一起形成利益共同体。太平军中最优秀的人来自广西省山区，而湖南人最不善战。太平军的武器装备完全效仿中国旧式武器风格。但太平军的红色或黄色头巾、长头发、绸缎长袍与黑头发的绿营兵的普通装束完全不同，这让太平军看起来更像是一个新的战斗民族。所有人衣冠楚楚、衣食无忧。太平军看起来心满意足、兴高采烈，好像确信会获得成功。

出访南京的团队中另一个笔名是"X.Y.Z."的成员的记录如下：

外国人到访南京时，太平天国首领的表现说明他们并没有心存敌意。太平天国首领只是不喜欢诸如此类的访问。因为不了解外国人到访的目的，所以太平天国首领对与自己的敌人——清兵——友好相处的外国人心存疑虑并不奇怪。

太平军还未占领紧邻南京的农村地区。清兵在南京城东门附近扎营。这妨碍了太平军控制附近农村地区。离城墙大约一英里处有一个集市，出售家禽、蔬菜、肉类和其他农产品。赶集的乡下人仍然剃发。除了赶集，乡下人不得再向离城墙更近的地方靠近。

南京城内此时正在戒严。实际上，此时只有一支军队驻扎在南京，维持着严格的纪律和良好的秩序。未经允许，任何人不得进出城门。攻下南京时，太平军就把城里的一切视为己有。南京城里的百姓被编入了太平军的队伍中，女子、儿童和男子分开居住在城里不同的区域。他们的所有衣物和食物由圣库分配。当然，他们的财物都得上交圣库。人们衣着光鲜，储备了大量大米，但其他粮食的供应可能并不多。太平天国禁止吸烟，这项禁令具有法律效力。当然，吸食鸦片的禁令执行得更加严格。太平天国允许人们自由嚼食槟榔。从长江沿岸的农田收获的大米源源不断地运往太平天国的谷仓。有些大米刚从湖北省运来。我们看见一大群女子正在往南京城里运大米。大米分装在小袋子里，每个女子肩上扛一袋。白天，男子并未完全隔绝在女子居住区之外。大街上可以看到很多男子，他们偶尔会遇到像男子一样跨骑在马背上或驴背上的女子。这些女子像男子一样将脚跟而不是脚趾放在马镫里。

一切物品都属于共同财产的地方当然不可能存在贸易。南京城里见不到商铺，也见不到任何可供出售的货物，甚至没有船、轿子或马出租。船很多，但只供偶尔有需要时使用，并且无需支付费用。

游走在南京时，我们几乎看不到它与中国其他城市有什么区别。唯一的区别是，南京一些街道非常宽阔、整洁，这在中国很少见。南京城里的房子大都十分低矮，现在大多无人居住，十分破旧。

轰轰烈烈的太平天国运动推崇的宗教存在几个十分有趣的特点。从运动一开始，狂热的苗头就显露无疑。这是一场为驱除邪神而展开的运动，但以一种新的形式发展。东王又增加了两个头衔——"保惠师"和"圣灵"。

杨秀清以郭士立版本《新约》中的"保惠师"称呼自己，而"保惠师"是马礼逊用来称呼圣灵的词。城墙上张贴的布告都用"保惠师"和"圣灵"的头衔指代杨秀清。毫无疑问，杨秀清并不理解这两个头衔的真正含义，也不知道这是对圣灵的亵渎。

太平军经常说杨秀清是权力的来源，或许可以由此推断，洪秀全已经不在人世。然而，调查发现，洪秀全活得很好，并且就住在南京城里。

　　无论洪秀全自称"耶稣的弟弟"是什么意思，我们发现没有任何证据可以证明洪秀全的追随者把这一点作为基本信条。后来，几名太平军军官参观了"萨斯奎汉纳"号。当被问到洪秀全自称"耶稣的弟弟"意味着什么时，他们表示无法提供任何关于这个问题的信息。这几名军官看起来也很困惑，显然以前从未注意过这个问题。

　　正如下面的颂歌所唱，太平天国其他诸王也有一个冠冕堂皇的头衔，这是天父、天兄和天王所赐的恩典。太平天国所有士兵和百姓应据此庆祝和赞美。

　　　赞美上帝为天父，是魂爷，为独一真神。

　　　赞美天兄为救世主，是圣主，舍命代人。

　　　赞美东王是圣神风，是圣灵，赎病救人。

　　　赞美西王为雨师，是高天贵人。

　　　赞美南王是云师，是高天正人。

　　　赞美北王是雷师，是高天仁人。

　　　赞美翼王是电师，是高天义人。

　　　真道岂与世道相同，能救人灵，享福无穷。

　　　智者踊跃，接之为福，愚者省悟，天堂路通。

　　　天父鸿恩，广大无边，不惜太子，遣将凡间。

捐命代赎吾侪罪孽，人知悔改，魂得升天。

　　无论接受过良好教义指导的人如何看待上述颂歌，歌中内容都清楚显示，它并没有表达出对歌中提到诸王的崇拜之意。从南京获取的信息一致表明，太平军只敬拜天父和天兄。敬拜仪式十分简单：一日三餐前，桌上摆一份供品，包括三碗米饭、三碗菜、三杯茶或酒；大家一起坐着唱颂歌，之后跪下做一个简短的祈祷。每当上面传令下来，便有布道活动。太平军还在一片开阔的区域搭了一个大舞台。据说，这个大舞台就是布道的场地。

　　在太平天国普通民众中，我们几乎看不到任何基督教文化的痕迹，也没有迹象表明普通民众对基督教教义有任何公正的评价。这确实是我们没有预料到的情况。许多造访"萨斯奎汉纳"号的太平军士兵都能背诵《十诫》。他们背诵的《十诫》与太平天国书籍里的内容一样。

　　《圣经》的印刷工作仍然在进行中，《旧约》至少已经印到了《约书亚记》。

　　簇拥在"萨斯奎汉纳"号甲板上的太平军士兵来自中国各个省份，其中来自湖北省和湖南省的人最多。

返回上海前，"萨斯奎汉纳"号沿着长江一直行驶到芜湖。当时，芜湖也在太平天国的控制下。出人意料的是，芜湖的贸易活动正常开展，商铺正常营业，当地百姓的日常生活也一切正常。据说，芜湖的百姓非常敬畏新的统治者。烟草和鸦片的禁令在芜湖得到了严格执行。

在南京与太平天国高层进行的整个交流过程中，他们所采取的假设和权威的语气极不寻常，远远超出了合理范围。上文引述的书信常常提到太平军十分熟悉《十诫》。1854年出版的《十诫》如下：

第一天条，崇拜皇上帝。

第二天条，不好拜邪神。

第三天条，不好妄题皇上帝之名。

第四天条，七日礼拜，颂赞皇上帝恩德。

第五天条，孝顺父母。

第六天条，不好杀人害人。

第七天条，不好奸邪淫乱。[①]

第八天条，不好偷窃劫抢。

第九天条，不好讲谎话。

第十天条，不好起贪心。

---

① 根据此令，禁止吸食鸦片和外国烟草。——原注

　　此时，太平天国的宗教氛围比之前更浓厚。从南京带回来的书几乎全是宗教戒律和祈祷的内容。1854 年出版的《十诫》令外国使者十分满意。这是外国使者期待的最完美版本。这么多出身卑微的百姓能够轻松背诵《十诫》，可见洪秀全和其他诸王多么认真地对待宗教教诲，并且努力付诸行动。在太平天国，即使是不识字、不会阅读的人，也必须对已发布的祈祷守则有一定程度的了解。1853 年，洪秀全写给美国传教士罗孝全的一封信深刻揭示了洪秀全与众不同的性格。根据信中的叙述，洪秀全最初只是花县的一个贫穷塾师。得知有一个外国人正在广州传播真正的教义时，洪秀全果断放弃教职，由洪仁玕陪同前往广州拜访这个外国人。抵达广州后，洪秀全和洪仁玕打听到这个外国人叫罗孝全。随后，他们前往罗孝全的家里。罗孝全亲切地接待了洪秀全和洪仁玕，并且立即给予他们指导。洪秀全在广州停留的时间不超过两个月，原因有很多，部分是因为受到本土牧师的嫉妒，部分是因为自身太过贫困。离开广州后，洪秀全去了广西省。太平军攻下南京后，洪秀全登上了权力的巅峰。几天后，洪秀全派遣了一名特殊使者前往广州，将上文提到的那封信转交给罗孝全。这封信的主要内容如下：

　　　　虽然我们已经分别很长时间，但我仍然时时刻刻想念着你——我远方的兄长。你漂洋过海前来传扬救世主的真道，一心侍奉上帝。你的行为实在值得颂扬。对你，我满怀敬意。我想告诉你的是，天父并没有因我出身低微和无能而摒弃我。天父广开宏恩，将两湖地区和江南地区，即湖南省、湖北省、安徽省和江苏省的广阔土地恩赐给我。我给你写过很多信，但从未收到你的回信。

　　由于公共事务太过繁杂，我无暇亲自指导臣民早晚祷告。我已经将《十款天条》传达给将士和百姓，教导他们早晚祷告。不过，真正理解福音书的人不多。我认为应该派使者去拜访你，同时请求你——我的兄长——不要抛弃我，请你带来兄弟帮助传播福音，指导受洗仪式。这样一来，我们就会得到真正的教义。我的建国大业成功后，我将把教义传遍整个国家。整个国家所有人的灵魂回归一个真主，只敬拜真正的上帝，这是我真正渴望的目标。其他的话我不再多说，祝你幸福!

　　　　　　　　　　　　你无知的小弟洪秀全敬上

　　哈巴安德[①]将这封信的译文交给了《陆路中国邮报》。哈巴安德表示，一个信使将这封信带到他位于广州的住所。这个信使在太平军攻占南京后四五天出发，于 5 月 11 日抵达哈巴安德的

---

① 　哈巴安德（1818—1894），原名是安德鲁·P. 哈珀（Andrew Patton Happer），美国传教士，美国长老会成员，1844 年到中国传教。——译者注

住所。哈巴安德立即将信转交给罗孝全。看完信，罗孝全决定前往上海，并且按照洪秀全的要求，尽早寻求机会加入太平天国。这封信用毛笔写成，"落款上盖了一个大印章，大约两英尺见方，上面有六个汉字——天德太平王印，也就是说，这是天德王和太平王的印章"。

这几年的经历对洪秀全的性格产生了巨大影响。在1853年写给罗孝全的信中，洪秀全明显流露出自己非常渴望传播自认为是基督教的宗教信仰。洪秀全觉得需要更多的传教士加入自己的队伍，以便传播福音。公事阻碍了他全身心投入宗教事业。因此，他觉得非常遗憾。但七年后^①，罗孝全前往南京投奔洪秀全时，一切都发生了变化。罗孝全发现自己想传播福音的努力并没有得到洪秀全的认可。

从1853年到1854年，洪秀全把大部分时间都用于编撰祈祷文和戒律，以及研究中国历史典籍。他把自己封闭起来，到访南京的外国使者没有一个人得到他的亲自接见，最后给人留下了一种强烈的印象：洪秀全根本不存在。

杨秀清是太平军中非常活跃的首领。文武布告都出自他。由此推测，杨秀清一定拥有很大的权力，所以他才敢在1853年年底冒犯洪秀全。杨秀清第一次晕倒自称"天父附体"发生在1851年。那时，太平天国的大本营还在永安。那一次，杨秀清借着"天

————————
① 即1860年。——译者注

父附体"的机会惩戒了一个叛徒。1853 年 12 月 25 日，杨秀清多次晕倒，每次晕倒似乎都只是为了借机羞辱洪秀全。

　　1853 年 12 月 25 日是做礼拜的日子。当天早上，在官员的陪同下，韦昌辉前往东王杨秀清的府邸，向杨秀清请安，同时商议政务。之后，韦昌辉一行便离开了。很快，杨秀清晕倒，自称天父。杨秀清派人叫来家中女眷，就她们的过错教训她们。然后，杨秀清下令通知韦昌辉：天父召唤韦昌辉立即前来侍奉。同时，杨秀清向随从传达天父的指示：东王（他自己，此时不再是天父的喉舌）应该去天王府斥责天王的性情急躁以及对家人的严厉；还应提醒洪秀全注意对其法定继承人洪天贵福的道德教育，警告洪秀全不要太过放纵洪天贵福。只有这样，洪天贵福才能成才，成为整个国家的榜样，成为世界的楷模。给了一些进一步的指令后，天父说："现在我要回天堂了。"韦昌辉到达东王府时，天父已经离开。因为天父离开前吩咐杨秀清前往天王府，所以韦昌辉及随从一起陪同杨秀清前往天王府。途中，天父再次降世。杨秀清在轿子里神志恍惚。天父命令韦昌辉将轿子送进觐见殿。这时，洪秀全已经知晓一切。他正急匆匆赶到宫殿的第二道门来迎接天父。洪秀全最后一个来到天父面前，天父非常生气地说："秀全，你犯了严重的错误，你知道吗？"洪秀全、韦昌辉及众臣仆一同跪下。洪秀全回答说："不肖子自知有错，恳请天父恩典饶恕我。"天父大声说道："既然你已认识到自己的错误，那就责打四十大板。"这时，韦昌辉及众臣仆都伏在地上哭泣，恳求天父恩典，赦免洪秀全。他们表示愿意代替洪秀全受罚。洪秀全说道："诸弟请不要违背天父的旨意。天父出于善意，屈尊教导我们。作为你们的兄长，我理应受罚。"

天父没有听从众臣仆的请求，坚持杖责洪秀全。洪秀全答道："不肖子一定领命。"说着，他伏在地上，准备接受杖责。天父接着说："既然你遵令，那我就不打你了。"天父告诉洪秀全，杨秀清会将其他指示传达给他，然后就回天堂了。

随后，韦昌辉和众臣仆护送洪秀全回去。不久，杨秀清从恍惚中清醒过来。他获准觐见洪秀全，传达天父的指示，也就是关于天王的行为以及天王之子的道德教育的指示。杨秀清在洪秀全面前毕恭毕敬，表示天父要求洪秀全宽容对待臣民，尤其是从事防御工作的女性。杨秀清还劝洪秀全，凡是犯了死罪的人，不要在未经充分调查的情况下就处死他们。杨秀清建议洪秀全将此类案件交给自己做适当的审查。洪秀全答道："我的兄弟，你说的没错，这也是我们的天父仁爱之心的体现。天父爱善憎恶，明辨是非。兄长我性情浮躁。如果不是你的建议，恐怕我会误杀很多人。采纳你的建议，我就不会施罚失当，并且后人还会以我为榜样，绝不轻举妄动。"

二人继而交谈。杨秀清详细罗列了一个统治者应尽的诸多职责。杨秀清的讲话内容有一部分很有意思：女性可以在多大程度上参与国家事务、从事社会工作，同时兼顾家庭。杨秀清说："现在在天王府和我府里参与国家事务的女性官员备受困扰。她们有的是有功忠臣的妻子或母亲，有的需要抚育年幼的孩子，有的需要照顾年迈的老人。然而，为了国家，她们放弃了自己的家庭；为了公共利益，她们放弃了个人利益。天王应当考虑到她们的忠心奉献，允许她们每六个星期回去照看家人，或者每个月回去看看家庭，抑或每个星期或每两个星期轮流回一趟家。让她们回去摸摸自己的孩子，向年迈的老人尽孝，侍奉自己的丈夫。这样一来，她们就能在为国家利益着想的同时履行照顾家庭的义务。"

当时，太平天国的女性主要从事建造宫殿、挖掘护城河、修筑堤坝及清扫御花园的工作。

最后，杨秀清提到了天王府的用度。根据杨秀清所提建议来看，洪秀全对府里的女性态度尤其恶劣。

《天父下凡诏书（二）》

至若闺门为王化之始，宫中为出治之原，故明明德于天下者必先治其国，而欲治其国者必先齐其家。今蒙天父开恩，娘娘甚众，天金亦多，固不可专听娘娘之词而不容天金启奏，亦不可专听天金之言而不容娘娘启奏。凡有事故，必准其两人启奏明白，然后二兄将其两人启奏之词，从中推情度理，方能得其或是或非，不致有一偏之情也。又娘娘服事我二兄，固乃本分，但其中未免有触怒我主二兄，二兄务必从宽教导，不可用靴头击踢，若用靴头击踢，恐娘娘身有喜事，致误天父好生。且娘娘或身有喜事者，须开恩免其服事，另择一宫闱准其休息，但使早晚朝见亦可。如此处待，方为合体。倘此娘娘仍有小过，触怒我主，亦当免其杖责，严加教导，使勿再犯。使得即或忤旨大罪，亦必待其分娩生后，乃可治罪也。

接着，洪秀全谈了几年前自己在幻象中遇到的一些事后，大家就散开了。杨秀清也回到了自己府里。

两天后（1853 年 12 月 27 日），杨秀清和其他诸王及官员再次来到天王府安慰洪秀全，因为两天前天父的到访让洪秀全非常不快。大家又提出了更多意见和建议，最后以杨秀清获得"保惠师"的头衔而结束。洪秀全说："我的兄弟，你提出的建议都是重要、具体、宝贵的补救措施。每句话都适合作为规则留存，以供后世借鉴。我们的天兄耶稣听从天父的命令下凡来到犹太国。天兄耶稣对门徒说：'将来有一天，保惠师会来到凡间。'鉴于你向我说的内容及观察你的所作所为后，作为你的二哥，我现在断定，天兄耶稣说的保惠师——圣灵——不是别人，正是你。"

从那时起，所有布告上杨秀清的称谓增加了"保惠师"或"圣灵"的头衔。[①]洪秀全居然能够屈从于如此羞辱，唯一合理的解

---

① 记录此次事件和此次对话的冗长文件是"萨斯奎汉纳"号、"响尾蛇"号、"斯堤克斯"号从南京带回的众多文件之一，由麦都思翻译成英文。——原注

释就是太平天国的首领都是狂热分子。外界无法清楚地了解《圣经》对太平天国这些从未受过正统宗教教育的首领的影响。从字面上看，《旧约》许多部分，特别是《创世纪》几乎可以说明太平军行动的合理性。然而，充分考虑方方面面的情况，洪秀全授予杨秀清"保惠师"的头衔是天王权力不合理的延伸，也是日后洪秀全一系列权力获得的开始。

根据 1854 年"响尾蛇"号（Rattler）从南京带回的书籍可以推断，洪秀全一定在不知疲倦地写作。其中有一篇文章记述，洪秀全的追随者反对太平天国追随一个来自外国的宗教。对此，洪秀全说："有人错误地认为，敬拜伟大的上帝是在模仿外国人，可他忘记了中国也有自己可供调查的历史。事实上，根据中外历史记载，几千年前，在人类历史早期，中国人和外国人都有敬拜上帝的类似经历。然而，西方各国一直将敬拜上帝的做法践行到现在，中国仅践行到秦汉时期。从那时起，中国人就错误地走上了追随邪神之路。"[1]

洪秀全的作品不仅包含祈祷文、戒律和论说文，还有一篇关于"天朝土地制度"的文章。文中，根据出产的农作物，洪秀全将所有田地分为九类，每户家庭根据人口数量分配田地。所有一切统一分配。这样一来，"天下共享天父上主皇上帝大福"。每二十五户家庭，配一个粮仓和一座礼拜堂。家中的年轻人每天都

---

① 正是在汉朝统治期间，佛教首次在中国盛行。——原注

得去礼拜堂学习《旧约》和《新约》。所有人在礼拜日参加礼拜。"分别男行女行，讲听道理，颂赞祭奠天父上主皇上帝焉。"

每二十五户家庭的物资分配根据其完成陶工、铁匠、木匠和泥瓦匠的工作表现确定。士兵的物资供应有统一规定。最后，洪秀全的这篇文章总结道："凡天下诸官，每礼拜日依职份虔诚设牲馔祭礼拜，颂赞天父上主皇上帝，讲圣书，有敢怠慢者黜为农。"

1855 年，一个年轻女子从南京逃出来，后来被俘。根据这个女子的供词，洪秀全在天王府里有向追随者阐释宗教教义的习惯。[①]

葛必达[②]表示，杨秀清负责签发太平天国所有政令。不过，没过多久，杨秀清的崇高地位就受到了冲击。1856 年 8 月[③]，杨秀清及其追随者都被杀害。[④]目前，外界还无法获知杨秀清倒台的具体原因。裨治文写信给当地一家报纸说，此前一段时间，杨秀清一直在谋划推翻洪秀全的统治。谋反的事传到了洪秀全那里。于是，洪秀全提前做好了应急准备。一天晚上，一大群武装人员突然包围了杨秀清的东王府。第二天早上，杨秀清及其随从被发

---

① 来自葛必达的信：《信仰传播》。——原注
② 葛必达，原名是斯坦尼斯拉斯·克拉夫兰（Stanislas Clavelin），法国传教士，属于耶稣会。——译者注
③ 据史料记载，杨秀清具体死亡日期是1856年9月2日。——译者注
④ 据说，韦昌辉也在这个时候被处死，死因源于他和杨秀清联手谋划叛乱。——原注

现已经死亡。其中一些人被刺死，一些人被斩首。^①杨秀清的死亡是太平天国历史上非常重要的事件。从宗教角度看，杨秀清是天父上帝与其崇拜者之间直接交流的媒介。从政治角度看，杨秀清是洪秀全的顾问与军师，是太平天国百姓与官方公认的首领。在太平天国运动中，杨秀清一直起着最主要的领导作用。

---

① 裨治文的陈述依据三个自称是目击者的人。不过，这三个人地位低下，几乎没有资格就杨秀清被杀的原因发表意见。——原注

CHAPTER X
第 10 章

太平天国运动的进展—额尔金勋爵远赴汉口—天王的御诏—洪仁玕的事业

Proceedings of the Taepings---Lord Elgin's expedition to Hankow---Proclamation of the Tien-Wang---Hung-jin's career

---

　　1853 年到 1854 年，太平军北伐失败后，太平天国的军事行动转向进攻长江沿岸的农村地区，主要目的是获取钱财和粮食。1854 年 6 月，太平军攻下武昌、汉阳和汉口等大城市。掠走所需物资后，太平军于接下来的 10 月撤离这些城市。太平军掠走的物资被运往南京的圣库。太平军相继放弃位于南京和汉口之间的长江南北沿岸小城。清兵重新回到了这些小城。

　　1855 年初，太平天国再次派遣一支军队沿着长江前往汉口。[①]3 月，太平军第三次进攻武昌，清兵损失惨重。太平军再次占领武昌、汉阳和汉口。不过，这次太平军占领的时间比之前长得多。1855 年，《京报》报道了在江西省和湖北省发生的大量战斗，其中大部分战斗都是清兵占优势。太平军和清兵轮番占领各城镇，但都没有取得实质性结果。在太平军的鼓动下，邻近省份的地方叛军造成了巨大破坏，给清政府带来了许多麻烦。

　　1856 年 1 月，《京报》报道了清兵在江苏省的几次成功的军事行动。据说，在离南京几英里远的地方，太平军的舰队在长江上损失惨重。当时，太平军控制了从镇江到汉口的长江以南的大部分地区及江西省和湖北省的部分地区。1855 年，在向南撤退的途中，太平天国北伐军煽动当地暴徒闹事，公然武装反抗当地政府。1856 年 4 月，《京报》上有一篇关于张乐行[②]的报道，其中

---

① 　《京报》摘要。——原注
② 　张乐行（1811—1863），清末农民起义军首领，后响应同时期的太平军，1860 年被太平天国封为沃王，1863 年被清兵俘虏并处死。——译者注

一段内容如下：

　　咸丰三年（1853年），广东省出现暴徒（太平军）时，河南省和安徽省交界处的流民成群结队集结起来。上一年的秋天，张乐行和其他叛军首领秘密制作黄色、红色、白色、蓝色、黑色旗帜，每个首领选取其中一个颜色的旗帜，自封为王。他们任命军官，招收随从，实施暴动，冒险起义……他们杀害当地政府官员，骚扰百姓，随心所欲地蹂躏百姓。从安徽省向西一直延伸到河南省，周长约一千里的整个区域内，村庄成了废墟，死尸遍地……叛军人数不到十万。叛军向东行至江苏省，向北行至山东省……黄河流域最近也受到侵扰。在叛军的诱使下，无家可归的难民也加入了叛军队伍。

　　关于张乐行的报道出现之前，湖南省遭遇了严重饥荒，全省各地不断出现暴动。

　　1856年3月25日下达的一道圣旨中，咸丰帝宣布计划召集蒙古军队镇压暴动。只有在面临巨大压力的情况下，清朝统治者才会采取如此强有力的措施，因为满族和蒙古族之间的宿怨很深，所以不允许蒙古族居于能危及王权的位置。

　　1856年6月1日，抵达镇江前，清兵遭遇了惨败。几乎同时，清兵在南京的防线也被迫后撤。1856年整整一年的时间里，镇江和南京郊区一直是太平军和清兵之间军事冲突的焦点。当时，太平军取得了很大的优势。后来，清兵夺回了江西省、湖南省和湖北省几个大城镇。1856 年初，清兵第三次收复武昌，接着收复了毗邻的城市。太平军向后撤退，沿长江顺流而下，抵达南京。《京报》报道了清兵多次取得胜利的军事行动。不过，清兵之所以能取得胜利，很可能只是因为太平军惯用的战术——一旦获得必要的物资就撤离。清兵仅仅在此时夺回被太平军抛弃的废城就被《京报》夸大成取得了军事行动的胜利。

四川省和贵州省到处是当地的武装起义军。这些起义军给百姓的生活带来了苦难。1856 年 11 月，广东省和广西省的蝗虫灾害毁掉了大量庄稼，引发了严重饥荒。朝廷诏令语含苦涩地谈到了国家当前的状况。多家报纸的内容都显示，此时国库非常困难。1856 年开始的第二次鸦片战争，加上虎门港被破坏，使整个国家局势雪上加霜。

1857 年上半年，太平天国运动进展比较平缓。与 1856 年的情况相比，太平军控制的区域有限得多。太平军仅占领了镇江和安庆之间紧挨着长江的地区，清兵则独占湖北省。《京报》上充斥着各省的报道，这些报道详细地描述了大量地方暴动。云南省的穆斯林公然藐视当地政府权力，掠夺了多个城镇。伴随着暴动、洪灾、饥荒和蝗灾，整个中国一片凄凉景象。《京报》对此深表难过，强烈呼吁财力雄厚的人伸出援手，帮助穷苦百姓。许多省份大米的售价暴涨到平时的五倍。在中国，了解到人口压力与生产的紧密关系，就足以了解劳动人民承受着多么大的苦痛。

　　1857 年下半年，很少有人提到太平天国。此时，太平军似乎非常克制，只局限在长江南岸占领的三四个城市里。有传言说，杭州对太平军来说是一个非常重要的海港城市，太平军正在组织一支庞大的军事力量准备前往杭州。然而，太平军并未采取行动。东部各省都在发生暴动，尤其是福建省。据说，福建省是三合会的老巢所在地。在广西省，太平天国运动发源地相邻地区的起义军占领了西江上非常重要的城市梧州。起义军对广东省造成了巨大威胁。此时，两广总督叶名琛正全身心地准备抵御英国军队，根本无法调出兵力对抗起义军。云南省穆斯林的行动让云贵总督恒春伤透了脑筋。最终，恒春因苦于无法镇压暴动而忧愤自杀。

　　1858 年最重要的事件是英法联军占领广州，这发生在英法联军攻陷广州（1857 年 12 月 29 日）的几天后。1858 年 5 月 20日，大沽炮台失陷。7 月 3 日，清政府同意签订《天津条约》。12 月，额尔金勋爵率军沿长江远赴汉口。与 1857 年一样，太平军在 1858 年也没有开展任何具有影响力的军事行动。由于物资匮乏，太平军放弃了镇江。随后，清兵夺回镇江。太平军的南京驻地也因物资匮乏而遭受了很大损失。太平天国派出一支庞大的军队前往江西省。这支军队在江西省发动了几次重要行动，目的显然是获取粮食和钱财。太平军还占领着长江沿岸从南京到湖北省临界的主要城市。虽然清兵完全控制着湖北省和湖南省，但这两个省内充斥着地方暴动，局势十分混乱，当地政府根本无力征收赋税。据《京报》报道，长江两岸几个省份多次发生严重冲突。不过，这些冲突与太平军无关或关系不大。问题最严重的是福建省、浙江省和广西省。广西省的起义军力量十分强大，已经攻入邻近的湖南省，并且一直向北行进到洞庭湖。西江上到处是起义军的战舰。在北方的河南省和山东省，当地起义军的势力极大地干扰了位于北京的清政府。黄河沿岸几个城镇几乎全部被毁。有一段时间，依仗北方大路的交通几乎中断。《京报》称这些起义军是太平军的追随者。这些起义军很有可能是当初太平天国北伐军的部分残余力量。

　　率领英国使团来到长江时，额尔金勋爵发现，太平军控制着长江沿岸从安庆到南京的所有重要地区，而长江完全处于清兵的控制下。清兵更多的时间是在观望而非采取军事行动。英国使团的舰队与太平军发生了冲突。这与1853年"哈尔米士"号经过镇江时的情形有些相似。1858年11月8日，额尔金勋爵率领英国使团离开上海，前往汉口。11月20日下午，英国使团靠近南京，并且先派遣"李"号护卫艇前去与太平天国的首领交涉。额尔金勋爵下令，如果有人向"李"号护卫艇开火，艇上的水手就升起休战白旗。[①]在报告中，额尔金勋爵写下了下面一段话：

　　　　那是一个美好的傍晚，我坐在"愤怒"号（Furious）

---

① 《国会文件》，1857年到1859年，第444页。——原注

的桨箱上，焦急地注视着"李"号护卫艇前进。我真心希望它可以避免与太平军发生冲突。"李"号护卫艇安然无恙地经过了几个堡垒。我觉得，我的愿望就要实现了。正在这时，一门大炮的轰鸣声响起，紧接着一股浓烟升起。我整个人怔住了。开始火力回应前，"李"号护卫艇的白色休战旗上又中了七发炮弹。此时，使团其他战舰都在最近堡垒的射程内。堡垒火力全开。使团的战舰缓缓驶过，同时猛烈回击对方。

英国使团在城墙附近停留了一晚。第二天早上，在向上游行驶前，英国使团的舰队重新顺着水流来到南京并炮轰堡垒。一个半小时内，英国使团几乎没得到任何回应。下游几英里处一些堡垒均被英国使团的战舰炮轰。11 月 21 日傍晚，英国使团在太平府①停留。在太平府，英国使团收到了太平天国的一封信。信中，太平天国首领请求英国方面帮助他们对付清兵的战舰。额尔金勋爵的回复如下：

> 虽然一些英国战舰正在前往汉口的途中，但英国公使希望南京方面明白，这些战舰对太平天国没有敌意，无心交火。为此，英国方面还特地派遣了一艘护卫艇先

---

① 太平府，明清时期的一个府，辖区大致相当于今安徽省马鞍山市和芜湖市。——译者注

行探路。此时，有人向这艘护卫艇开炮。护卫艇上的水手遵照指示，并未火力回应，只是升起一面休战旗。然而，太平天国的驻军继续向护卫艇开火。无奈之下，我方才炮轰控制这段航道的堡垒，以此警告今后任何有意干扰英国战舰的人。

额尔金勋爵率领的英国使团沿长江而上，一直行进到太平天国最后一个大的据点安庆。11 月 26 日，英国使团的舰队经过安庆时，太平军的堡垒发射了几发炮弹。于是，英国使团进行了武力回应，下令战舰炮轰安庆长达半小时。这是英国军队与太平天国之间发生的最后一场军事冲突。其实，如果太平军之间的沟通交流能够同步，这场军事冲突本可避免。

对在太平府因误会而发生的一切，太平天国方面表示了极大的歉意。随后，额尔金勋爵一行在芜湖等地受到礼遇。不过，因为地理位置太过遥远，所以安庆的太平军没能及时了解到英国使团此次出访的目的。安庆是唯一例外。英国使团从汉口返回后，威妥玛前往安庆，查明英国使团经过安庆时遭到武力攻击的原因。威妥玛得知，这纯属误会。由于堡垒驻军的无知，英国使团的战舰经过堡垒后，驻军才认出战舰上的英国国旗。与威妥玛交涉的官员是一个广西人，军队的第三指挥，他非常真诚、谦恭地为之前堡垒驻军炮轰英国战舰的事道歉，并且保证以后再也不会发生类似的事情。交涉结束时，这个官员送给威妥玛一头公牛及其他礼物，以示歉意，但被威妥玛婉拒。

　　南京方面也给出了类似解释。太平天国方面致函英国高级官员 [①]，表示听说英国战舰在行驶过程中遭遇的状况，洪秀全立即下令将向英国战舰开火的无知人员斩首。英国使团的报告显示，太平天国运动对其波及地区产生了灾难性影响，汉口、汉阳和武昌现在只不过是三个巨大的废墟。额尔金勋爵详细描述了武昌的荒凉状态。他说自己在武昌市中心猎获了五只野鸡。太平军占领区完全没有贸易活动，这一点备受瞩目。在芜湖，百姓的房子按照营房体系分配，部分房子分给各类战斗人员。周边农村地区一片荒凉，百姓生活得十分悲惨。适合参军的人被迫加入太平军，其他人被迫尽其所能做出贡献。太平府附近地区到处是简陋的棚屋，这是当地百姓的临时住所。百姓被迫腾出自己的房子，搬进临时住所。太平军占领的城市中，所有派不上用场的百姓会被驱逐，这是太平军的一种惯常做法。这样一来，在被清兵进攻时，太平军能够更长时间控制自己占领的城市，因为需要养活的人口减少了，遭到背叛的可能性降低了。毕竟留在城内的百姓很可能会抓住机会接应城外围攻的清兵。驱逐派不上用场的百姓的做法及圣库制度充分说明太平天国内部没有任何商铺及商品贸易。安庆和芜湖的要塞装备很简陋，城镇非常脏乱。重要的官职都由广东人或广西人担任，广大百姓都是操着各地方言、来自社会最底

---

①　送交停泊在芜湖的"复仇"号上的英国官员。——原注

层的乌合之众。英国使团的成员曾目睹了一支在太平府附近行军的太平军。这支太平军的军官骑着马，士兵穿着各色制服，与传统军队大不相同。

英国使团的战舰停泊在芜湖时，威妥玛、俄理范[①]等人试图上岸寻找新鲜食物。俄理范在自己的著作[②]中叙述了英国使团拜访太平军长官的经历。在此摘引其中部分内容：

> 我们上岸时，一群吵吵闹闹、衣衫褴褛的人正在水里互相推搡，他们急切又好奇地看着我们。这群留着长发、穿着长袍的人接待了我们。在他们的团团包围下，我们穿过一道破门走进堡垒。这道门是主要入口。随后，我们经过一条已经严重损毁的狭窄街道，被领进一个正在维修的破旧衙门。一阵阵不和谐的音乐宣布我们即将见到里面的"大人物"。"大人物"庄严地坐在一个高桌子或祭坛后面。这个高桌子或祭坛上放着两个打开的、上面有雕刻的罐子。罐子是银制或仿银制器具，长得像醒酒器。罐子里插着长长的、刻有汉字的薄木片。这个衙门像一个正方形的小公寓。屋内上方挂着

---

① 俄理范（1829—1888），原名是劳伦斯·奥利芬特（Laurence Oliphant），英国作家、旅行家、外交官。——译者注
② 《额尔金勋爵出使中国和日本实录（1857年、1858年和1859年）》。——原注

黄色的丝绸卷轴，卷轴上面写满了中文经文和格言。显然，这些文字既有儒家的内容，也有基督教的内容。坐在上方的"大人物"是一个身材粗壮结实的男人，眼神敏锐，一副聪明但不讨喜的面孔。他穿着一件从脖子垂到脚跟的黄色长袍，长袍上面没有任何装饰，头上裹着一条橘色手帕。手帕中心系着一块嵌玉的黄金，这块黄金坠在前额上方。他的长发装在一个袋子里，挂在脖子后面，仿佛是在模仿当今英国年轻女子流行的时尚。

　　我们进去时，"大人物"向我们微微鞠躬，招呼我们坐到椅子上。带领我们进去的那群人毫不客气地挤在屋子里。他们对坐在上方的"大人物"毫无敬意。"大人物"竭力不让他们围着我们转，但无济于事。这显然大大贬低了"大人物"很想在我们面前维持的尊严。"大人物"本来想以此让我们领略他的地位和重要性，结果事与愿违。目无法纪的侍从身上弥漫着浓浓的大蒜味，在我们面前，吵吵闹闹的侍从邋遢的形象令人十分不悦。绝对的平等似乎占了上风，更确切地说是阶层完全错乱。无论衣着光鲜还是衣衫褴褛、无论年老还是年幼，所有人一窝蜂似的挤进小小的屋子里。不过，让我吃惊的是其中年轻人居多，许多人一生都是起义军，他们没有留辫子。其实辫子就是长乱的头发编结而成的发型。

坐在上方的"大人物"告诉我们，他的主要职责是指挥与审判。罐子里的薄木片上刻着各种刑罚。审判后，"大人物"从罐子里选择罪犯对应刑罚的薄木片，然后将其扔向罪犯。之后，衙役根据相应惩罚手段对犯人实施惩戒。这座衙门建筑和它的主人一样，既有宗教成分，也有世俗成分。但我们无法从"大人物"那里准确获知他主持的敬拜仪式的具体内容。同时，我们也没有打算延长拜访时间。我们把需求清单交给"大人物"后，他的师爷立即将清单抄录下来。师爷就站在"大人物"旁边，穿着一件带花的深红色丝绸长袍，长袍一直垂到脚跟。师爷脸上透着一副邪恶的表情，一副巨大的绿色护目镜遮住了他的眼睛。师爷旁边站着一个文士，文士穿着淡绿色的上衣和宽松的红色裤子。不久，另外一位官员出现了，他身穿紫色长袍，外面还套着一件紫丁香色丝绸外衣。显然，这位官员与"大人物"地位相当。这位官员坐在旁边，开始与我们深度交谈。他的姿态略显傲慢，头上裹着一条同样的橙色手帕。如果在场的人身上的衣服都是新的，那么看起来将会非常艳丽。然而，他们的衣服都破烂不堪，看起来俗不可耐，这和他们憔悴的面部表情并不冲突。

后来，一群人陪着我们闲逛。威妥玛与其中比较睿智的人一起谈论宗教问题。然而，他们对神学的概念非常模糊，并且常常使用粗俗不堪的语言。

我们发现女性很少。根据外表判断，仅有的少数女性应该来自北方，并且很可能是俘虏。

在南京上岸后，威妥玛了解到了芜湖堡垒的太平军曾武力攻击英国战舰的原因。在报告中，威妥玛记录了下面这段内容：

我们沿着西边的城墙，朝过去矗立着著名的宝塔[①]的地方行进。大约六千米后，我们发现一扇大门开着。沿途大部分土地现在都被闲置，部分郊区满目疮痍，人烟稀少。整个途中，我们看到的零售商铺不超过两个，没有看到出售二手衣服的商铺。南京城内更是一片萧条，现存的房子数量很多。遗憾的是，人口稀少，城内没有任何形式的商品贸易。

李春发[②]负责接待我们。他是个广西人，长得很壮硕。接待我们的场所看起来应该是李春发处理公务的地方，因为他立即让人把官帽拿来。李春发的官帽上有着

---

① 宝塔，指大报恩寺琉璃宝塔，建于明朝，1856年毁于太平天国内讧。——译者注
② 李春发，广西人，1861年被太平天国封为顺王。——译者注

高高的锥形头饰。据伟烈亚力[1]所述，这是明朝官帽的
式样。李春发身穿黄色丝质衣服，脚上穿着一双奇怪的
绣花鞋。他把我们领进一个非常漂亮的大厅。

　　我们表明此次访问的目的：通知太平天国驻军，英
国方面已经收到英国战舰在芜湖受到武力攻击的解释；
告诫太平天国驻军，目前还有英国战舰在长江行驶，一
旦太平天国驻军武力干扰英国战舰，英国方面就会像之
前一样发起反击。李春发对之前发生的误会表示抱歉，
但看起来并没有屈从感。李春发似乎更急于将我们引向
宗教方面的交谈。他多次表示，作为基督教教徒，大家
是兄弟。不过，整个交谈过程让人觉得很拘束，李春发
很克制，让人感受不到热情。

　　据说，杨秀清早在一场战斗中被杀害。于是，我
们向李春发询问杨秀清的消息。这是一个令人尴尬的问
题。犹豫了一会儿，李春发回答道，杨秀清在天堂，杨
秀清的头衔和职位由其儿子继承。李春发任天朝九门御
林京畿统管，统领着大量兵力。后来，我们听说，李
春发获封益天福[2]，掌管太平天国朝政。……我们提出

---

① 伟烈亚力（1815—1887），原名亚历山大·怀利（Alexander Wylie），
　英国汉学家，是伦敦传道会的一名传教士，曾到中国传教多年。——译
　者注
② 益天福，太平天国福爵之一，福爵是太平天国六等爵中的第三等爵
　位。——译者注

想看太平天国驻军的礼拜场所。起初，有人说不远处就有一个礼拜场所。但李春发说，弟兄们每天在自己家做礼拜，礼拜日聚在天王府里做礼拜。离开前，我们再次提及英国战舰通行的事情。李春发表示，英国战舰驶过时，请一定让太平天国驻军知道，这样就不会再次发生冲突了。

在一个广州人的陪同下，威妥玛返回战舰上。这个广州人告诉威妥玛，当时（1858 年 12 月）太平天国共有四支军队在战场上，分别在广东省、广西省、福建省、浙江省，另外有一支非常庞大的军队在安徽省。然而，从当时的《京报》可以明显看出，广东省、广西省、福建省和浙江省的起义军并非太平军。这些起义军有自己的诉求和利益，与太平军毫无瓜葛。大街上的墙上贴满了李春发、林绍璋[①]和蒙得恩联合签名的布告。清军的舰队紧紧围困着南京和安庆，围困南京的清军舰队规模稍大。林绍璋持有一份洪秀全发给英国公使额尔金勋爵的御诏[②]。这份御诏透露出了洪秀全的焦虑，他认为自己的教义和思想应该得到正确的认识和理解。这份御诏原文大多是七言诗句，秘密附呈给额尔金勋爵。威妥玛将这份御诏翻译成了英语，并且发表在 1858 年到 1859 年的蓝皮书中。

---

① 林绍璋（1825—1864），广西人，太平军将领，1859年被太平天国封为
　章王，1864年战死。——译者注
② 原文参见附录《赐英国全权特使额尔金诏》。——译者注

1.朕诏西洋番弟明，

2.天情迥不比凡情：

3.天父上主皇上帝，^①

4.普天大共圣父亲，

5.朕之胞兄是耶稣，

6.朕之胞弟是秀清。

7.戊申（1848年）三月上帝降，

8.托传东王乃世人；

9.是年^②九月救主降，

10.托传西王形迹彰。^③

11.爷哥带朕坐天国，

12.大显权能坐天堂，

13.建都天京开天国，^④

14.万国臣民朝父皇。

15.真神殿在天朝内，

16.基督殿同永荣光。

17.丁酉年（1837年）时朕升天，^⑤

---

① 基督新教传教士一般将"Shang Ti"译为"God"。——威妥玛注
② 1858年。——译者注
③ 第8节、第9节、第10节，暗指1848年杨秀清和萧朝贵在广西省倒地抽搐，分别上演"天父附体"和"天兄附体"戏码。——威妥玛注
④ 太平天国占领南京后将其改为天京，作为太平天国的首都。——威妥玛注
⑤ 这一年，洪秀全在花县家里生病，后来发生洪秀全的幻象事件。——威妥玛注

18. 爷爷真命授诗篇,

19. 嘱朕熟读作凭据,

20. 将诗认爷免倒颠。

21. 爷又命哥教朕读,

22. 爷哥亲教嘱连连,

23. 天父上帝海底量,

24. 三十三天妖闯上。

25. 爷哥代朕层层逐,

26. 天将天兵护两旁。

27. 那时砍了三份二,

28. 天门重重尽提防,

29. 尽打妖魔落地下,

30. 只剩一分显父皇。①

31. 爷后嘱朕再下凡,

32. 万事有爷作当担,

33. 嘱朕放胆不用慌,

34. 有爷出头嘱再三。

35. 戊申（1848年）南王困桂平②,

36. 朕求爷降显威严。

---

① 第17节到第30节,提到了1837年洪秀全的幻象事件,这与洪秀全当时的陈述一致。——威妥玛注

② 拜上帝会所在的地区。——威妥玛注

37.朕时由西回粤东，

38.天父下凡救出南。

39.东王赎病是圣灵，

40.爷爷降托灭妖精。

41.诛了无数死魔鬼，

42.故能如此早到京。

43.爷降凡间悉圣旨，

44.朕尽读过记清清，

45.故此认爷能不错，

46.爷哥带朕宰太平。

47.爷请东王来赎病，

48.眼蒙耳聋口无声。

49.受了无尽的辛苦，

50.战妖损破颈跌横。

51.爷爷预先降圣旨，

52.师由外出苦难清，

53.期至朝观遭陷害，

54.爷爷圣旨总成行。

55.太兄赎罪把命捎，

56.替出世人万万千。

---

① 1848年，冯云山被囚禁。随后，冯云山被释放并被押送回故乡广东
省。——威妥玛注

57.东王瘯病同哥苦，

58.瘟脱归尽谢爷恩。①

59.爷哥草内万不知，

60.欲调真草上高天，

61.爷爷圣旨降无数，

62.略举一二降诏宣：

63.天父下凡又几年，天兄护降苦同先，耶稣为尔救世主，尽心教导本仍然。天父生全为尔主，何不尽忠妄修前，尔们多有重逆令，朕无旨出胆如天。

64.天父下凡事因谁，耶稣舍命代何为？天降尔王为真主，何用烦愁胆心飞。

65.万方儿小别家庭，离乡立志做忠臣，前来②勤王当虎豹，今知有主可成人。不信山中清贵出③，亦念魂④爷立主真，凭据权能天作主，千团勇敢碎如尘⑤。

66.万方万国万来朝，万山万水万飘遥，万里万眼万钻至，万知万福万功劳。

67.瞒天莫道天不知，天量如海也无迟，看尔些有无

---

① 外界普遍认为，1856年洪秀全之所以下令杀掉杨秀清，是因为杨秀清企图谋反。——威妥玛注
② 《天命诏旨书》作"未"。——编者注
③ 《天命诏旨书》作"止"。——编者注
④ 原文为太平天国新造字，左"云"右"人"，同"魂"。——编者注
⑤ 《天命诏旨书》作"未团敢碎妖如尘"。——编者注

胆志，不做忠臣到何时？尔想三更逃黑路，不过天光怨鬼迷，各为尔王行真道，信实天父莫狐疑。

68.天生真主坐山河。那时上帝降此一句圣旨，朕命续尾三句。朕续云：天父天兄劳心多，所有权能归上主，太平一统乐如何？上帝又降圣旨曰：九重天上一东王，辅佐江山耐久长。上帝降此二句圣旨，又命朕续尾二句。朕遵爷圣旨续二句云：禾乃师兼赎病主，乃夐①世人大担当。后上帝改云：主立东西双凤子，东西南北尽朝阳。上帝又改云：主立东西双凤子，蒙天恩降共朝阳。

69.以上略举爷圣旨，朕实诏尔番弟知。天父天兄真不凡，真凭真据在爷诗，神迹权能言不尽，早到天堂可悟之。

70.太兄耶稣同爷样，半句圣旨无差移。天父上帝真上帝，天兄耶稣真天兄，爷哥带朕坐天国，扫灭邪神赐光荣，西洋番弟听朕诏，同顶爷哥灭臭虫。万事爷哥朕做主，弟们踊跃建万功。朕前游行粤东省，礼拜堂诏罗孝全。那时朕诏上过天，天父天兄托大权，於今孝全曾到否？到则上朝共朕言。朕乃上帝第二子，哥暨东王同胞连。同敬天父同一家，地下太平早既言。天国迩来今

---

① 此为太平天国自造字。——译者注

既来，西洋番弟把心开，朕前上天见爷排，万国扶朕在天台。爷排定定今来到，替天出力该又该。替爷替哥杀妖魔，报爷生养战胜回。朕立幼主继耶稣，双承哥朕坐天都。幼主一半耶稣主，一半朕子迓天麻，代代幼主上帝子，双承哥朕一统书。西洋番弟朝上主，朕意爷哥使然乎。

71.太兄前钉十字架，使留记号无些差，十全大吉就是朕，万样总是排由爷。太兄复苏在三日，三日建殿不是夸。朕乃爷生是三日，建爷哥殿诛魔蛇。癸好三年斩魔蛇，乙荣灭兽赖爷哥，蛇兽伏诛永一统，普天同唱太平歌。西洋番弟朝上帝，爷哥带朕坐山河。朕今实情诏弟等，欢喜来朝报爷哥。朕据众臣本章奏，方知弟等到天都，朕诏众臣礼相待，兄弟团圆莫疑狐。朕虑弟们不知得，故降诏旨情相孚。西洋番弟朝上帝，人间恩和在斯乎！钦此。

威妥玛表示："这份御诏，大多是七言诗句。一般来说，受过良好教育的中国人即使写得不好，也能写得像那么回事儿。然而，这份御诏文笔矫揉造作，书法平淡无奇……用一个中国俗语，那就是'盛名之下，其实难副'。诏书中，遇到显然指三位一体的第一位格时，上抬了两格；那些指第二位格的，上抬一格。一个指圣灵的词也被上抬了两格，但这只出现了一次。在某些行，

'天'也被上抬两格，在这种情况下，翻译中用大写字母来拼写。"

　　前文曾讲述 1837 年洪秀全出现幻象的事，1858 年的这份御诏中第十七句到第三十四句的内容，与 1852 年洪仁玕向韩山明讲述的内容完全吻合。显然，洪秀全一直相信，当年他在花县家里生病卧床时，确实与天父进行了精神交流；他当时接受了天命灭妖，重建中国信仰。后来，洪秀全研读梁发的著作《劝世良言》后更加强化了这个信念。在《劝世良言》的基础上，洪秀全建立了神圣起源的假设。随着太平天国运动的发展，洪秀全认为越来越有必要让狂热的追随者知晓太平天国首领的神圣地位。为此，洪秀全在法令中将自己描述为"三位一体"在凡间的代言人。洪秀全并非与天父、天兄地位相当，而是处于"三位一体"的第三位。根据中国的世袭制，洪秀全的儿子洪天贵福被指定为继承人。1849 年，洪天贵福出生在洪秀全长大的村庄里。根据洪仁玕的描述，洪天贵福出生时，空中出现了十分奇怪的景象：

　　　　十月初九[①]日出时，洪秀全的长子出生。就在此时，成千上万只鸟出现在天空中，有的大如乌鸦，有的像喜鹊一样小。盘旋许久后，它们停留在洪秀全住宅后的树上。这群鸟在村庄附近待了大约一个月。村民非常惊讶，认为这群鸟特意来向刚出生的王致敬。听说洪秀

────────────

①　1849年11月23日。——译者注

全的妻子赖莲英诞下一个男婴后，洪仁玕派遣信使带着一封信前往广西省，将这件喜事告知洪秀全。

额尔金勋爵到访南京时，洪秀全已经不再积极参与公开活动，几乎处于隐退状态。洪秀全把时间和精力都投入制定宗教法令中。天王府里的仆从只有女性。下级首领很难见到洪秀全。太平天国的军事组织结构也发生了很大变化，洪秀全手下曾经最重要的四位首领[①]全死了：冯云山和萧朝贵在军事行动中战死；杨秀清和韦昌辉因企图谋反而被洪秀全杀掉。只剩下唯一一个在整个太平天国运动中一直担任重要职务的首领——翼王石达开。当时，石达开正在江西省和福建省交界处指挥一支庞大的军队。去世的四位首领中，只有萧朝贵留有后代，其长子萧有和继承了西王的爵位，位居十王[②]之列。

当时，欧洲人已经熟知干王的名字，外国传教士和其他外国人对干王寄予厚望。他们相信，干王可以修正太平天国在宗教领域的错误，使太平天国运动可以和基督教的发展齐头并进。在后面的几章中，经常会提到干王。因此，某种程度上，本书有必要

---

① 冯云山是洪秀全的好朋友，也是拜上帝会的创始人。1848年，韦昌辉带着大量追随者加入拜上帝会。杨秀清和萧朝贵分别是天父和天兄在凡间意志的代言人。——原注

② 十王，即幼东王洪天佑、幼南王萧有福、幼西王萧有和、干王洪仁玕、英王陈玉成、忠王李秀成、赞王蒙得恩、侍王李世贤、辅王杨辅清、章王林绍璋。——译者注

追溯干王的人生经历。实际上，干王就是洪秀全的族弟洪仁玕。韩山明获知的关于洪秀全早年生活的信息全部来自洪仁玕。因此，我相信读者一定会对下面的内容充满兴趣。

拜上帝会公然发动起义时，洪仁玕还在广东省花县的一个村庄里当塾师。洪秀全在广西省发出请求，请洪仁玕和其他亲属一起加入起义队伍。于是，洪仁玕和其他五十个亲友一起上路。然而，来到拜上帝会所在地区附近时，他们听说拜上帝会的人已经去了别处。与此同时，官府正在捉拿并杀害所有与拜上帝会有关的人。多次尝试与洪秀全取得联系都失败后，洪仁玕回到广东省。一到家，洪仁玕就听说洪秀全和冯云山在广西省发动起义的事已经惊动了广东省的官府。

官府的捕快抵达村庄，抓住村民，掘了洪家祖坟，还向村民勒索钱财。洪秀全和冯云山的一些近亲被关进监狱。此时，深感不安的洪仁玕逃往其他县，和朋友住在一起。在此期间，洪仁玕又两次试图悄悄前往广西省。然而，官府十分警惕，洪仁玕两次都没能成行。后来，他卷入当地一场小规模地方暴动，被关进监狱。趁看守不注意，洪仁玕设法逃脱，并且通过一个远亲于 1852 年 4 月抵达香港。这个远亲刚好是基督徒。在香港，洪仁玕结识了韩山明。对当时的情景，韩山明描述如下：

> 　　一个来自中国内地的人对基督教非常感兴趣，并且很了解基督教。我对此很惊讶。当时，我虽然对太平天

国运动还不了解，但喜欢听洪仁玕生动地描述洪秀全、冯云山及他们的追随者。其实，当时太平天国运动还鲜为人知。外界也不太相信与太平天国运动有关的传言。

在香港短暂逗留后，洪仁玕在靠近内地的地方找到一份教职。1853 年底，他回到韩山明身边。1854 年初，洪仁玕乘船途经上海，前往南京。在此之前，洪仁玕已经接受洗礼。韩山明为他提供了足够的经济支持。洪仁玕随身携带了大量宗教书籍。他在上海停留了数月。在此期间，洪仁玕无法抵达南京，也无法联系上朋友。于是，他只好回到香港。洪仁玕离开香港期间，韩山明已经去世。因此，这次回到香港时，伦敦传道会的成员接待了洪仁玕。1855 年到 1858 年，伦敦传道会雇用洪仁玕为传教士。这一时期，关于洪仁玕的品格有如下描述：

> 很快，他就得到了伦敦传道会成员及中国基督徒的信任和尊敬。他的文学造诣很高，脾气温和，平易近人。他多才多艺，思维活跃，这在中国人中极不寻常。他对基督教教义的认识大大提升，他对基督教的虔诚毋庸置疑。[①]

---

① 　《传教士杂志》。——原注

1858 年 6 月，洪仁玕再次下定决心去南京寻找亲友。为此，他乔装打扮，从陆路出发，慢慢向湖北省行进。据说，1858 年 12 月，额尔金勋爵率领英国使团到访汉口时，洪仁玕就身处附近一个小镇的起义军中。洪仁玕设法通过其中一艘英国战舰给在香港的老师湛约翰[①]寄去一封信。在信中，洪仁玕告诉湛约翰，自己此刻正试图靠近南京。1859 年，洪仁玕抵达南京。抵达南京几天后，洪秀全封洪仁玕为干王。

1860 年，即抵达南京后一年多，洪仁玕给艾约瑟[②]写了一封信。在信中，洪仁玕表示自己不应该担任干王的职位。洪仁玕非常渴望促进真正宗教的传播。他这样描述洪秀全："在与天王会面并与他日常交谈时，他的智慧及他对宗教教义的理解深度深深打动了我，这远远超出普通人的水平。"

一个多年来一直在香港担任本土传教士的人，突然晋升到干王这样高的职位，自然会让人产生希望。洪仁玕肯定想利用自己的影响力在太平天国传播基督教。然而，他的希望注定要落空。不过，洪仁玕不应该因此受到指责。洪仁玕虽然身处高位，但对他而言，当时采取任何其他举措都是非常危险的。

---

① 湛约翰（1825—1899），原名是约翰·查默斯（John Chalmers），英国传教士、汉学家。——译者注
② 艾约瑟（1823—1905），原名是约瑟夫·埃德金斯（Joseph Edkins），英国传教士、汉学家，专门研究中国宗教。——译者注

CHAPTER XI
第 11 章

————

清军围攻南京失败—苏州陷落—攻打
上海—花雅各到访南京—公文

Defeat of the imperialist army besieging Nankin—Capture of Soo-chow—Attack on Shanghae—Mr.Holme's residence among the Taepings—Edicts

————

1859 年的大部分时间里，太平天国的地位和权势都没有发生重大变化。然而，从 1859 年冬到 1860 年，随着清兵对南京的封锁越来越严密，太平天国方面非常有必要采取一种与以前完全不同的策略。到目前为止，太平军已经可以通过长江干流把物资从北方畅通无阻地运到南京。长江两岸的太平军把从各地粮仓抢来的粮食装上船不断地运送给被围困在南京的太平军。当时，清军的舰队占领了长江，完全封锁了这条交通要道。被围困在南京的太平军被迫把目标转向城内的商铺，导致商铺数量逐日减少。太平军旷日持久地围困南京呈现出的特点反映了中国特有的战争方式。

从 1853 年开始，清兵不断围攻南京。尽管清兵三面包围南京，但南京紧挨河流的那一面为被围困的太平军提供了自由进出的通道。太平军一直控制着与城市并行的那段河流。太平军在长江对岸拥有一个兵力强大的堡垒。通过这个堡垒，被围困在南京的太平军随时可以与在安庆及其他地方的太平军保持联系。从 1858 年到 1859 年，太平军和清兵都已经习惯了彼此的存在。被围困的太平军白天自由自在地与清兵混在一起，这一点并不罕见。南京城的其中一个城门外建立了一个正式的集市。清兵把商铺里的货物或从周边村庄收来的粮食运到这个集市，与城内的太平军开展贸易。和中国其他地方的集市一样，这里也开设了大量赌场，由此带来了无尽的争吵。最终往往是违规者被举报并被带到自己的首领面前接受惩罚。洪秀全对下属非常严苛，大多数情况下，下属犯了微不足道的罪就会被斩首。这种完全无视生命的行为是太平天国统治的显著特点之一。

随着 1859 年的到来，清政府认为有必要进一步采取措施，以便最终夺回南京。太平天国放弃镇江恰好为清兵夺回南京提供了实质性的帮助，因为清兵完全控制了江南省位于长江以南的东部地区。太平天国放弃镇江后，清兵能够把更多的军事力量集中到夺回南京的行动中。在南京围攻战中，有一个值得注意的事实，那就是太平天国在南京驻军的总兵力不超过一万五千人。据估计，清军的兵力大约是三万人。从太平军占领南京的那一刻起，一直到 1860 年，到过南京的人都说，南京城里荒无人烟，几乎看不到军队，仅有很少的人员在活动。鉴于当时洪秀全的权力维系完全有赖于他控制着的巨大人力和物力，南京城内的兵力如此之少不禁让人觉得十分奇怪。不过，以下原因一定程度上可以解释这一点。

首先，物资紧缺的现实要求城内的人员越少越好。其次，对洪秀全来说，杨秀清试图谋反是一个警示：天王府附近不宜保留太多兵力。洪秀全把南京当作中心，所有布告和命令从这里发送给在外的太平军。而太平军的战利品，包括钱财和粮食，全汇集在南京。1859 年年底，清军在南京周围集结了一支据称不少于十万兵力的军队[①]。清军与南京城内太平军的贸易活动全部停止。

---

① 据两江总督何桂清的报告。——原注

清兵在南京城靠江一侧咄咄逼人。这一切表明，清政府决心通过断粮的方式迫使太平军缴械投降，以结束南京围攻战。

1860 年春，太平天国的前景非常黯淡。南京城内物资匮乏，守城的太平军想尽一切办法维系生命。清政府非常乐观，围攻的清兵也认为几周内就可以攻下南京城。对太平军而言，这时已经到了必须竭尽全力发挥自己的军事实力、避免迫在眉睫的灾难来临的时刻。在清兵夺回南京前的三个月里，太平军的表现前所未有地出色。最初，太平军采取的策略是分散围攻南京城的清兵的注意力，迫使其分散部分兵力。为此，在翼王石达开的指挥下，位于江西省和浙江省北部边界的太平军深入浙江省，攻下衢州[①]和严州[②]，劫掠衢州和严州以西的村庄。另一支从安徽省东部出发的太平军突然袭击重要城市杭州。这支太平军在杭州城墙底下埋下地雷，经过一场惨绝人寰的战斗后，于 1860 年 3 月 19 日占领杭州外城。因为知道投降就会被太平军屠杀，所以驻守杭州的清兵一直坚持抵抗到救援力量从邻近省份赶来。后来，驻守杭州的清兵斗志昂扬地向太平军发起进攻，最终在 3 月 24 日把太平军赶出了杭州外城。此次短暂的围攻战中，屠杀场景十分血腥：护城壕里堆满了尸体，清兵恣意屠杀太平军，不分男女老幼。其他一些小规模的太平军正在行进中，主要攻击杭州邻近地区的城

① 衢州，府名，清朝时期隶属浙江省，现为浙江省地级市。——译者注
② 严州，府名，清朝时期隶属浙江省，所辖地域位于今杭州市西南部。——译者注

镇。不过，这些行动并没有达到身处南京的太平天国首领的预期。清军有足够的力量对付太平军在其他地方发起的攻势，并且清军十分谨慎，聚集在南京城外的清军兵力并未分散。

太平天国拿出压箱底的力量，在南京城外集结了一支强大的救援军。1860 年 5 月 3 日，这支救援军冲破清兵的防线，与驻守南京的太平军会合，同时大举出击，把清兵打得溃不成军。太平军还大举截获清兵的弹药和给养。太平军像洪水一样在江南省漫延，一个又一个城镇落入太平军手中。每一次与太平军交锋，清兵都被打败了。清兵士气衰落，阵脚大乱。惶惶不安的百姓及四散逃亡的清兵涌向苏州。为了防止苏州落入行进中的太平军手中，江苏巡抚徐有壬和总兵马得昭竟下令烧毁苏州郊区。于是，整个苏州郊区被付之一炬，由此带来的财产损失难以估量。这个行动并没有达到清政府设想的目标。清兵把放火烧郊区的行动当作劫掠的借口，施尽暴行。5 月 24 日，太平军靠近苏州。苏州沦陷意味着清政府已经失去了当时可能是最有价值的城市。

针对上述情况，两江总督何桂清上奏咸丰帝：

依微臣愚见，此次驻扎在南京城外的主力部队阵脚大乱，完全是因为江南大营钦差大臣和春信赖了不值得信任的人，军中不满情绪日益高涨。提督张国梁苦于无法实施自己的战略，扑向丹阳战死了。这时，全军士气低落。无论到哪里，敌军都可以顺利打败我军。事实上，敌军很快就开始攻打丹阳、无锡及常州。我军的表现十分糟糕。间谍此时已经混进苏州城内。与此同时，我军逃跑的士兵和城内的勇士与太平军合谋。警报发出后不到半天时间，就突然传来苏州沦陷的消息。身处浒墅关的和春亲眼看着所有人灰心丧气，情况十分不妙。和春预料危机即将来临，便了结了自己。张玉良发现苏州已经沦陷，急忙转移到浙江省。我军接连失去一把手和二把手，群龙无首的军队就像凌晨天空中散落的星星。我军的弹药补给被拱手让给了敌军。这就是一个月不到的时间内我军溃败的情况。历朝历代，从未出现过如此混乱的战况，让人痛心不已。

从攻下苏州到攻打上海这三个月的时间里，太平军没有采取任何重要的军事行动，只是把在苏州劫掠的部分物资转移到南京，并且把在苏州劫掠的贵重物品，比如金钱或丝绸，分给自己人使用。太平军还实行了一些改良的税收制度。周围村庄的农民按土地使用情况缴纳一定数额的税款。英国传教士杨格非[1]写信给伦敦传道会，十分有趣地描述了上海和苏州之间农村地区的情况。洪仁玕和忠王李秀成[2]曾写信给杨格非和艾约瑟，邀请他们前往苏州会面，召开一次关于宗教问题的会议。鉴于此，杨格非、艾约瑟及其他三个传教士于 1860 年 7 月 30 日离开上海，前往苏州。

---

[1]　原名格里菲思·约翰（Griffith John）。——译者注
[2]　当时的苏州指挥官。——原注

在写给伦敦传道会的信中，杨格非描述了这次前往苏州途中的一些经历。

　　出发前，我们得知，全国各地聚集了大批百姓，目的是骚扰起义军的行动。因此，前往苏州的路途非常危险。然而，我们惊讶地发现，清兵的驻守点离上海只有十英里。从清兵的驻守点前往苏州途中，没有人反对外国人通行。其中一段路途，我们经过了一座由起义军建造的浮桥。当时，这座浮桥由一些村民负责看守。岸上张贴着一份布告，劝人们各安恒业，纳贡投诚。我们路过时，其中一个村民说，这个布告很好。只要起义军照此行动，一切会好起来的。他说："对我们来说，谁当皇帝都无关紧要。不管是咸丰帝（已故皇帝）还是天王，只要我们能够享受平时的安宁就好。"我相信，这是所有百姓的普遍心声。为了让我们的船通过，村民拆掉了部分浮桥。我们的船通过后，他们又小心翼翼地修复了浮桥。周围大部分村民像往常一样在田里干活。城镇和村庄都非常萧条。曾经繁华的集市已经荒芜，成千上万间房子被烧毁。到处可以看到孤独的老人在废墟中缓慢、颤颤巍巍地移动，他们为周围的荒凉或沉思，或哭泣。此外，不断出现在眼前的大量尸体让人感觉难以形容地恶心。不容忽视的是，在起义军来到苏州前，苏州郊区已经被烧毁。起义军所做的通常就是自我防卫。自杀的人比被刀剑杀死的人还多。起义军的暴行虽然不少，但和清兵比起来，还算逊色。百姓普遍称赞先前的起义军，并且认为先前的起义军还算有人性。现在的暴行基本上都是刚刚加入太平军的人所为。我们很高兴地发现，在苏州和昆山，村民开始自由贩卖货物，并且每件货物的售价与货物本身的价值相宜。我们得知，在昆山向起义军贩卖货物的行情很好。以前只能卖一个铜钱的货物，起义军会给三四个铜钱。当前，起义军的难题是如何赢得百姓信任、建立秩序。在这一点上，起义军明显不成功。最近取得的辉煌胜利，以及随之获得的大规模土地，让起义军能够有更多时间和精力关注这一点。起义军已经证明自己有能力摧毁已有的统治秩序。不过，起义军是否有能力重建新的统治秩序，还有待观察。

8月2日一早，我们抵达苏州，并且在当天与洪仁玕会面。洪仁玕身着华丽长袍，戴着金边王冠，身边跟着许多官员。这些官员都身着长袍，戴着红黄相间的丝质帽子……

8月3日，我们又去会见洪仁玕。在洪仁玕的宅邸，我们发现一个外国商人正在等他。当时，洪仁玕十分不安。后来，我们了解到洪仁玕当时之所以如此不安，是因为他听说驻上海的外国代表没有拆开自己寄去的信。
同时，洪仁玕了解到上海城内既有英国士兵驻守，也有
法兰西士兵驻守。自己寄去的信未被拆开，洪仁玕认为
这是对他个人的侮辱。而上海城内有外国驻兵，表明外
国人已经违背了在太平天国和清政府之间应该采取的中
立立场。

　　　尽管我们告诉洪仁玕，作为传教士，我们与这些事
情毫无瓜葛，但我们仍然不能不默默地同情他。

之后，杨格非和艾约瑟一行就传教问题及洪秀全的性格问题
与洪仁玕进行了长谈。洪仁玕说，洪秀全是一个虔诚的人，潜心
研读《圣经》。洪秀全最喜欢的书是《圣经》和《天路历程》（*Pilgrim's
Progress*）。8月5日，杨格非和艾约瑟一行回到上海。他们对
此次行程十分满意，希望洪仁玕能够让太平天国在宗教方面有所
突破。

在整个太平天国运动过程中，太平天国方面一直渴望控制
一些海港，确保自身的海上交通安全，以便能够与外国人自由
地进行武器交易。在欧洲商人的影响下，太平天国方面认为上
海租界的英国人和法兰西人不会反对太平军占领上海。因此，
太平天国方面想当然地认为占领上海很容易。1860年8月，太
平天国首领派遣了一支军队从苏州前往上海。毫无疑问，欧洲

商人误导了太平天国首领。快抵达上海时，李秀成[①]照会英国公使弗雷德里克·布鲁斯（Frederick Bruce）、法兰西帝国公使让-巴蒂斯特-路易·格罗（Jean-Baptiste-Louis Gros）、美国公使约翰·埃利奥特·沃德（John Elliott Ward）：

> 太平天国忠王李秀成致各位尊贵的公使：
>
> 我即将派兵从苏州前往上海。此函主要是为了告知各位尊贵的公使，我们很快就会抵达上海。请贵方的居住区和商业机构悬挂黄旗作为识别标志。我已下禁令，禁止手下士兵进入识别区干扰贵方，希望贵方根据照会行事。不过，直到昨天，我才意识到，贵方在松江府建立了教堂，传教士在那里教授福音书。
>
> 我的军队在泗泾镇遇到了一群清政府的雇佣军，他们阻碍我军前行。于是，我的士兵向雇佣军发起攻击，消灭了其中一些人。这群雇佣军中有四个外国人。我的士兵杀死了其中一个外国人，因为他不知道这个外国人来自哪个国家。为了表示我善待外国人的诚意，我立即处死了那个士兵，信守我的诺言。后来，我在泗泾镇看到一座教堂，直到那时我才知道贵方的传教士来到这里传播福音。教堂外面没有悬挂黄旗，但据我所知，传教

---

① 李秀成在南京围攻战及克复苏州期间任军队指挥官，此后一直担任太平军驻苏州指挥官。——原注

士并没有协助清政府的雇佣军。

　　过去的事情已经发生，今后我们还是应该采取预防措施。我的军队现在正准备直奔上海。如果沿途乡镇有教堂，我真诚地希望贵方命令贵国的人站在门口，告知我们这是教堂，以后就不会发生上述误会了。

　　我的军队已经抵达青浦，很快就会抵达上海。我真诚地希望各位尊贵的公使朋友告知贵国驻上海人士，吩咐他们关上房门，待在屋里，在家门口悬挂黄旗。他们不必惧怕我的士兵。我已下令，不可骚扰或伤害任何外国人。

　　抵达上海后，我打算和贵方商量一些其他事宜。借此机会祝各位身体健康。

　　　　　　　太平天国十年七月初九（1860年8月18日）

　　收到李秀成的照会后，驻上海的欧洲国家公使开始采取措施，以使上海处于防御状态。此外，大量英国军队的存在使上海的防御相对容易实现：英国皇家海军陆战队和印度锡克教教徒负责防守城门，英国派遣了几艘炮舰控制与城市并行的河流，严密布防通往租界的所有道路，招募大量雇佣军参与防守。后来，事实证明，上海的防御准备远胜于可能出现的风险。驻守上海的外国人本以为太平军会以压倒性的力量向前推进。然而，没有什么比最后出现在城墙前的那一小撮人更可怜、更滑稽可笑的了。

1860 年 8 月 18 日是星期六。当天，太平军的袭击开始。太平军逼近上海城墙下。先前，太平军已经把驻扎在上海城外的清兵赶进城内。然而，在城墙下，太平军遭遇了英国军队猛烈的炮火袭击。英国皇家海军陆战队使用恩菲尔德步枪，印度锡克教教徒使用老布朗贝斯步枪，重创太平军。发现进攻上海无望，太平军便在夜里撤退。当天夜里直到凌晨，一大群太平军士兵穿行在上海郊区，直到靠近法兰西人控制的居住区。法兰西人担心太平军再次生事，便放火烧毁整个郊区，以免拥挤的房子和狭窄的街道成为太平军前进的掩护所。

大火迅速蔓延。正如《北华捷报》所说，上海郊区拥有迄今为止最丰富、最重要的本地民居。中国批发商也居住在这里，"大量货物，尤其是糖全部储存在那里。火势迅速蔓延，吞噬了一家糖行（也有可能是酱油厂），火光冲天"。整个星期日[①]，英国军队都在用大炮驱赶试图在拥挤的郊区的掩护下安营扎寨的太平军。太平军被迫沿着城市周围狭窄的小径撤退。途中不少太平军士兵倒在了恩菲尔德步枪的枪口下。星期一[②]，太平军又沿着先前撤退的小径向上海城墙逼近。所有太平军士兵排成一列纵队，每人举着一面旗帜。然而，英国军队炮火的致命威力很快促使他们改变了行军路线。太平军向英国占领区边缘行进。此时，英国皇家海军陆战队炮兵发射的炮弹有效地阻止了太平军的行进。晚

---

① 1860年8月19日。——译者注
② 1860年8月20日。——译者注

上，"先锋"号炮艇沿着河边前行，向太平军的营地发射了一些直径为十三英寸^①的炮弹。这个行动彻底断了太平军试图向上海靠近的念头。随后，太平军解散营地，逐渐撤走。

这次事件中，住在上海的中国人失去了宝贵的水乡。法兰西人燃放的大火肆虐了几天，摧毁了大量宝贵的财富。

1860 年 8 月 21 日，李秀成致函外国领事：

太平天国忠王李秀成致函尊贵的英国、美国、葡萄牙王国等国的领事：

我们天朝与其他国家维系友好关系的基本原则是诚意。外国朋友此次没有遵循先前做出的安排。我军到达苏州时，在其他国家人员的陪同下，法兰西人前来苏州开展贸易。他们亲自拜访我，邀请我前去上海就我们今后的友好关系进行磋商。我知道，贵方和我们一样敬拜天父上帝、天兄耶稣。天朝与贵方的宗教同宗同源。我充分信赖来访人员，才会前来上海与贵方会面。

我从未想到，法兰西人会任由清政府欺骗，违背我们之间的诺言，背弃我们先前的安排。之前在苏州与我会面的外国朋友非但没有迎接我，反倒与清政府签订了保护上海不受我天朝侵犯的协议。这违反了我们先前达

————————————
① 英寸，长度单位，1英寸等于2.54厘米。——译者注

成的协议，违背了正义的原则。

　　现在，假设法兰西人占领上海及其周边几里地范围的地区，法兰西人如何在这么小的区域内进行商品贸易？

　　我还了解到，法兰西人从咸丰的清政府那里拿到了不少钱。法兰西人无疑会与其他国家的人分享这笔钱。如果贵方还没有收到清政府的钱，为什么会和法兰西人前来苏州邀请我到上海会面呢？显然，前来苏州邀请我去上海的代表团中有贵方的人。他们的话仍然回响在我耳畔，让我难以忘怀。

　　我军已经出发，即将进入上海。如果只有法兰西人因贪图清政府的钱而破坏之前的约定，武力保护上海，不让我军进入，那么贵方为什么没有一个人和我商量呢？贵方一定也从清政府那里拿了钱。贵方完全没有考虑到今后还得去上海以外的地区开展贸易。清政府眼见贵方与我们天朝同宗同源，便用钱与贵方建立联系。清政府是在借刀杀人，用阴谋离间贵方与我们天朝的关系。

　　法兰西人被清政府的钱迷惑，因为他们只在上海谋取暴利，没有考虑到其他地区的贸易。法兰西人没有求见我的理由，也没有脸面见天父上帝和天兄耶稣，更没有脸面对我军及地球上的其他国家。

　　上天派天王下凡，天王已经统治天朝十年。天王拥有的领土中，一半都是东部和南部的富饶之地。天朝圣库拥有充足的资金，能够满足我军的一切需要。我们统一中国后，我们的成功将不再依赖区区一个上海。

人类的一切行为都有其后果。法兰西人违背了信仰，破坏了我们之间的和平。既然法兰西人之前会违背理性的约定，那么今后法兰西人固守上海，继续从事贸易活动，很有可能会重蹈覆辙。如果法兰西人再次踏上我们天朝的土地开展贸易，或者进入我们天朝的疆域，我可以本着宽宏大量的精神容忍他们的存在，不再计较他们的过去。然而，现在法兰西人欺骗了我们天朝的将士，各位将士一定满腔怒火，内心全是复仇的欲望。法兰西人恐怕再也无法踏上我们天朝的领土。

我在苏州统率着一千多名军官及几万名士兵。这是一支勇敢的军队，其兵力强大如山。我军有能力应对一切反动势力。我们如果有意攻打上海，很容易获胜。不过，考虑到贵方与我们都敬拜天兄耶稣，大家同宗同源，我军才没有继续发起猛烈攻击。此外，我来上海是为了与贵方达成协议，希望我们能够在商业贸易活动中紧密相连，而不是为了与贵方战斗。如果我军立即攻城杀民，那就和家族成员之间的内斗一样，这会让清政府嘲笑我们的。

上海的外国人性格各异，能力强弱参差不齐。理性的人明白权力的原则，清楚得失利弊，不可能置贸易利益于不顾，一味贪图清政府的钱。

　　我会暂时压制内心的怒火，仁慈地开辟一条道路，改变我们目前对待彼此的立场。我非常担心，如果我的士兵攻占上海，他们将无法区分好与坏、是与非。如果这样，我将没有脸面见天兄耶稣。

　　出于对贵方深深的担忧，我不得不清楚告知各位如何理性处理与我们天朝的事务，以及贵方选择不同道路的利与弊。外国朋友们，我再次请你们仔细考虑，哪条道路是阳光大道，哪条道路会误入歧途。

　　贵方如果对之前发生的一切感到遗憾，并且希望与我们天朝保持友好关系，那就不必担心，尽管前来与我商讨。我会善待大家，绝不会让贵方受到任何侮辱。贵方如果仍然被清政府迷惑，一切事情都听从清政府的安排，不愿考虑自己和清政府之间的差异，那么以后发现很难在中国开展商业贸易活动、无法出口中国本土产品时，请不要责难我。

　　我不得不再次请求贵方仔细权衡当前形势，相信你们一定会给我一个满意的答复。

　　祝你们身体健康。

太平天国十年七月十二

对上述来函，额尔金勋爵有如下评论[1]:

当然，我不能冒昧地揣测以武器、鸦片等换取太平军从苏州及其他城市掠夺来的财富的传教士向太平天国方面传达了什么信息，但穿梭在太平军中的传教士已经清楚表明，如果向上海进发，太平军一定会遭到外国人的反对。尽管传教士对太平军的同情和尊重一定程度上误导了太平军，但在是否应该向上海进发这件事上，传教士表达了鲜明的观点。事实上，我们发布公告后，太平军不可能不知道我们的态度。当地间谍及外国间谍掌握的可靠情报显示，向上海进发的太平军不超过三千人。其中，只有小部分人拥有武器装备，他们属于驻守南京的军队，其他人都是为了掠夺而加入太平军的亡命之徒，以及从村庄里被带走被迫参军的人。

太平军装备不良，兵力不足。由此判断，太平军显然需要上海城内的援助。如果英国军队撤走，毫无疑问，大量住在上海城内心怀不轨的人就会为太平军打开城门。对许多来自广东省和其他南部沿海地区的暴民而言，上海一直以来就是一个好去处。从

---

① 参见《关于中国事件的往来文书》，1856年到1860年，第130页。——原注

1853 年到 1855 年 [①]，这些暴民联合三合会成员突然攻占上海并在十八个月内彻底推翻了清政府在上海的统治。这足以说明暴民的力量有多强大，同时表明，如果英国此时不提供援助，清政府有多么无力。

在 1860 年所有的军事行动中，洪秀全像往常一样，一直待在南京的天王府里，由诸多女人伺候。他把自己从尘世的一切繁杂事务中抽离出来，全身心投入精神世界里。洪秀全一直在研读《圣经》。然而，这并没有对洪秀全的思想产生多少有益影响。这一点从他颁布的法令中就可以看出来，因为他在法令中僭称拥有神性。长期以来，洪秀全拥有绝对的权力。不过，当时大多数与宗教无关的公文都由洪秀全年幼的儿子洪天贵福签发。太平天国授予追随者荣誉头衔的标准十分开放，大量"王"应运而生。1860 年 8 月，到访过南京的美国传教士花雅各 [②] 在一封信中讲述了自己试图面见洪秀全的情况。这封信的内容显示出此时的洪秀全有多么自命不凡。花雅各抵达南京后，受到了长王洪瑞元的接待。当时，一定程度上，洪瑞元相当于太平天国的丞相。接到花雅各到访的消息，洪秀全十分高兴，并且表示第二天早上接见花雅各。于是，花雅各、洪瑞元及其他官员开始讨论花雅各拜见洪

---

① 大约同时，当地一支庞大的起义军占领了厦门（英国在中国的一个通商口岸）。这支起义军虽然与太平天国完全没有联系，但一度提升了太平军的水准。——原注
② 原名 J.L. 霍姆斯（J.L.Holmes）。——译者注

秀全时的礼节问题。随着讨论的深入，问题开始凸显。花雅各与洪秀全的会面只得推迟。其中一次讨论十分有趣：

> 洪瑞元的下属又和我们商量了一下拜见洪秀全时要遵守的礼节。
>
> "你愿意跪下吗？"
>
> "不愿意。"
>
> "你愿意穿上专门为你准备的黄色长袍，戴上为你准备的帽子吗？"
>
> "不愿意。我会穿我自己的衣服，就像拜见我们国家的国王时穿的衣服一样。我曾多次拜见我们国家的国王。"
>
> "你愿意接受天王授予的荣誉头衔吗？"
>
> 我解释"这与我拜访的初衷不符"，便拒绝了。
>
> "所有人向天王鞠躬时，你愿意鞠躬吗？"
>
> "我可能会，也可能不会。我无法保证。鞠躬不是我对洪秀全的义务，而是对上帝的义务。"
>
> 我提议，每个国家的人都应该遵循自己国家的礼节，这样才不会出现困扰。

最后，洪秀全的儿子洪天贵福发布了一个布告，其主要目的是告知西方国家，洪天贵福和父亲洪秀全愿意接待尊贵的访客。

花雅各准备第二天早上前去拜访洪秀全。第二天恰好是太平天国的礼拜日。花雅各写道：

　　天亮时，我们动身前往天王府。队伍最前面的人举着色彩鲜艳的旗帜，后面跟着一队全副武装的士兵。洪瑞元坐在八抬大轿上，轿子上盖着黄色刺绣绸缎。骑马的外国人紧随其后。洪瑞元的下属陪同在侧，许多其他官员骑马跟在后面。途中，南京城里其他几个王也带着类似阵仗的随从走在我们前面。音乐声让场面十分不和谐。好奇的百姓挤在街道两侧，从他们脸上的表情可以看出，他们以前一定见过诸王，但可能从来没有见过今天这种离奇的场景。我们终于抵达天王府。这是一座和孔庙非常相似的大型建筑，但比传统的孔庙大得多。我们穿过大门，来到东边一座大房子前。这座房子叫"朝厅"。我们和其他几个人被带到"朝厅"，准备拜见洪秀全及其儿子洪天贵福。我们在"朝厅"休息了一会儿。期间，两名侍从因为误会而拳脚相向。可见，他们对天王府非常熟悉。而且，他们在天王府并非毕恭毕敬。接着，我们前往洪秀全的觐见殿。在觐见殿里，我见到了洪秀全的大哥洪仁发和二哥洪仁达、洪秀全的两个侄子及女婿，以及之前在"朝厅"见到的那些人。他们坐在殿里十分靠里面的位置，入口上方写着"显赫天门"这几个字。有人向我们指了指远远的朝堂尽头，示意那是洪秀全的座位。此时，洪秀全还没出现，座位空着。大家等了一会儿，幼西王萧有和出现了。他的出现似乎十分必要，因为这时才能举行仪式。这个贵胄——一个十二岁或十四岁的男孩径直出现，和天朝的王室成员坐在一起。接着，他们先面朝洪秀全的座位下跪，向天兄祈祷；然后转向身后下跪，向天父祈祷；之后，又面朝洪秀全的座位下跪，以同样的方式向洪秀全祈祷。最后，他们站起来唱颂歌，仪式结束。外庭的桌子上放着一只烤猪、一只全羊和其他物品。洪秀全座位前的一个石坛上有堆火一直在燃烧。洪秀全还没有出现。仪式结束后，所有人又等了一段时间，洪秀全还是没有出现。洪秀全很可能改变了主意，也许他觉得如果外国人不先表示屈从就露脸，将是一个糟糕的先例；也有可能，他了解到难以应对我们的原则后并不想见我们。不过，洪秀全很有可能非常希望我们了解他富丽堂皇的宫殿，所以才用这种方式让我们用想象力去填补那张空缺的椅子。随后，我们回到"朝厅"。诸王、王子、外国人及其他人被召集在一起，享用那些"敏捷的小伙子"为我们准备的早餐。然后，我们按照到来的程序返回。

　　下午，我们回来后，洪瑞元邀请我私下见他。穿过多间房子及内院，我被领进洪瑞元的私人起居室。身穿宽松白绸服的洪瑞元坐在一张安乐椅上，身旁一个乱头粗服的漂亮女孩正在给他扇着扇子。洪瑞元头上裹着一条红头巾，前额上面坠着一颗宝石。他的身旁放着一把类似的椅子，他邀请我坐下。洪瑞元开始询问我外国的机器等事务。他对一张地图很困惑。据说，这张地图是外国人画的。洪瑞元让我解释一下这张地图。接着，他给我展示了一架望远镜和一个音乐盒，同时问了各种各样与此相关的问题。洪瑞元显然以为每个外国人都谙熟这类物品的构造。此后，我们变得很熟络，我随时都可以见他。第二天，我们又会面了。我提到，《新约》中许多段落的内容与洪秀全的教义相冲突。我发现洪瑞元并不重视这个问题。他已经准备好用套话慷慨陈词，比如说人人都是兄弟。但我很容易看出他口中的宗教信仰对他并没有多大影响。洪瑞元漫不经心地承认，洪秀全的教义与《圣经》不一致。然而，他说洪秀全的教义更具权威。我发现，洪瑞元不太愿意有人深究他的宗教信仰，或者说如果从公共事务中抽离出来时，他根本不愿意去思考宗教信仰的问题。

离开前两天，大部分时间我们都在与长王以及其他诸王有关的人交谈。随意、散漫的交谈，让我们有机会了解洪秀全的理念在其追随者中实际所起的作用。我们并没有看出这些追随者的品德和情商有任何提升，他们还是和中国广大普通百姓一样……我去南京本来是想得到一个好印象。事实上，之前到访苏州时，我对苏州的印象不错，因此才会开启此次南京之行。离开南京时，我发现南京的情况并非如此。尽管太平天国的教义十分粗陋，还掺杂着错误，但我曾经还是希望它包含一些基督教的内容。然而，让我感到悲哀的是，基督教的名字被错误地用在了一种令人厌恶的偶像崇拜体制中[1]。无论太平天国宗教书籍的内容是什么，无论太平天国的人过去信仰的是什么，我都不得不说，这就是他们现在推行的制度，他们人民的性格也由此被塑造！

花雅各到访南京期间，洪秀全颁布了一份诏书。洪秀全之所以发布这份诏书，完全是因为当时有外国人在南京居住。

朕治（诏）普天番镇所有将兵：万邦归天父上主帝父亲，万邦归救世主大兄基督，天地人前今后三共太平。爷前下凡设天诚为今日，哥前赎罪乃使刀斩妖精。哥预诏天国尔（迩）来并必至，爷哥今下凡创开天朝廷，带朕暨幼主共治理世界，父子公叔（孙）同作

---

[1]　事实上，太平军是非常不妥协的偶像破坏者。花雅各一定知道这一点，因此他用"一种令人厌恶的偶像崇拜体制"来描述太平天国着实让人费解。——原注

（主）天地新。救世幼主乃天父上帝子，又大兄基督子
朕子^①作主。爷哥带朕三子爷共合一，真命幼主^②为尔
万邦元首。尔等齐认尔东王西王，上帝基督（圣旨）由
伊口授，乃𡙡世人同登天转天堂，古今前后一大统归天
父。普天有福同登天京天朝，爷哥圣灵（旨）成行流传
万古。爷（爷）劳六日全敬皇上帝，坦盘惑蛇恶报遗害
于世，爷降洪雨留出八口挪亚，赎罪赎病询哉恩中有
义。近在天酉爷差接朕上天，哥带朕亲（战）逐蛇魔落
地。戊申三九爷哥恩降凡间，带朕暨幼主宰太平靡暨。
福音久传今见真福荣光，爷哥恩爱诚哉无所不至。普天
下众臣民齐欢喜也。^③

　　后来，这份诏书由花雅各翻译并发表在当地报纸上。这在上
海的欧洲人中引起了极大的不满情绪。诏书中的"将兵"实际上
是指外国元首，这触怒了所有了解其真正含义的欧洲人。额尔金
勋爵写道："洪秀全把外国称为'番镇'，把外国代表称为'将
兵'。精通粤语的人应该非常清楚这两个称呼的贬义含义。在广
东省最繁荣的时代，这种称呼体现了广东人的傲慢和自以为是的

---

① 　指洪秀全的儿子洪天贵福。——原注
② 　洪秀全已经将世俗的权力移交给洪天贵福。——原注
③ 　参见《谕普天番镇爷哥带朕幼共治理世界诏》，《洪秀全集》，广东人
　　民出版社，1985年。——译者注

优越感。"

与此同时，太平天国首领的宗教信仰明显发生了可悲的变化。基督新教传教士对此深感遗憾。洪秀全确立了自己在"三位一体"中的地位，授予自己的儿子洪天贵福享有神圣荣誉，在整个诏书中透露出傲慢的态度，这更是让外国传教士感到绝望。曾经，在洪秀全的影响下，外国传教士认为太平天国运动成了基督教在中国传播的途径，基督教成了太平天国的国教。然而，事实给了外国传教士当头一棒。这时的形势令外国传教士更加拿捏不定的是，派遣常驻传教士前往南京是否明智，因为外国传教士的教义很可能与洪秀全的教义完全冲突。太平天国如果最终推翻清政府的统治，不仅会暂时损害基督教的发展，还会影响基督教未来的前途。

从花雅各将洪秀全的诏书翻译后公开发表在报纸上开始，身处中国的欧洲人对太平天国运动的看法就发生了显著变化。1858年，从长江考察回来后，额尔金勋爵就开始对南京、安庆等地的太平军实施高压政策。当时，社会上很大一部分人反对额尔金勋爵的做法，认为他不太人道。从那时起，直到后来太平军进攻上海、花雅各到访南京前，没有任何行动足以改变欧洲人已经普遍接受的观念。然而，太平军进攻上海、花雅各到访南京及后来发生的事情，完全改变了欧洲各阶层人士的观念。后来，只有极少数外国人支持太平天国运动及其政策。

与其他类似性质的事件一样，人们观念的波动可能是因为对太平天国运动真正兴起及其发展趋势的误解。在"哈尔米士"号于 1853 年从太平天国带回的布告和颂歌等文件被翻译出来并公之于众时，许多外国人希望太平天国运动的成功发展能够取得两大成果：一是确立基督教的地位，二是改善中国与西方国家之间的贸易关系。不过，以上两点希望似乎都站不住脚。当时，洪秀全和其他首领所持的宗教观点与后来践行的宗教观点不同。最初，外界普遍认为东西方的国王应直接受到至高无上的天父和天兄的影响。但洪秀全一直认为自己与天父有过直接交流，并且始终认为自己拥有统治神权。太平天国早期的宗教颂歌充分展现了洪秀全的自命不凡。洪秀全长期把持权力，再加上忙于应对宗教问题和世俗问题，昏庸不堪，这只会让他更加专横。

洪秀全授予洪天贵福幼天王的头衔。外国传教士对此非常不满。正如我上文所述，洪秀全认为自己拥有统治神权，其统治权力来自天父的直接授命。为了巩固自己的统治，洪秀全觉得有必要与天父保持某种相对应的地位。本书后面还会提到这一点。如果外国传教士一开始没有把太平天国运动当作基督教的传播途径，也没有急于把洪秀全的颂歌中隐含的宗教信仰与基督教的信仰联系在一起，那么太平天国后来的宗教法令在任何方面都不会对外国传教士产生影响。

洪秀全及其追随者的布告中针对外国人的傲慢用语备受争议，但这是太平军心声的自然流露。太平军中大多数人是在广东省出生并长大的。与中国其他省份相比，外国人在广东省最受轻视，尤其受到劳动阶层的轻视，而太平军领导人出身劳动阶层。

英国与清政府之间的政治关系发生了翻天覆地的变化，这也许是太平天国不再受欧洲人青睐的主要原因。当太平天国的宗教原则第一次为欧洲人所知时，当南京落入太平军手中时，没有什么比外国人在中国的地位问题更加令欧洲人不满。

中国内陆完全封闭，只有虔诚的天主教传教士曾经尝试走入内陆。天主教传教士假扮中国人，前去拜访教徒，并且受到教徒的保护。在广州，总督拒绝欧洲人进城，所有来广州开展贸易的欧洲商人不得不住在郊区。清政府官员也不解释欧洲人不符合进城资格的理由。清政府官员的傲慢态度令欧洲人难以忍受。额尔金勋爵所谓的"粤语在其最傲慢的时代"便是指当时。在这种情况下，迅速发展的太平天国运动自然会得到英国人的支持。我们的商业关系和政治关系可能会向更加令人满意的方向发展。然而，1856年，两广总督叶名琛的行为带来了转变。英国船"亚罗"号被扣，为英国诉诸武力提供了借口。随后的第二次鸦片战争导致《中英天津条约》签订。这正是英国人想要的结果。《中英天津条约》的签订，尤其是其中两个条款[①]的确立，不仅让太平天国运动的进一步发展于欧洲人而言无利可图，还让太平天国的存在成了欧洲人在中国扩大贸易的阻力，因为欧洲人希望开放长江上游省份的贸易。到访汉口时，额尔金勋爵显然只把太平军当作一群迟早会被清政府镇压的叛乱分子而已。太平天国的存在干扰了《中英天津条约》的如期执行。因此，额尔金勋爵并不想为太平军提供太多便利。

上述原因促使太平天国在国内国外都不受待见。太平天国占领区内百姓遭受的苦难，以及太平军犯下的暴行无疑强化了太平天国的负面形象。不过，清政府同样应受谴责。衡量哪一方更野蛮是一件十分微妙且棘手的事。

[①]　1858年6月26日在天津签署的《天津条约》：
　　第九款，英国民人准听持照前往内地各处游历、通商，执照由领事官发给，由地方官盖印。经过地方，如饬交出执照，应可随时呈验，无讹放行；雇船、雇人，装运行李、货物，不得拦阻。如其无照，其中或有讹误，以及有不法情事，就近送交领事官惩办，沿途止可拘禁，不可凌虐。如通商各口有出外游玩者，地在百里，期在三五日内，毋庸请照。惟水手、船上人等，不在此列，应由地方官会同领事官，另定章程，妥为弹压。惟于江宁等处，有贼处所，候城池克复之后，再行给照。
　　第十款，长江一带各口，英商船只俱可通商。惟现在江上下游均有贼匪，除镇江一年后立口通商外，其余俟地方平靖，大英钦差大臣与大清特派之大学士尚书会议，准将自汉口溯流至海各地，选择不逾三口，准为英船出进货物通商之区。
　　1860年关于这些问题的条约与上述条款完全相似。——原注

CHAPTER XII
第 12 章

———

南京和上海之间农村地区的状况—慕维廉到访
太平天国—罗孝全在信中解释离开南京的原因

State of the country between Nankin and Shanghae—Mr. Muirhead's visit—Letter from Mr. Roberts giving reasons for leaving Nankin

———

　　前一章提到的两封信，分别出自英国传教士杨格非和美国传
教士花雅各。杨格非在信中描述了上海和苏州之间农村地区的状
况。花雅各在信中讲述了自己到访南京的整个过程。到访南京后，
花雅各对洪秀全及其追随者充满了偏见。之后，花雅各回到上海。
后来，他用不太审慎的语言总结了自己对太平天国的看法[①]。几
个月后[②]，英国伦敦传道会成员慕维廉[③]在南京待了几周。慕维廉
非常熟悉与中国有关的事务。他写信给伦敦传道会秘书，详尽、
有趣地描述了太平天国的宗教。不过，慕维廉的观点有失偏颇。
不久，英国驻上海领事馆工作人员富礼赐[④]写了一封信，描述了
苏州和南京之间的农村地区，为杨格非的描述做了补充。1861 年
3 月，富礼赐从上海经陆路来到南京，并且在南京写下这封信。
他的信中有一些非常有价值的信息。在信中，富礼赐描述了所经
之地太平天国的统治及太平天国政府体制的特点等内容：

　　　　太平军从南京向苏州行进的沿途，只剩下一片废
墟，到处是萧条的景象，简直无法用言语来描述这一
切。不幸的苏州城周边农村地区很快就会被丛林覆盖，
即使是外国人都曾经称为奇观的广大郊区已彻底被毁。

---

① 《国会文件》，1859年到1860年。——原注
② 1861年2月8日，慕维廉到达南京。——译者注
③ 原名是威廉·缪尔黑德（William Muirhead）。——译者注
④ 原名是罗伯特·J.福里斯特（Robert J. Forrest）。——译者注

一些可怜的人在城外卖着豆腐和草药。除了他们，我
们①就再没看见其他本地人。现在，我们在护城河上畅
通无阻。就在一年前②，护城河上还几乎找不到一条通
道，因为当时大量积极从事贸易和摆渡的船在护城河上
忙忙碌碌。南京城内同样萧条。房子正面已被拆毁，无
数水道上堆满了破碎的家具、坏掉的船及各种残破的物
品。京杭大运河沿岸的城市几乎都是这样。没有城墙保
护的村庄等地已经被烧毁，除了烧黑的墙壁，其他什么
也没有留下。

　　一大群太平军士兵在苏州阊门外筑起防御工事，
其目的是保护京杭大运河入口。当时，京杭大运河入口
挤满了满载外国武器、家具和各种货物的船。据我们所
知，太平军当时正准备攻打杭州。之前，洪仁玕和七万
名新来的广东人已经袭击过杭州。挤在京杭大运河入口
处的船极有礼貌地为我们的船让出了一条通道。我们顺
利进入京杭大运河。

　　同样悲伤的故事随处可见。京杭大运河两岸一英里
范围内的土地已经荒芜。纤道，即太平军行军的大路，

---

①　英国伦敦传道会的成员艾约瑟陪同富礼赐一起。——原注
②　1860年。——译者注

就像一块被掀开的墓地，到处能看到人的遗骸。无锡[①]沦陷后，在清兵撤退期间，太平军骑着马一路追赶。逃亡的清兵无处可去，受到惊吓的农民也加入逃亡队伍，被太平军追上的人当即被屠杀。如果说纤道能够清晰地显示屠杀的迹象，那么京杭大运河的河水肯定吞没了更多受害者的遗体。

每天都有大量太平军经过。事实上，从南京到镇江和苏州沿线，太平军从未间断过。太平军正在努力攻打镇江。我们听到丹阳附近炮声隆隆。丹阳知县告诉我们，太平军很快就会占领丹阳。我们甚至可以清晰看到镇江方向房子燃烧的烟雾。太平军的破坏劣习丝毫没有改变。

我曾听说太平军正在努力攻占长江所有口岸。太平军认为，任何一个长江口岸一旦设立外国领事，就会像上海一样受到外国人的保护。我相信这是事实。

为查看太平军携带的外国武器，我颇费周折。我发现，太平军被外国人骗了。大多数我查看过的步枪及所有手枪都很破旧，做工极差，都是无用的武器，引爆装置也坏了。据太平军士兵说，我在苏州看到的一些火枪是他们最近刚从美国陌生人那里买来的。我觉得这些火

---

① 　1860年5月，太平军从南京冲出，从南京到苏州沿途的城镇全部被毁。——原注

枪只需六次射击就会被摧毁，可能连同被摧毁的还有使用它们的人。总之，我相信，这些外国武器对太平军的危害要远大于对清兵的危害。

太平军中有大量未成年男子，这是太平天国运动的一大特点。每个将领都配有几个未成年男子。太平军中，我从来没有见过年老的士兵。成年士兵和十二岁到十八岁不等的未成年男子之间的比例是一比二或一比三。未成年男子都是从不同地区被绑架而来。不过，他们似乎满足于现状。未成年男子昂首阔步、装腔作势，摆出一副傲慢的姿态。他们总是把我们称为"魔鬼"。然而，有机会和我们交谈时，未成年男子的上司特地称呼我们为"外国兄弟"。

我们把船留在宝应，与更多当地人接触。我们发现，看到陌生人时，当地人非但不惊慌，反倒看起来很自信，安全感十足。许多人回到家园，开始重操旧业。洪秀全的儿子洪天贵福及李秀成的许多布告都禁止太平军带走当地男女，违令者会被处死。

当地人向我们讲述太平天国运动带给他们的悲惨经历，以及太平天国对新占领地区的处置情况。太平天国运动伊始，太平军展开大屠杀，掳走青年男女，抢走所有可带走的贵重物品。成群结队的逃亡者越过长江，想去异乡讨得好生活。令我高兴的是，这些人现在正迅速

重返家园，太平军不怎么骚扰他们。有些当地人被迫去
太平天国首领那里从事公共服务方面的苦力活，任务完
成后由其他人接替，他们就可以回家了。帮我们扛行李
和椅子的人就是这类人。他们干得很起劲，也很仔细，
还不要小费。离开时，我们送给他们一点小礼物，他们
就感激不尽。

　　太平天国政府官员每月到访农村地区一次，并且向
村民征收钱币或大米。所有重地有固定的军官驻守，军
官深得人心。只要没有新的军事行动扰动南京，周边村
庄很快就人满为患，土地也迅速恢复原来的富饶状态。

　　南京禁止贸易的法令发布后不久，我们就抵达南
京。我们获知南京禁止贸易的理由是，南京是天王居住
之地，不应被喧嚣的贸易活动打扰；此外，破坏分子可
能混迹在商人中，这也是出于安全考量。有十四个人不
顾禁令，想从贸易中捞一点小利，结果被立即处决。南
京城门外涌现出了非常活跃的贸易活动，南门的集市尤
其繁忙、拥挤。不过，郊区的房子无法满足贸易需求。
我估计南京城区和郊区总人口大约七万……南京城内的
建设正在进行中。非常了解过去的南京的人说南京现在
的面貌有了显著改善。百姓手中拥有大量财富。因此，
太平天国拥有大小和面值都很便于使用的银币一点也不
奇怪。一枚普通钱币大小相当于一先令，但比一先令的

价值更高。这种钱币很像铜钱，上面刻着铭文。据说，还有相当于一英镑价值的银币存在，但我没有见过。与太平天国的铜币相比，清政府的银票更受青睐。当然，银锭也可以用于交易。

清政府认为，并且有些事实也表明，太平天国首领正在转移重心。太平天国首领正在致力于建立一个具有稳定秩序的政府，改善百姓的生活水平。由于清军的干预，太平天国以前的措施已经不可行。现在，只有洪瑞元在南京侍奉洪秀全。洪秀全的所有政务由其儿子洪天贵福负责。我见过洪天贵福两次。一次是在天王府里，当时洪天贵福主动讲述父亲曾经历过的天父降世幻象。另一次是洪天贵福身穿长袍，戴着皇冠向百姓布道。但洪天贵福的布道与宗教几乎没有关系，只是向百姓发布一系列命令。

苏州及附近地区有几个最近刚被逼迫服兵役的太平军士兵，他们脸上刺着"太平天国"四个字。在太平军占领苏州后不久，一个信仰基督新教的本地教徒到访过苏州，也看到了同样的情况。

一次，英国皇家亚洲学会①中国分会在上海召开会议。会上，参会人员读到了富礼赐写的这封信。富礼赐讲述了自己到访南京

_____

① 皇家亚洲学会，是1824年在伦敦成立的一个学术论坛，旨在研究与亚洲有关的科学、文化等课题，后来在世界多地设有分会。——译者注

的经历。从富礼赐的信中，参会人员了解到，脸上刺了字的太平军士兵都是曾经企图逃跑，但后来被抓回来的人。在逃兵脸上刺字，是为了防止他们再次逃跑。

　　1861 年 1 月，慕维廉离开上海，前往南京。慕维廉此次出行的目的是去太平天国占领区传教。为了能够让传教士在太平天国占领区自由传教，1860 年 11 月杨格非的南京之行就已经铺平了道路。当时，杨格非从洪秀全那里获得了一封由洪天贵福签发[①]的《宗教自由诏旨》（*Edict of Religious Toleration*），内容如下：

> 　　天爷、天爹暨爹[②]命，朕诏各王文武众臣及众弟兄知之！天爷、天爹之真教乃天教，耶稣教、天主教均是也。世界与爹、朕为一家。谨守天条之人皆可来访。今干叔、赞叔、秀叔[③]等奏称，西洋教士杨笃信[④]暨其友人，敬服天国，信奉天爷、天爹，来此欲鉴荣光，瞻仰上帝、耶稣，并请求传布真道。感谢天爷、天爹赏赐天国权力与奇能，使远近各国均得敬闻之。唯目前干戈扰攘，刀兵遍地，深恐教士为乱兵所伤害，引起严重后果。朕鉴彼等皆忠诚信实之人，原为耶稣忍受各种患难

---

① 洪仁玕解释道，洪秀全让洪天贵福颁布宗教法令，是为了培养洪天贵福对传教工作的兴趣。——原注
② 天爷，指上帝；天爹，指耶稣；爹，指天王洪秀全。——译者注
③ 干叔，指洪仁玕；赞叔，指蒙得恩；秀叔，指李秀成。——译者注
④ 杨笃信，即英国传教士杨格非。——译者注

而在所不惜，对此朕深嘉之。

　　仰各王传谕军民人等，对彼等当和爱相待，不得加以危害。须知天爷、天爹暨爹、朕同是一家，故当令彼等受到优遇也。钦此。

　　身处中国北方的外国传教士认为，《宗教自由诏旨》充分保障了外国传教士在中国传教的安全及不受任何形式的骚扰。[①] 慕维廉希望能够使发生在身边的这场轰轰烈烈的运动——太平天国

---

① 1861年初，我在上海。当时，杨格非刚从南京回来不久。他将到访南京的经历发表在《中国之友》（*Friend of China*）上。杨格非给了我一本小册子。在这本小册子中，我发现杨格非以"总论"为标题，总结了他在太平天国的经历，其中大部分内容都在谈论当时与洪秀全颁布的法令有关的许多争论。大部分人都认为洪秀全傲慢、自命不凡，其颁布的法令亵渎了神灵。但杨格非对此保持中立。杨格非表示，人们普遍持有的看法是错误的，洪秀全并没有得到神圣的荣誉，其对神性的主张可以看作隐喻："当天王说上帝、耶稣和他自己同属一个家庭，他们三个是一体时，天王只是想表达他们在情感、利益、目标等方面是一致的。"杨格非的这本小册子中，有一部分主要阐述了太平天国的政府制度，其内容如下：
　　在丹阳，我得知，太平天国政府真正的体制是君主制，封王只是权宜之计。恢复和平后，诸王会成为分管各地的总督，只有洪秀全一个人会成为君主。每一个总督管理自己的领地，拥有自己的文武官员。洪秀全对他们行使唯一的管辖权，他们臣服于洪秀全。洪秀全密切关注各位总督的行动，并且对他们保持警惕，保证他们完全处于自己的控制下……
　　位于南京的太平天国政府所设的六部类似于位于北京的清政府的六部。洪仁玕总理全国政务，其他成员有些是很受尊敬的学者。各个城市也设有文武官员，负责监管国人。太平天国还建立了正规的税收制度。
　　（转下页）

运动——树立一些正确的理念。慕维廉首先到访的是苏州。他关
于苏州的描述如下：

　　在李秀成下属的协助下，我开始在苏州传教。苏
州城内没有当地百姓居住，整个苏州城就是一个巨大的
营地。任何无关人员不得居住在城内或进入城内。一路
走来，看着这个曾经拥有百万人口的城市发生的变化，
我们十分痛心。到处是毁灭性的战争留下的残迹。我去
不同地方讲道，很高兴将知识和真理传播给我的听众。
我向他们传播的内容似乎都是他们熟悉的主题，只需让
圣灵在他们心中留下深刻的印象，产生理想的效果。此
外，听众对我的尊重与关注让我非常满意。我发现了一

　　（接上页）与清政府的税收制度相比，太平天国的税收制度略微宽松一
些。建立在"人无私财"这个基础上的圣库供给制度继续实行，南京的
执行力度最强。所有一切共有，人们没有报酬。根据相应的比例，天王
为各位首领、诸王、士兵提供食物、钱财和衣物。当然，出去带兵打仗
的将领并不单单依赖分配的津贴。李秀成可能比天王还富有。
　　从太平天国首领那里，我了解到许多以前不知道的事情。百姓现在
不许住在城里。（这是专门为回答杨格非提出的"为什么百姓不返回城
市？"的问题而写。）太平天国首领认为，朝代更迭时，城市很大程度
上必须属于军队，而百姓的归宿则在乡村。在这一点上，历朝历代都一
样，清朝也不例外。在有敌军包围的情况下，向百姓敞开城市大门，无
异于快速自杀。城市很快就会充满乔装成商铺老板和苦力工人的清兵。
一旦遭受攻击，太平军只能走向绝路。
杨格非认为，太平天国首领拥有良好的组织素质和管理素质。他的观点
虽然与普遍观点不一致，但这建立在他个人的观察和交流的基础之上，
值得我们考量。——原注

个很奇怪的现象：所有门上方及两侧都写着引人注目的文字。其中有些文字用来纪念天王的生日①，但大多文字是"上帝的大恩大德"，或者与之相关的一些文字。墙上的许多布告也是如此，介绍天父的名字、特点、恩惠及耶稣的职责。显然，我们神圣宗教的主要真理就是通过这种方式传播到千家万户。每家每户还会在规定的场合举行庄严的仪式，接受特殊教导。这是"天王"为了教化臣民而做的规定，任何人不得违反。一提到洪秀全的名字，我们就会叹息：洪秀全自诩的权威，以及他在宗教体系中引入的腐败，让我们十分焦虑。不过，到目前为止，洪秀全领导的政权仍然打算传播基督教教义，为建立一个更纯洁、更虔诚的教会奠定基础。

从苏州到南京途中，慕维廉所经之地与后来富礼赐的路线几乎一致。慕维廉具体描述了百姓的苦难及被战争摧毁后城镇和村庄的残迹。慕维廉"走进路边已经被战争摧毁的寺庙和祠堂。寺庙被破坏得非常厉害，被拆毁的神像横七竖八地摆放着。太平军似乎对这些神像充满了怒气。曾经宏伟壮观的寺庙现在连屋顶都被掀翻了"。抵达南京后，慕维廉的记录如下：

---

① 这一天恰好是天王的生日。——原注

　　我被带到美国传教士罗孝全的住所。不久，我就见到了洪仁玕，受到了热烈的欢迎。我和他待了大约一个小时，他似乎很高兴我们能重叙旧日友情。洪仁玕愉快地谈论他及在他领导下的基督教传教工作。我表示，这次来南京的唯一目的是在周边地区传教；如果有机会，我也很乐意去太平天国管辖的其他地区传教；我想知道哪些地区适合我去一星期或十天，以及用什么方式前往。洪仁玕赞成我的提议，但表示之后再考虑。第二天，他与我见面，表示城里及周边地区目前的情况几乎不适合外国人公开传教。外国人公开传教，需要洪仁玕签发布告谕知百姓，消除百姓的忧虑，禁止百姓发表不当言论。如果是和平时期，洪仁玕可以命令手下利用影响力扩大宣传，但当时他正忙于筹备一支军队。他不确定天王是否同意签发布告。总之，洪仁玕建议我推迟传教行动，尤其是不要在南京传教。后来的几次面谈中，洪仁玕更是明确提出这一点。洪仁玕接着说，天王的愿望是把基督教传遍整个国家。当我问洪仁玕这是不是他和天王的共同意愿时，洪仁玕立刻答道："当然！从一开始，我们就已经考虑过这件事，以后也会很努力地进行下去。不过，必须注意的是，天王打算用他自己的方式实现这个目标。"我问道："用怎样的方式？"洪仁玕答道："用本土的方法，每年举行一次考试，所有官吏必须参加考试。考试依托的教材主要是《圣经》，根据考生在《圣经》知识方面的造诣确定职位。优秀的考生会被任命官职。每一位官吏，无论职位大小，都将定期向周围人布道。"我注意到，要确定官吏在宗教方面的潜质，同时推动太平天国的宗教发展，其实需要更多工作。洪仁玕表示："这是天王设想的计划。天王认为这是一个十分完整的计划。"我又问道："那么，这种情况下，外国传教士的位置呢？"洪仁玕表示，初期，外国传教士有助于向学者和百姓传播基督教的一般知识。不过，天王实际上不希望在传教这件事情上依赖外国人的援助。天王认为，传教可以由中国人自己完成。中国人天生就很自傲，不愿意接受外国人的福音。天王非常希望与外国传教士友好相处，但认为和外国传教士之间存在着微妙、复杂的情感，外国传教士的行为促使天王决定走自己的路。我就外国传教士在南京居住的问题与洪仁玕进一步交谈。洪仁玕友好地表示，至少目前他不建议外国传教士住在南京——南京现在只不过是一个营地。洪仁玕虽然很高兴时不时见到一些外国传教士朋友，但不鼓励把首都变成外国传教士活动的中心……

　　我被引荐给许多长期参与太平天国运动的人，尤其是一个看守宫门的人。这个看守宫门的人之所以拥有现在的职位和头衔，是因为他具有崇高的宗教觉悟。我和

他之间的交流非常愉快。他虽然不识字，但接受了太平
天国良好的宗教教育。我问他是如何与太平天国联系在
一起的。他说，有一天他在广西省的田里劳作。这时，
天王走来告诉他，自己受天父所托前来传播福音。天王
命令他不要再崇拜以前崇拜的邪神，要崇拜真正的上帝
和天兄……这个看守宫门的人当即毁坏了自己当时朝拜
的神龛，成了天父的信徒。这个看守宫门的人讲述的太
平天国运动的起源，与洪仁玕之前的描述完全一致。洪
仁玕的描述详细记录在《太平王的幻象》（*Visions of
Tae-ping-wang*）一书中。这个看守宫门的人完全相信
洪秀全所说的一切，就像随后的日子里洪秀全及诸王也
对此深信不疑一样。这个看守宫门的人把之后发生的一
切归于天父降世的幻象和启示及天父的授权。我和他谈
论了太平军的纵火行为及过度使用刀剑的残暴行为。他
表示，太平天国运动初期并未出现像后来那样的掠夺和
纵火行为。不过，有一次，一些太平军士兵陷于困境。
这些士兵后来说，他们接到天使的命令，天使要求他们
向邪恶举起屠刀，摧毁一切妖魔之源。受到激励后，困
境中的太平军士兵奋起反击，创造了奇迹。与此同时，
这个看守宫门的人和其他许多人一样，对太平军最近野
蛮、残暴的行为表示难过……虽然洪仁玕不建议外国传
教士在南京城里公开布道，但因为前往农村地区的道路

受阻，所以我在南京城里开始了自己的传教行动。罗孝全长期在自己的住所里工作，因为他不懂官话，无法与当地百姓交流。我有时一天在外多个小时，大量听众对我的关注让我备受鼓舞。从民间传播宗教知识的量来看，布道的百姓基础似乎十分庞大。即使宗教无法走进百姓心中，但至少百姓对与仁慈有关的信息是有反应的。百姓史无前例地在每扇门上做记录，逐渐熟悉天父的名字，了解天父的慈悲之心……

昨天，罗孝全和我一起外出。他带我走进一个大厅，大厅上方写着"天父礼拜堂"。很快，这里就汇集了大量信徒。罗孝全用粤语布道，我用官话布道。

太平天国发布了布告，宣布在南京建立十八座教堂，每个县根据居民人数再适当建一些教堂。我向洪仁玕了解这些教堂的性质。洪仁玕说，虽然这些场所的用处不一样，但它们都用一个通名来称呼，不过是些公堂、医院、收容所之类的地方，由相应的官员负责。这些官员既要完成与他们特殊职责相关的工作，也要听取周围人的宗教教诲。我们认为，这些场所不应被视为独立建筑，其名称应与设计目的相一致。

两天前是太平天国新年第一天[①]。对陌生人来说，

---

① 时为太平天历辛酉十一年正月初一。——译者注

许多与太平天国新年有关的仪式都充满了趣味。天王府就在南京城内，是一座新建筑，到目前为止还未竣工。这座建筑极力模仿皇宫风格，乍一看去，很壮观。大门上方写着"真神圣天门"，第二道门上方写着"真神荣光门"。门四周全是奇形怪状的人像以及龙、凤等物象。当天，在士兵和百姓的簇拥下，诸王、各首领和官员前往天王府觐见洪秀全，集会规模很大。洪秀全坐在由十六个人抬着的黄色肩舆上，其他权贵坐在由八个人抬着的颜色各异的肩舆上。肩舆前后都飘着各式各样的丝绸旗帜和彩带；肩舆上装着奇怪的装置，上面还写着各自主人的名字和头衔，前面有"太平天国"字样。诸王和各首领进入内廷。此时，洪秀全已经坐在里面了。其余至少三百人留在外廷。我属于后者，待在外廷目睹一切。外廷的仪式与内廷一致，但从我的位置看不太清楚。12时，外廷所有人收到一个特定信号后朝洪秀全的方向跪下；接着为洪秀全唱颂歌，祝他"万岁万岁万万岁"；然后朝另一个方向跪下，敬拜天父。信徒跪在一张桌子前，桌上放着几盆献祭的食物、两盏灯。队伍前方一个人拿着一张纸，上面写着向上帝祷告的祷词。祷告完毕后，那个人把纸烧掉。这时，信徒站起来，但很快又朝洪秀全所在方向跪下，并且保持一段时间。除了少数例外，大多数时间什么也没有说，整个仪式期间有诸多繁文缛节。12时30分左右，仪式全部结束，各首领退回外廷。他们穿着黄色长袍，衣着当然比留在外廷朝拜的人光鲜得多，仪态也更显尊贵。不过，各首领戴的帽子与清政府的官帽差别很大。朝会静静地解散了……从表面上看，太平天国内部所有人目前普遍认可洪秀全的主张。正如洪仁玕所说，就目前的形势而言，洪秀全不可或缺。据我观察，目前形势下，如果没有洪秀全的存在，整个太平天国就会分崩离析。太平天国内部都认为洪秀全能力超群，而洪秀全与官员保持一定距离，官员对洪秀全保有一颗敬畏之心。官员虽然认可我们神圣宗教的伟大真理，但不敢对洪秀全说一个"不"字。在官员的眼中，推翻曾经的偶像崇拜并敬拜神圣的上帝便是信奉上帝。即便太平天国首领曾经十分虔诚，现在也已渐渐有了变化。太平天国首领将运动后期成效甚微归因于新进信徒不够虔诚。然而，我多么希望他们能够明白这一切都是因为他们自己偏离了真理的方向。太平天国首领虽然把运动的兴起和进展归功于天父，他们并非对周围的邪恶影响无动于衷，他们只是太轻易对之屈服。事实证明，即使是像洪仁玕那样的人，对基督教的虔诚也并非绝对可靠。洪仁玕虽然在同辈中最优秀，并且很清楚自己的宗教职责，但还是受到了所处环境的影响。我非常严肃地提出这个问题时，洪仁玕领悟到了我

的意思。他承认自己在一夫多妻制的问题上向洪秀全屈
服了。洪仁玕现在已经有一个妻子和三个妾随侍在侧。
然而，洪秀全还在敦促他再纳两个妾。洪仁玕明确表示
拒绝，并且坚持自己的立场。洪仁玕告诉我，他已经让
自己的四个妻妾和两个侍从接受洗礼，并且勤勉地教导
她们。洪仁玕认为她们已经是合格的基督教教徒了。考
虑到洪秀全的权威，施洗仪式在国家事务安排妥当之后
才进行。和其他首领一样，洪仁玕也设有家庭礼拜仪
式，早晚有人通知他的家人集合。特殊日子里，洪仁玕
会向家人布道。即使现在洪仁玕已经去了乡下，听说他
的妻妾也会和女佣一起做礼拜……

　　接着，慕维廉详细介绍了自己与百姓的对话，并且对百姓的
信仰的总体发展进程表示满意。最后，他总结了对太平天国运动
的看法，包括外国传教士对太平天国运动的态度及外国传教士应
该坚持的路线。

　　　　我们不得不承认，太平天国的首领已经把《圣经》
中的许多真理传达给众多信徒。确实，通过太平天国运
动传播基督教有很大的局限性，并且太平天国传播的基
督教教义中还混杂着许多错误甚至是亵渎上帝的理念。
但这种手段还得持续广泛推行下去，因为它有助于传播

基督教的基本教义。

我们不得不相信，太平天国运动即使最终失败，也会给中国许多地区的偶像崇拜和迷信风俗造成致命打击……

我不得不说，南京和邻近地区及整个太平天国占领区内，目前都不适合建立传教团，这是太平军宗教事务首领所不希望的。他们的不情愿又有别于纯粹是异教徒的统治者对此事的态度。他们不支持建立传教团的理由上文我已经提过。

1861 年 3 月，洪秀全针对外国人签发了一项法令[①]:

天王诏旨。朕诏和甥、福甥、玕胞、达胞、玉胞、秀胞、恩胞、雍侄、贤胞、辅胞、璋胞、万侄[②]、天将[③]、掌率[④]、总管、尽管[⑤]、神策朝将、护京神将、六

---

① 《关于长江对外开放的函电》，第30页。——原注
② 和甥，指萧有和；福甥，指萧有福；玕胞，指洪仁玕；达胞，指石达开；玉胞，指陈玉成；秀胞，指李秀成；恩胞，指蒙得恩；雍侄，指蒙时雍；贤胞，指李世贤；辅胞，指杨辅清；璋胞，指林绍璋；万侄，指幼豫王胡万胜，豫王胡以晃的儿子。——译者注
③ 天将，太平天国官名，官衔等级比王低一级。——译者注
④ 掌率，太平天国官名，最初是百官之长，洪仁玕获封干王总理朝政后，掌率的官衔等级便降低了。——译者注
⑤ 尽管，太平天国官名，官衔等级比神策朝将高，比总管低。——译者注

部、主、佐将，内外众商人暨普天大下同世一家，所有众臣民知之：

爷哥朕幼①坐天朝，尔等放胆尽灭妖。

朕于论及处死之刑法第五条中已颁谕，老病妇幼及未执兵器之人，不应杀戮。今朕再诏：凡未助妖之人，均须恩赦；如助妖者，杀之莫迟疑。

外国买卖商贾应被视如兄弟，杀之者定行处死。

百官皆应遵从此法，不得宽宥任何人。

前曾诏明，凡外国罪犯均须交付罗孝全先生会同各国领事慎密审理，依法判决，然后奏朕裁断定案；和平辑睦传之千秋万代。

今朕诏应有一裁判官，协同罗孝全先生查究案情。此官可由洋人共同保荐，奏朕发旨封之，以免一切偏心。

爷哥朕幼是一大主。仁爱恩泽广被天下。

爷降一梦，启示朕妻，命朕自后不应再理庶政，望一体遵旨，并钦此。

朕今对洋人各方诏谕，天朝外务大臣罗孝全总理外国商人事务，各国可遣其领事，协同罗孝全先生办理外国事宜；并公选一公正无私者为裁判官。此官协同罗孝

---

① 爷哥朕幼，指天父上帝、天兄耶稣、天王洪秀全、幼主洪天贵福。——译者注

全先生处理疑难案件，并奏朕作最终之判断。此官将为
天朝副大臣，印凭之印文为"上帝天国天朝九门御林外
务裁判官"。

令吏部众臣颁发外务大臣、裁判官及领事之印
凭。①

第九章提到，太平天国占领南京后几天，洪秀全写信给当时
正在广州的罗孝全。在信中，洪秀全感谢罗孝全曾不遗余力地给
予自己宗教指导，并且邀请罗孝全及其他愿意陪同罗孝全的传教
士兄弟一起到南京。1858年，洪秀全发给额尔金勋爵的御诏《赐
英国全权特使额尔金诏》中有一项内容提到了罗孝全。洪秀全在
御诏中表示，如果罗孝全愿意来南京，请到天朝与自己谈谈。

1853年，罗孝全收到洪秀全的第一封信。罗孝全当即准备前
去投靠洪秀全，并且为此前往上海。然而，由于种种原因（其中，
主要原因是当时从上海前往南京困难重重），直到太平军攻占苏
州后，罗孝全才踏上太平天国的领地。在苏州住了几个星期后，
大约在1860年10月底，罗孝全终于在南京安顿下来。在南京，
洪秀全特别关照罗孝全。罗孝全穿上黄色长袍，戴上王冠。由此
可见，当时罗孝全的地位非常高。根据罗孝全的要求，太平天国
方面为他安排了合适的住所及随从。就像《公选外务裁判官诏》

① 参见《公选外务裁判官诏》，《洪秀全集》。——译者注

中说的那样，洪秀全为罗孝全提供了一个权位很高的职位。尽管洪秀全一直给罗孝全施压，希望罗孝全可以接受这个职位，但罗孝全一直拒绝接受。穿着肮脏的黄色长袍、带着高耸的王冠的美国浸信会[①]传教士，以及大约同一时期来南京的欧洲人，都成了中国百姓评头论足的对象。罗孝全与洪秀全曾是师生关系。鉴于此，外界认为罗孝全的存在一定会对太平天国的宗教发展起到举足轻重的作用。然而，事实证明并非如此。最终，罗孝全选择了一条看似最不明智的道路。根据长期以来的经验，罗孝全完全可以避免这个结局。然而，他被"石头绊了一跤"。也许，作为一个传教士，罗孝全认为自己有义务指出太平天国首领的宗教信条存在明显错误。但罗孝全必须明白或者说本应明白，洪秀全不可能在他的劝诫下承认天父降世及其启示都是不真实的。洪秀全一旦承认这一点，就相当于摧毁了自己的权力根基。然而，罗孝全一边坚持按照自己认为正确的理念行事，一边摇摆不定；一边屈从于洪秀全的宗教主张，一边反驳这些主张。仔细阅读罗孝全的下面这封信，读者就会了解他最后的选择。在信中，罗孝全阐述了自己离开南京的理由。

　　自从1847年担任洪秀全的宗教导师起，我就想通过他为这个国家在宗教、商业和政治领域带来真正的

---

① 浸信会，即浸礼宗，基督新教的一个主要宗派，17世纪形成，因其施洗方式为信徒全身浸入水中而得名，反对给婴儿行浸礼。——译者注

帮助。在洪秀全的革命运动中，我一直是他的朋友。
我用言行支持他，尽一个传教士所能做的一切，不损害
他作为基督使者的崇高品格。然而，在太平天国生活的
十五个月期间，我密切观察太平天国首领的政治活动、
贸易和宗教活动后完全醒悟。现在，我有充分的理由反
对太平天国的宗教理念，就像我当初支持他们一样。我
反对洪秀全，并非出于个人原因。洪秀全对我非常好。
我之所以反对洪秀全，是因为我认为洪秀全是一个疯狂
的人。在没有建立任何有效政府组织的情况下，洪秀全
完全不适合做统治者。他和出身于苦力阶层的诸王也没
有能力组织一个造福百姓的政府。洪秀全脾气暴躁，身
边的人都成了他的出气筒。经常有人因为一句话冒犯了
洪秀全，就被下令拖出去处死。洪秀全反对贸易。自从
我到南京以来，洪秀全手下就有十几个人仅仅因为在南
京城里做生意就被杀害。洪秀全直接拒绝外国人在他们
中开展合法贸易活动的提议，无论是在南京城内，还是
南京城外。洪秀全对宗教的宽容及所谓的教堂多样性，
结果成了一场闹剧。运动对基督教的传播无济于事，最
终不过是成了促进和传播洪秀全自己的政治性宗教的机
器。洪秀全自认与耶稣平起平坐。天父上帝、天王洪秀
全、幼主洪天贵福构成了"三位一体"。在太平天国，
任何不相信洪秀全的神权、不帮助洪秀全传播他的政治

性宗教的传教士的生命安全、财产安全及其仆人的安全，都得不到保障。我到南京后不久，洪秀全告诉我，我如果不信他，必然会灭亡，就像犹太人不信救世主一样。当时，我怎么也没想到，竟然有一天，在洪秀全所占领的南京，我会离死亡那么近。

1862年1月13日，是星期一。事前没有任何预兆，在没有提供任何理由的情况下，洪仁玕恶狠狠地冲进我的住所，在我面前用一把大刀杀死了我亲爱的仆人——我爱之若子的男孩。洪仁玕应该是受到出身于苦力阶层的哥哥的影响，也可能是着魔了。对上帝，洪仁玕没有丝毫敬畏之心。杀死那个可怜且无助的无辜男孩后，洪仁玕像恶魔一样跳到他的头上，用脚使劲跺了跺。虽然从一开始我就苦苦哀求，希望洪仁玕能饶了我那可怜的男孩，但一切无济于事。不仅如此，洪仁玕还尽其所能地侮辱我、激怒我，让我用行动或言语向他道歉。当时我认为（并且现在也认为），洪仁玕要杀了我。他怒气冲冲地向我扑来，像疯子似的抓住我坐着的凳子，把一杯茶泼到我的脸上，然后抓住我拼命摇晃，朝我右脸颊狠狠地打了一巴掌。我转过身去，洪仁玕又用右手在我左脸颊上狠狠地打了一下。瞬时，我的耳朵嗡嗡作响。洪仁玕可能觉得自己的言语和行为都无法激怒我，似乎变得更加暴躁，像疯狗一样冲了出去。"对待绿树尚且如此，对于干枯的树他又会怎么做呢"，我作为天王跟前的红人尚且如此，其他传教士或商人谁还敢冒这样的风险呢？我对在太平天国传教顿感绝望，也觉得太平天国不会在宗教、贸易或政治领域有任何建树。于是，我决定离开。1862年1月20日（星期一），我离开了南京。

离开南京十天后，罗孝全在"雷纳"号上写了上面这封信。当时，"雷纳"号正停在离南京不远的地方。罗孝全的仆人无缘无故被杀害。对此，罗孝全不愿做任何解释。外界只能推断洪仁玕对一个没有犯罪的无辜男孩犯下了最残忍的罪行。不过，有人说罗孝全的仆人在很久之前犯了某种可能会被处死的罪行，只是他恰好被送去给罗孝全做仆人，才得以幸存，也没有受到应有的法律制裁。为了挽救这个男孩，罗孝全把他培养成基督新教教徒。罗孝全无疑认为这是一种非常值得称赞的行为。然而，洪仁玕的意见不同。一段时间后，事情最终以信中所说的方式得到解决。就像信中所说的那样，无论对那个被杀害的男孩而言，还是对罗孝全而言，洪仁玕的行为都不可饶恕。唯一公平的做法就是消除洪仁玕曾蓄意谋杀一个无可指摘的男孩的嫌疑。如果那个被杀害的男孩应该被斩首，那么洪仁玕应该被责备的不是所谓的谋杀，而是执行对男孩的判决的方式。

后来，罗孝全回到了中国南方自己以前工作的地方。基督新教传教士与太平天国运动之间的主要联系就此中断。

CHAPTER XIII

第 13 章

———

长江开放通商—太平天国运动的进展—围攻安庆—占领宁波—现在太平天国控制下的辽阔版图

Opening of the Yang-zte-kiang to foreign trade-- Proceedings of the Taepings--Siege of Ngan-king--Capture of Ningpo--Extent of country at present under the Taeping rule

———

1861 年初，除了天王洪秀全，太平天国首领还有以下诸王：干王洪仁玕，当时在南京；忠王李秀成，带兵攻占苏州后管理苏州并企图带兵攻打上海；英王陈玉成，是一个年轻的广西人，以英勇著称，在安徽省指挥军队；翼王石达开，率领一支大军驻守四川省。其中，石达开是在广西省陪同洪秀全起义的诸王中唯一幸存下来的首领。

除了上述诸王，其他主要负责民政部门的还有侍王李世贤、辅王杨辅清、赞王蒙得恩、章王林绍璋、西王萧朝贵的儿子及继承人幼西王萧有和。

太平天国控制的领土非常广阔。长江以南，以南京为中心，长一百英里、宽五十英里范围内的领土，都在太平天国的控制下，包括太平县和芜湖。长江以北，太平天国控制着安庆与六合之间的大部分地区。六合是一个小城，位于南京以北几英里。除了镇江、上海及其紧邻地区，江苏省内位于长江以南、南京以东的地区几乎都在太平天国的控制下。

南京城外驻扎的清兵在 1860 年 5 月对太平军的军事行动中失败，直接导致了上述局面。这也是太平军这段时间参加的最重要的军事行动，使太平军占领了重要的苏州，并且因此控制了京杭大运河苏州段，从而为太平军针对邻近海港的行动奠定了坚实的基础。

我们无法准确估计太平军的具体兵力。因为在行军过程中，太平军还会收拢沿途的暴徒和流民，所以太平军的兵力常常像滚雪球般急剧增加。幸运的是，1861 年 3 月的一系列书信提供了太平军在不同地点的大概兵力等信息。这为比较准确地估计太平军的总兵力奠定了基础。3 月，陈玉成声称自己在安徽省指挥的军队有十万人；洪仁玕表示，石达开在四川省指挥着七万人；据长江远征队的官员估计，安庆的太平军驻军有两万人。

1860 年 2 月底，七万名来自广东省和广西省的起义军加入太平军。从苏州前往南京途中，富礼赐估计自己遇到的太平军有四万五千人。此外，还有一万五千人正向镇江挺进。因此，不包括南京、芜湖和苏州的驻军，1860 年 3 月，太平军总兵力不少于三十二万，其中三分之一是未成年男子。未成年男子在太平军中普遍存在。

上面提到的长江远征队对欧洲人、清政府及太平天国都十分重要。讲述太平天国的军事行动之前，有必要介绍一下长江远征队的形成及其行动。

清政府拒绝英国代表额尔金勋爵和法兰西帝国公使让-巴蒂斯特-路易·格罗于 1859 年 6 月在北河河口经由北河进入北京。这意味着额尔金勋爵在 1858 年获得的条约实际上失去了效力。1860 年 10 月，清朝钦差大臣恭亲王奕䜣与额尔金勋爵在北京签署条约，正式通过了 1858 年的《中英天津条约》，并且在之前的条约基础上简单补充了关于移民、割让九龙司^①等内容的条款。

---

① 　九龙司，广东省南部的一个海角，靠近香港，隔海与香港岛对峙。九龙司是一块宝地，为建设营房、仓库、医院等提供了巨大空间。——原注

内地游历权和内河贸易权的内容与以前一样。但当时，额尔金勋爵和恭亲王奕䜣达成协议，允许长江两个主要口岸城市开放通商。这让内地游历权和内河贸易权受到了更加广泛的关注。经过磋商，英国和清政府最终决定开放汉口和镇江两个口岸城市，并且在汉口和镇江任命英国领事。此外，英国还可以在南京下游的镇江设立领事馆。正常情况下，英国只需派遣一支小舰队，并且在汉口、南京和镇江派驻领事就万事大吉。然而，太平天国的存在给英国带来了一定的障碍。英国有必要与太平天国方面达成协议，英国商船才能在太平天国控制的那部分河道安全航行。如果太平天国要对汉口、南京或镇江任一城市采取军事措施，并且对英国领事及英国商人采取行动，那么英国最理性的做法就是与太平天国方面达成令人满意的谅解协议。

关于这一点，太平天国方面表示会尊重英国人，并保障其财产安全。太平军如果决定攻击汉口和镇江，会尽可能向英国发出正式通知。为了避免在河道上发生任何冲突，通行证制度应运而生。驻守南京的英国高级海军军官向每艘英国商船的船长签发航行和贸易许可证。许可证的副本寄送太平天国方面，以此保证英国商船顺利通行。鉴于此，英国有必要在南京驻守一艘战舰。太平天国方面对此并未提出异议。太平天国方面提出的唯一条件是，英国派驻战舰，除了便于英国商船顺利通行，不能掺杂任何其他因素。

1861 年 2 月 12 日，在巴夏礼^①的陪同下，英国皇家海军将

领何伯^②作为总司令亲自指挥长江远征队^③离开位于上海附近的吴

淞。当时，巴夏礼任英国驻广州领事。镇江的英国领事和战舰均

已到位。"怪物"号的舰长雅龄（Aplin）奉命留驻南京执行贸易

条例，并且负责与太平天国当局沟通。下一个设立领事馆的城市

是位于鄱阳湖畔的九江。和镇江一样，一艘英国战舰留驻九江，

象征英国的军事实力，保护英国人的安全。

　　"斯内克"号驻守汉口。在新任命的英国领事抵达汉口前，

英国驻汉口领事一职由"斯内克"号的指挥官担任。何伯率领长

江远征队从汉口出发，向长江上游约一百六十英里处的岳州推进。

岳州是位于洞庭湖入口处的一个小城。当时，这是英国战舰深入

中国内地距离最远的一次，距离长江入海口不少于七百五十英里。

我还记得，1853 年初，一小队拜上帝会教徒攻占并洗劫了岳州。

后来，他们向东沿着长江开始攻打江畔的汉口、汉阳、武昌，最

终抵达南京。1861 年 3 月 30 日，何伯率长江远征队返回上海。

　　也许，很少有远征队能够对任何一个国家产生像长江远征队

对中国那样的影响。何伯指挥的这次远征，不仅影响了中国的当

---

①　原名是哈里·帕克斯（Harry Parkes）。——译者注

②　原名是詹姆斯·霍普（James Hope）。——译者注

③　长江远征队包括"科罗曼德尔"号（Coromandel）、"怪物"号
　　（Centaur）明轮单桅帆舰、"斯内克"号（Snake）通信炮舰、
　　"保镖"号（Bouncer）、"哈沃克"号（Havoc）、"班特勒"
　　号（Banterer）炮艇、"考珀"号（Cowper）、"阿塔兰特"号
　　（Attalante）和"沃特曼"号（Waterman）。——原注

下和未来，还促进了中国与欧洲的贸易关系。一个商会代表团曾跟随"考珀"号远征，后来为外界提供了关于长江及其口岸贸易能力最有价值的信息。当时，英国领事、商人和传教士居住在中国的中心地区，驻守在长江沿岸的炮艇保护着他们。这将在很大程度上使中国人了解乃至熟悉了欧洲人的礼仪与思想，从而有力地促进中国和英国未来的所有交流。对长江远征队给长江沿岸带来的变化，一位曾参与远征行动，1862年4月刚从长江上游返回的绅士有如下评价：

> 与何伯率领长江远征队穿越长江时相比，长江现在的面貌大不相同。虽然间隔时间并不长，但曾经像坟墓一样死寂的长江沿岸，如今即使没有生机勃勃的景象，至少也显现出正在复苏的迹象。现在，随处可见挂着外国国旗的中国本地船满载着外国人的货物来回穿梭。长江水域大约有几十艘轮船正在航行，而且预计每天还会有更多的轮船出现。巨大的木筏顺流而下，满足了上海日益增长的建材需求。木筏上面的房子看起来像漂浮的村庄。事实上，中国已经衰弱不堪、摇摇欲坠。长江上的贸易，如果有的话，将带动中国恢复繁荣和稳定。①

---

① 1861年3月9日，从镇江到汉口的长江段宣布向所有英国船只开放。——原注

很大程度上，如今长江贸易的蓬勃发展要归功于长江远征队经过时，太平军几乎已经从他们控制的那部分河段撤出。

1861 年 3 月，南京上游受控于太平天国的三个城市分别是位于长江北岸的安徽省省会安庆及位于长江南岸的芜湖和太平县。

在曾国奎的指挥下，陆地上的清兵严密封锁了安庆。一系列坚固的营地在安庆周围形成了完整的警戒线，每个营地大约有五百名士兵。清军水师提督杨载福指挥舰队严密封锁长江。之前，杨载福因在与太平军作战的过程中表现突出而获得嘉奖。据估计，陆地上和水面上围攻安庆的清军总兵力有一万四千人，其中，陆地上有一万人，水面上有四千人；而驻守安庆的太平军兵力共有两万五千人，其中不包括未成年男子。清兵围攻安庆的行动已经持续了将近十二个月。安庆城内物资匮乏，驻守的太平军士兵非常窘困。他们表示绝不攻打清兵，只想保卫安庆。他们相信，身处安徽省的陈玉成会率军来驱散围攻安庆的清兵。当时，陈玉成率领着一支强大的军队。安庆城内四五千名女性的存在，让本就捉襟见肘的生活物资变得更加匮乏。巴夏礼上岸拜访了一些太平军首领。巴夏礼表示[①]，主要领导人聪明活跃，但其他首领不尽如人意。

这些首领来自广西省，大部分追随者来自湖南省

---

① 《关于长江开放通商的函电》。——原注

和湖北省。安庆城内秩序良好。在城内完全没有商品交易和交通运输的情况下，维持如此局面可能并非一件难事。我们看到许多人因缺乏营养而脸部凹陷，面色苍白。不过，他们看起来兴高采烈，温顺驯良。除了长发，他们的穿着打扮就像普通的中国百姓。他们的容貌看不出任何军人气质，我也没有看到任何人手持武器。防御工事里仅有的几门大炮似乎是一种非常落后的武器。

芜湖几乎被夷为平地，城墙及大部分房子完全被摧毁。这些房子的砖块成了太平军建造营地的材料。太平军沿着河岸建造了一些带围墙的营地。营地靠近水面一侧全部拉着整幅帘子，靠近街道和小巷一侧则看起来破败不堪。少数可见的军队中有一些广东人。他们说自己是前一年①加入太平军的。其他人来自偏远的湖南省和江西省。巴夏礼一行看到了一份告示。从中，他们明白了为什么会遇到这样一支微不足道的太平军：几天前，太平军总司令李秀成率领的军队已经占领芜湖。

除了残迹，太平县几乎没有留下其他东西。和在芜湖一样，太平军用太平县所有建筑材料在河边建造了类似的带围墙营地。

---

① 1860年。——译者注

营地内侧的镇子上^①，一些中等规模的贸易活动正在开展。芜湖
的情况也差不多，但规模略小。芜湖和太平县允许自由出售烟草
和抽烟。周边农村地区十分萧条。不管是清兵还是太平军，都让
贫苦的农民饱受折磨。

　　1861 年 3 月，一小队英国士兵在汉口目睹的一切最能清楚地
说明太平军即将到来的传言给长江上游地区城市里温顺的百姓带
来的恐惧之情。奉南京方面的命令，陈玉成率领军队解救安庆。
然而，陈玉成并没有率军直奔安庆，而是从西北方向越过清兵的
防线，然后突然调转方向，迅速往南，向黄州进军，沿途占领了
几个城镇。3 月 17 日，陈玉成的军队占领了黄州。只要看一下中
国地图，读者就可以明白陈玉成的意图——攻击清兵西边的防线，
从而解救被围困在安庆城内的太平军。黄州位于长江北岸，离汉
口大约四十五英里。汉口方面接到报告，得知陈玉成打算抽调一
部分兵力占领汉口。听说这个消息后，汉口全体百姓立即准备出
逃，当地知县都无力阻止。两天来，岸边挤满了男女老少，他们
带着所有可以携带或运走的家当和贵重物品挤上船，向对岸逃去。
有一段时间，一些有预谋的劫匪四处造谣说太平军即将到来，马

---

① 　在中国，城市通常建在通航河流两三英里外，并且筑有城墙。大的贸
　　易市或集镇就在河岸上。如果城市距离该贸易村或集镇很近，那么附近
　　区域就会演变成一片狭长、杂乱的郊区。不过，我看到的情形基本上都
　　是城市和贸易村或集镇之间隔着一大片耕地。太平和芜湖就属于这种情
　　况。这两个城市都离贸易村或集镇将近两英里远。早期贸易更繁荣时，
　　从城墙到河边连绵不断的全是房子。——原注

上就要进城了，这大大加剧了百姓的恐慌情绪。疯狂出逃的百姓什么都顾不上了，各种贵重物品散落街头，成了劫匪的猎物。英国商人的烦恼可想而知。几小时内，英国商人满心期待的商品交易被迫搁置。

英国皇家海军将领何伯率领长江远征队离开汉口向长江下游驶去时，汉口城内几乎看不到一个当地百姓。商铺关门，街上空空荡荡，以前挤满汉江的贸易船和渡船也都无影无踪。由此可见，当地百姓对清政府极度缺乏信心。据估计，汉口及附近地区的清兵有近一万人。然而，出逃的汉口百姓显然不认为这些兵力能够有效阻止太平军的进攻。

后来证实，这些传言都是谣言，汉口百姓开始返回自己的家园。自那以后，贸易一直稳步发展。汉口的商业活动没人检查，例外的情况是由一些掠夺的"勇夫"①造成的，他们会不时地侵扰周边乡村。

太平军占领黄州几天后，巴夏礼与商会代表团的两名成员到访黄州，获得了一些与太平军有关的有趣资料。

3月22日上午，巴夏礼一行乘坐一艘英国炮艇抵达黄州。上

----

① 每次出征作战，清军将领通常都会从邻近省份招募乡勇，增加兵力。与正规军相比，临时招募的乡勇的收入和补给会更多。不过，一旦军事行动结束，这些乡勇就会被解散。欧洲人常常称他们为"勇夫"。"勇夫"一般都是无法无天、目无法纪的人。无论在哪里，"勇夫"都是当地百姓无法逃脱的魔咒。"勇夫"成群结队，像瘟疫一样四处蔓延，到处劫掠。此外，"勇夫"随时准备加入清政府招募的雇佣军或者叛军队伍，没有任何政治立场。——原注

岸时，巴夏礼一行被成群结队的太平军士兵包围。也许是出于好
奇，这些太平军士兵从他们劳作的郊区或堑壕跑来围观英国人。
在报告中，巴夏礼说：

> 我们途经的郊区到处是太平军士兵。一些士兵忙着
在看上去内部已经被损毁，并且被百姓遗弃的房子里觅
食。另一些士兵正在忙着拆除城墙附近的建筑物，清理
出通往城墙的通道，收集木材，在城墙周围修建三道路
障。进门时，我看到了一份陈玉成签发的公告。公告声
明太平军会保护百姓的安全，邀请百姓来与太平军开展
自由贸易。另外一份发给太平军的公告要求，从公告发
布之日起，禁止太平军进入村庄劫掠百姓。还有一份公
告旁挂着两个太平军的头颅，告诫太平军这两人因在收
军粮时抢夺百姓的衣服而被处决。围在我们身边的太平
军士兵衣着混杂，这说明很多太平军士兵肯定犯了同样
的罪行。大多数太平军士兵不剃头，留着辫子。通过交
谈，我了解到他们至少来自六个省或八个省，其中来自
湖南省和湖北省的年轻人占绝大多数。年轻人占比如此
大，这引起了我们的注意。
> 沿着大街，我们很快就来到了曾经的知县衙门。
我们发现太平军士兵正在那里准备正式的欢迎仪式，迎
接我们的到来。他们奏响音乐，鸣了三声枪，向我们致

敬。几个身穿黄色长袍的将领接待了我们。将领领着我
们穿过两个大院子。沿途两边都站着士兵，大部分士
兵都配有长矛或戟。士兵举着华而不实、没有明确图案
的旗帜。平时开着的正厅大门此时紧闭，直到我们踏上
台阶时，门突然打开。一个年轻人端坐在大厅中央，身
穿黄色绸缎长袍，头戴绣着龙的头巾。一些身穿黄色长
袍、头戴黄色头巾的将领站在他的身旁。一些苦力打扮
及低俗装扮的人挤在大厅里，多多少少影响了这次安排
本应产生的夸张效果。

　　端坐在大厅中央的这个年轻人就是陈玉成。他立即
开始与我们交谈。他详细讲述了自己率军从南京前去解
救安庆的整个过程。原来，在从南京前去解救安庆的过
程中，陈玉成的军队在十一天内攻占了三个城市，行军
两百英里。当时，陈玉成面临的处境是，要么进攻清军
后方，要么推迟解救安庆的行动，占领汉口。陈玉成表
示，在是否向汉口进军的问题上，他其实有点迟疑，因
为他听说英国人已经在汉口站稳了脚跟。

　　我赞许陈玉成的谨慎态度，建议他不要往汉口行
军，因为太平军不可能在不严重干扰贸易活动的前提下
占领英国人建立的商业中心。另外，陈玉成如果计划占
领汉口，就必须保证太平军的行动井然有序，否则极易
与英国方面发生冲突。陈玉成欣然接受我们提出的建

议，并且表示他的两个部下已经率军越过黄州，往北或
西北方向行军，前往麻城或黄安，而不是汉口。

陈玉成向巴夏礼展示了一份非常完整的计划方案。但在接下
来的时间里，计划方案中的军事行动几乎没有得到有效执行。除
了客观存在的不利情况，陈玉成对相关信息的了解可能不够充分
也是原因之一。陈玉成向我们阐释了石达开正在四川省开展军事
行动的报告，并且表示石达开所率军队主要由云南省和贵州省的
劫掠者组成。

　　陈玉成的谦逊举止和聪明才智给我留下了良好印
象。周围的人似乎很尊敬他。虽然陈玉成的官话发音是
我接触过的太平天国首领中最好的，但他的文学造诣有
限。陈玉成说自己只有二十岁，但我估计他的实际年龄
应该是二十五六岁……
　　城里所有房子挤满了太平军士兵。我们看到的太平
军士兵有两三万人。大量太平军士兵挤在城墙外修筑前
文提到的三道路障，修筑工作取得了很大进展。其他太
平军士兵似乎十分疲惫，许多人躺在街上睡觉，连肩上
的担子都没卸。担子里主要是衣服及各种各样的食物，
如大米、猪肉、家禽等，都是行军途中得来的。他们中
的许多人看起来病殃殃的，就像乞丐。这些人的体力在

漫长、匆忙的行军途中受到了严峻考验。行军途中，也有穷人加入太平军。我们发现，只有刚到的太平军身上有刀或戟。我们被告知，已经驻扎下来或修筑防御工事的士兵把武器放回仓库了。太平军似乎连一门大炮也没有，只拥有一定数量的马驹。状态最佳的马驹是太平军奇袭鞑靼人营地得来的。太平军把马驹关在自己占领的房子里。[1]太平军士兵身边都没有女性。他们表示，所有女性在南京。整个军队给我们的总体印象就像是一伙暴徒，或者像平达里人（Pindari）[2]。虽然没有明显的举措维持秩序，但太平军士兵彼此之间表现得十分友好。即便有些太平军士兵负责分配令人激动的战利品或食宿，我们也没有看到任何人打架、争执或酗酒，也没有任何人沉溺于赌博或吸烟。

在交流过程中，陈玉成详细讲述了他的军队可能的动向。他表示，一些北方起义军加入了他的阵营。陈玉成称北方起义军为"流寇"，这个称谓耐人寻味。由此可见，太平天国首领对自己的正规军和后期加入太平军的起义军做了区分。

---

[1]　太平军占领黄州前不久，陈玉成率军奇袭了阿穆尔鞑靼人的一个营地。太平军杀死了营地里所有的鞑靼人，并且俘获了他们所有的马。太平军在芜湖和太平县的营地里也有大量马驹。——原注

[2]　平达里人，17世纪到19世纪初在印度次大陆横行的流寇，长期以掠夺为生。——译者注

陈玉成和巴夏礼一行的交流显示，太平天国首领对外国人非常有礼貌，并且尽一切可能采取和解措施，希望获得外国人的善意。表现之一，陈玉成满足巴夏礼提出的在长江航行的所有要求；表现之二，考虑到英国商人住在汉口，陈玉成对攻打汉口很有顾虑。不过，最明显的表现是 1861 年 4 月太平天国方面颁布的一项法令。在向长江上游航行的过程中，长江远征队发现，与很多年前的调查结果相比，长江流域镇江段以下发生了巨大变化。很多新的堤岸已经形成，有些堤岸正在形成过程中。为了便于航行，英国方面认为有必要在长江岸边设置灯塔。因此，英国方面已经致函南京的太平天国首领，要求其下令禁止损毁或破坏灯塔；还建议太平军最好不要对上海或吴淞有任何企图，如果太平军企图进入上海或吴淞，英国方面将会予以反击。太平军最好不要进入离这两座城市两天行军路程的范围。对此，南京的太平天国首领回应如下。

> 太平天国赞嗣君蒙时雍（赞王蒙得恩的继承人）向太平军将士发出如下紧急命令，请各位知悉：
> 英国皇家海军将领何伯委派的官员表示，上海和吴淞是外国人的贸易集中地。英国已经对上海和吴淞采取保护措施，确保住在上海和吴淞的外国人的安全。英国提出，天朝军队不能且没有必要前往上海和吴淞，天朝军队在上海和吴淞不可能获得任何物质上的好处。赞嗣

君向年轻的兄弟们发出紧急命令，禁止上海和吴淞附近地区的天朝军队进入距上海、吴淞方圆一百里以内的地区。这是为了天朝臣民和外国人的利益着想。太平天国的兄弟们要明白，占领上海和吴淞并不是天朝今年的军事行动计划。

英国官员进一步表示，为了方便英国船在福山和狼山之间的河流入口航行，英国方面打算在附近浅滩设置灯塔。这样一来，船便能发现并避开危险。附近地区的天朝官员或士兵禁止破坏或摧毁灯塔。英国官方可逮捕任何不遵守上述命令或犯下任何暴力破坏行为的人，并且将其送交天朝处罚。但如果有人冒充天朝的官员或士兵破坏灯塔，天朝不承担任何责任。[①]

从上面的命令可以看出，太平天国首领乐于按照英国方面的意愿行事。也许，太平天国首领只是想给英国人留下更好的印象。其实，太平天国首领竭力争取英国方面的支持再自然不过。奇怪的是，在控制南京的九年时间[②]里，太平天国首领一定了解到了英国的实力，知晓与英国人合作一定会获得巨大好处；如果太平天国首领真的想给英国人留下良好印象，那么在这九年里，太平天国方面就不应该制造这么多麻烦。

---

① 出自《关于长江对外开放的函电》，1861年，第33页。——原注
② 从1853年到1861年。——译者注

1861 年年初以后，太平天国的军事行动仍然值得关注。本章开篇已经简要介绍了太平天国控制的领土范围及当时太平军大概的兵力情况。

1861 年春，太平天国四支主要军队的分布情况是：英王陈玉成指挥的军队在湖北省；章王林绍璋指挥的军队驻守在安徽省长江以南的地区；侍王李世贤指挥的军队在江西省；干王洪仁玕指挥的军队在贵州省边界，有七万名来自广东省的起义军士兵加入洪仁玕的军队。此外，还有一些兵力相对较少的军队在福建省和浙江省。石达开在四川省统领着一支军队。据说，石达开统领的军队发展不错。然而，对远在南京的洪秀全而言，石达开统领的军队几乎可以忽略不计，毕竟远水解不了近渴。此外，石达开似乎已经树立自己的权威，在各方面都不像是在为太平天国效力。

根据陈玉成的描述及上述四支主要军队的分布位置来看，太平天国方面当时很可能计划在汉口及邻近城市联合作战，从而控制长江流域汉口以西直达洞庭湖的区域。由于缺乏可靠的资料，外界无法断定太平天国的作战计划具体实施的程度。众所周知，在汉口附近发生的一次军事行动中，太平军被清军击败，损失惨重。清军乘胜追击，把太平军逼退到南京。与此同时，清军趁机收复了曾经被太平军占领的城市，并且清除掉当初太平天国统治的残余制度。在这样的情况下，驻守安庆的太平军不能再指望陈玉成的救援。面临严峻的形势，驻守安庆的太平军只得把安庆拱手让给围城的清军。这发生在 1861 年 9 月 5 日左右。报道上述相关情况时，上海当地的一份报纸^①中有如下内容：

> 我们从安庆获得消息，太平军和当地居民顽强抵抗几个月之后，清兵已经收复安庆。据说，围城的清兵一直认为安庆坚不可摧。因此，清兵决定对城内的太平军采取饥饿战的策略，从而迫使其投降。被围困的太平军决心抵抗，但饥荒开始在安庆城内肆虐。最终，城内出现了令人不寒而栗的食人现象。食物消耗殆尽后，太平军开始吃恶心的动物，接着便开始吃人肉。每斤^②人肉卖八十个铜钱，大约相当于每磅四便士。另据报道，为了活命，三个独立的起义团体主动向围城的清兵投降，但后来全被杀死，尸体被扔进河里。"总督"号（Governor General）和"迦太基"号（Carthage）上的人目睹数百具尸体漂在河里顺流而下。

后来的消息证实了上述报道内容。外界由此得以一窥这场内战中争斗双方之间的致命仇恨。中亚地区的战争特点一向都是残酷无情的。可是，此时在东亚那些不那么容易受影响的百姓身上，

---

① 　《北华捷报》。——原注
② 　斤是中国的一种重量计量单位，相当于1.333磅。——原注

人性残暴的一面也得以展现。^①但是，在中国各地无数小争斗中普遍存在的残忍行径更是印证了人性的恶。

　　安庆失守对太平天国是致命一击，极大地削弱了太平天国对长江的控制权。此后，太平天国在南京以西的统治被限制在五十多英里的范围内。不过，一定程度上，太平军东征的战果弥补了安庆失守的损失。苏州附近及邻近的浙江省内，太平天国可调动的兵力大约有十万人（包括未成年男子）。1861年春末，太平军试图占领浙江省省会杭州，但遭遇了决定性的挫败。随后，太平军从杭州撤退，并且占领了乍浦及杭州湾沿岸人口稠密地区一些较小的城镇和村庄。夏天，太平军主要占领了杭州湾周围一些无关紧要的村庄。据当时在乍浦附近游走的欧洲人说，太平军的侵占给当地贫苦的百姓带来了巨大灾难，隶属太平军的未成年男子的残暴行径更加剧了百姓的痛苦。大多数情况下，占领区内的太平军把当地百姓当作奴隶使唤，像监工一样迫使百姓干各种各样的重活、累活。8月，一支来自苏州的太平军逼近上海。很可能是由于英国人的干预，这支太平军的进攻受阻。随后，这支太平军转而迅速向杭州行进，并且大举进攻杭州。几周来，这支太平军和清兵之间展开了多次激烈战斗，但都没有取得决定性的结果。对这样的局面，太平军当时的指挥官李秀成和李世贤显然十分不满。因此，他们组织了一场非常重要的军事行动，至少从结果上

---

①　据估计，中亚大高原的平均海拔高度为一万四千英尺，其东部边界毗邻中国西部边境。地势从此处逐渐倾斜而下，延伸至东部海岸。——原注

来看，这场军事行动非常重要。李秀成和李世贤把大部分兵力分配给属下的将领黄呈忠和范汝增，指示他们率军攻占宁波。据估计，黄呈忠率领的军队大约有七万五千人，于1861年11月底抵达距离宁波几英里的地方。在这之前，黄呈忠率军在沿途已经占领了几个城镇。驻宁波的欧洲领事对迫在眉睫的威胁十分震惊。他们预测，一旦太平军攻占宁波，宁波的贸易就会瘫痪，整个宁波也会陷入混乱。因此，驻宁波的欧洲领事立即召开会议，着力解决当前的严峻形势。会议最终决定，以口头和信函的方式同太平军首领交涉与外国公民有关的各种事务，比如外国传教士的地位、避免一切不必要的流血冲突的普遍诉求、控制太平军无法无天的行为及不要伤害任何欧洲人的警示等问题。

为此，驻宁波的欧洲领事派出一个代表团搭乘一艘英国炮艇，前往黄呈忠位于余姚的营地。据说，黄呈忠是广西人，是个文盲。他彬彬有礼地接待了欧洲代表团。由于黄呈忠不会说官话，整个谈话由他的师爷主持。最终，黄呈忠和欧洲代表团对交谈结果都很满意。黄呈忠保证妥善处理驻宁波的欧洲领事提出的事宜，并且让欧洲代表团代为转交一份书面答复[①]：

天朝九门御林开朝王宗殿左军主将宝天豫黄照会英
国领事夏福礼君、美国领事勃立克君、英国海军舰长赫

---

① 《余姚太平军首领黄致夏福礼领事书》的英语版本收录在1862年的《议
　　会文件》中。——原注

格士汉姆上尉、法国海军舰长奥布雷君，关于我国与各
贵国（本日）商谈友好关系事。溯查自天地奠基以来，
国分中外。各国自理其国，乃世界之常道。明室既衰，
北地鞑虏窃入中原，攘我神器，污我国土，屈指难数其
罪。二百年来，满妖肆虐，天父怒其恶贯满盈，本欲扫
清寰宇。而天兄耶稣以慈悲爱民为怀，命我真圣主天王
涤除北虏之腥膻，再兴汉室。天命所在，民意所归，鼎
定神州，此其时矣。本主将奉命统率雄师，誓殄群丑，
吊民伐罪，立祖国之基业，拯黎民于水火。出师以来，
沿途百姓无不箪食壶浆，以迎王师。今大军入浙江，各
贵国驻宁波官员前来余姚我营，商谈和好互不相侵事，
又请求本主将命令我军，于进入宁波时，勿伤各贵国人
民之生命财产。顷已照商谈发布命令矣。倘我部卒有不
法行为，听各贵国拘获，送交本主将，当立斩不贷。如
各贵国人民有违命潜助满妖者，亦望贵领事查禁。彼此
同守信约，同敦睦谊，所深望也，特此通知，并祝费领
事健康。

太平天国辛酉十一年十月十九（1861年11月29日）

欧洲代表团还到访了另一位将领范汝增的营地。范汝增驻扎

在离宁波十英里远的地方。一封寄给英国驻宁波领事夏福礼[①]的信详细描述了欧洲代表团到访范汝增的营地的经过:

> 我们与太平军首领范汝增进行了沟通。范汝增只有二十五岁,是广西人[②]。我们立即向范汝增说明,太平军占领宁波后必然会对贸易造成严重损害,也会损害外国人的利益。此外,太平军中无法无天的人,以及住在宁波不守规矩的部分广州人和钦州[③]人对外国人的生命安全和财产安全构成了严重威胁。这些人一直在寻找机会,四处掠夺。最后,我们急切地劝阻范汝增不要率军挺进宁波。
>
> 针对我们提出的两个异议,范汝增向我们保证,太平天国非常希望与外国人保持良好关系。外国人就是太平军的兄弟,大家朝拜同一个上帝、同一个耶稣。至于贸易,一切照旧开展。范汝增让我们放心,任何人胆敢骚扰外国人,会立即被斩首。太平天国的目的是推翻清政府。宁波不能继续留在清兵手中。我们好不容易才说服范汝增把进攻宁波的军事行动推迟一周。范

---

① 原名是弗雷德里克·E.B.哈维(Frederick E.B.Harvey)。——译者注
② 还有记录说范汝增是广东省归善县(今惠阳)人。——译者注
③ 钦州,隋朝时设置的州,清朝初期隶属广东省,辖境相当于今广西钦州、东兴等地。——译者注

汝增表示，如果我们不插手，本该第二天我们就会在
宁波见到他。

我们不禁被这位年轻领导人的认真和展现出的对
上帝的虔诚打动了。意识到自己当前面临的困境与危险
时，范汝增相信，上帝的支持会让太平军渡过所有难
关；在上帝的帮助下，太平军必然会获胜。范汝增告诉
我们，几乎整个浙江省都在太平军的掌握中，或者说很
快就会在太平军的掌握中。太平军一定会将浙江省省会
杭州收入囊中，"只要上帝认为合适，就会把杭州交给
我们"。

这次交谈过程中，针对欧洲代表团提出的问题，范汝增的回
复^① 如下：

真天命太平天国天朝九门御林讨逆主将范照覆大英
钦命驻扎宁波总理通商事务领事府夏、大美钦命驻扎宁
波总理通商事务领事府毕、大英钦命驻扎宁波督带兵船
水师参府哈、大法钦命驻扎宁波督带兵船水师参府何麾
下：为照覆请希宽心事。缘蒙天父上主皇上帝天兄耶稣
差我真圣主天王降凡御世，宰治中原。总期诛妖救民，

---

① 即《讨逆主将范汝增照覆英美驻宁波领事等》。——译者注

救援中夏。兹者，本主将恭承简命，专征闽外，拓土开疆，无非吊民伐罪。

刻下我军大队兵抵宁波，正谓克取郡城为根本，俾得安抚四民。惟今接到惠函，得知一切。所云各事，本主将皆可依从。自应禁止官兵，仰体天心，不得滋扰。望希宽心是幸。至于面云期日，务勿失言，总期以信为本。所有贵各国之房楼屋宇人口物件，本主将自当严加禁止，秋毫无犯。至于贵各国通商交意（易）照前营业，尤宜公平买卖，断不致强行抢掳也。但大丈夫一言为定，以信以诚，绝无差失矣。

专此照复，并候升佳。

附来封条贰拾壹纸

太平天国辛酉十一年十月二十二日

太平天国方面忠实履行诺言。一周内，太平军没对宁波继续采取任何军事行动。一周时间一到，太平军立即向城墙挺进。12月9日早上，放好攀登梯不到一小时，太平军就占领了宁波。恐惧笼罩下的清兵完全没有自卫能力。在几乎没有丝毫反抗的情况下，太平军就取得了胜利。除了少数穷人，几乎所有人已在沦陷前逃离宁波。占领宁波后，太平军发现城内一片荒凉，几乎就是一座弃城。在备忘录中，巴夏礼描述了这次攻城行动中太平军对待外国人的态度，具体内容如下：

宁波的太平军表现出了与外国人友好相处的迫切愿望。南门是太平军的主攻点，而慈善修女会教堂就在南门外。太平军如果占领慈善修女会教堂，就可以将其作为绝佳掩护所，因为从其上层窗户可以俯瞰城墙。然而，太平军在冲向南门前一直蜷缩在慈善修女会教堂周围，一刻也没有进去。另一座大型的天主教建筑位于太平军涌入宁波城内的必经之地。此时，太平军所有士兵因获胜而满脸通红，激动不已。然而，他们只是停下来欢迎站在门廊下的一小群外国人，并且下令不能伤害外国人。太平军不加区别地认为天主教教徒、基督新教教徒和自己属于同一宗教，大家都是兄弟。在没有被制止的情况下，太平军涌入基督新教传教士的四所住宅及三个教堂，带走了一些小东西及几个围在传教士周围寻求保护的人。不过，在英国皇家海军上将约翰·科比特（John Corbett）的要求下，大部分东西和人被归还了。一个在上海非常有名的中国人位于宁波的房子没有受到太平军的冲击。他因非常富有及一直以来大力支持清政府而闻名。他的房子在此次行动中之所以完好无损，仅仅是因为他雇了一个法兰西人住在房子里，并且把房子暂时登记在这个法兰西人的名下。

　　上述事实有力地说明了太平军对外国人的友善态度，也充分说明了太平军纪律严明、军事组织得力。但此外，再无其他对太平军有利的内容。在气概和胆量方面，驻守宁波的太平军将领黄呈忠和范汝增也许比被撤换掉的清政府官员略胜一筹。然而，黄呈忠和范汝增显然出身底层，是无知的文盲，其中一人还目不识丁。

根据中国人的惯常做法，太平军很快就把宁波置于一种值得称道的防御状态中。太平军迅速在城墙外竖起围栏，雇佣留守在城内的老年人来存放粮食。太平天国首领发布公告，下令百姓留长发，允许开展贸易活动，并且在城墙外开设商铺。

针对在城墙外开设商铺的问题及欧洲代表团和太平天国当局之间的谈话，黄呈忠和范汝增照会夏福礼[①]：

> 我们必须承认，贵国向我方表露出了善意。对贵国代表的到访，我们深感荣幸。不过，我们不得不请求贵国原谅我们的失礼行为，因为军事上的压力，我们无法亲自前去回复。
>
> 昨天的交谈表明，我们双方都希望能够相互理解，维持友好关系。
>
> 我们的目标是和清政府争夺对中国的统治权。在这场战斗中，我们的目的是让中国的领土回到中国人手

---

① 《议会文件》，1862年。——原注

上，同时为人民的福祉而奋斗。在转战过程中，我军不
会骚扰贵国兄弟。我们会和贵国兄弟保持友好关系，开
展贸易活动。

　　我们指挥着如此庞大的军队，其中难免鱼龙混杂。
正是因为这样，所以前几天才会出现几个无法无天的士
兵骚扰英国传教士的行为。目前，我方已经逮捕罪犯，
并且将其斩首，以儆效尤。我们认为，这样的处置足以
警示其他不服从命令的士兵，防止英国传教士再次受到
骚扰。

　　我们已经向各方发出通告，邀请百姓返回家园，
并且在四个主城门外以公平、公正的条件重新开始商
品贸易。一旦城市安保问题有了妥善处置，我们将会
给住在城内的百姓颁发通行证，允许他们回城继续往
常的生活。

　　为了防止混乱和骚动，军民分开居住。

　　谨此献上我们最诚挚的祝福。

　　　　　　　　　　太平天国辛酉十一年十一月初

　　对在中国的欧洲人而言，太平天国占领宁波有着特殊意义，
因为迄今为止太平天国今后可能会实施的贸易政策还没有定论。
外界普遍认为，占领一座拥有强大商业能力的城市后，太平天国
的行动走向将是对其政权未来意图最公正的检验。

　　显然，结果令人不满意。太平天国方面曾多次做出承诺，保证促进贸易发展。然而，太平天国占领宁波期间，当地除了一宗小买卖，再无其他贸易活动，欧洲商人理解的"通商"则停滞不前。

　　实际上，真正的问题是，尽管太平军控制着一座水上交通非常便利的城市，周边农村仍然陷入了毫无头绪的混乱中。富人不愿意返回宁波，因为宁波此时只是一个由巨大城墙围着的营地。观望了几个月，直到身处中国的欧洲人对此形成一致意见后，夏福礼总结道："太平天国首领没有任何管理能力，即使在这样有利的条件下，贸易也无法恢复。"夏福礼给额尔金勋爵写信，强烈表达了自己对太平天国的厌恶之情，同时抨击太平天国占领宁波后的所作所为。虽然不是所有人都认可夏福礼对太平天国的负面评价，但他的评价还是得到了广泛支持。与此同时，太平天国主力部队对杭州发起了猛烈攻势。据黄呈忠所述，李秀成的军队将近五十万人。发现攻破杭州无望后，李秀成决定让军队包围杭州，切断城内一切补给路线，迫使城内的人投降。

　　随着粮食日益匮乏，困在杭州城内的人受尽煎熬，开始吃狗肉、猫肉、马肉及可以找到的所有动物的肉。后来，困在杭州城内的人只好靠树皮和草根度日。树皮和草根吃光后，他们把皮革切成细条煮熟后狼吞虎咽地吃下去。最后，城内找不到任何可以吃的东西了。绝望之中，有人开始公开在大街上出售人肉，并且很快就销售一空。

　　1861 年 12 月 29 日，杭州城内的人再也坚持不下去了，不得不给围攻的太平军打开城门。杭州城内的人长期顽抗，导致围攻的太平军积压了满腔怒火。进城后，太平军像一股毁灭性的洪流涌入杭州城内的街道。满族驻军大多数士兵很清楚自己接下来的命运，他们在主要驻守区域摆上炸药，和房子一起毁灭了。其他人则用剑自杀。最后，太平军屠杀了所有活下来的人。

发生在杭州的一切与曾经在安庆出现的情况完全相似，只是战斗双方的角色互换，两次战斗中都表现出了同样的凶残、无情和仇恨。安庆沦陷后，太平军士兵的尸体顺着长江往下游漂去，河岸边的斜坡上也堆满了太平军士兵的尸体。此时，杭州城墙外的护城河里堆满了清兵的尸体。有些人死于战斗，有些人则是被太平军残忍杀害。

1861年，太平天国的军事行动以占领杭州告终。回顾1861年发生的事件，太平天国无疑取得了一些进展。尽管太平军在长江岸边被清兵击败并撤离，但浙江省的军事胜利足以弥补太平军之前的损失。对太平天国来说，占领宁波、乍浦和杭州湾等要地尤其重要，因为这些地方为太平天国集中力量提供了得天独厚的优势。

1862年初，太平军逼近上海，说明太平天国首领渴望控制南京和浙江沿海之间的整个区域。太平天国如果占领了上海和吴淞，就拥有了中国最好的商业地带。南京与北边的上海以及南边的宁波形成的三角区域的资源在各个方面都将是全世界任何其他类似地域无法比拟的。①

　　1862 年，由于英法两国对太平天国采取的敌对措施，欧洲人比以往任何时期都更加关注太平天国运动。1861 年 1 月，一支非常强大的太平军逼近上海。这支太平军的将领告知当地百姓，说太平军打算占领上海。不久，英法两国决心向清政府提供帮助，以便消除太平军的威胁。根据 1861 年发往南京的一份照会，英

---

①　考虑到只有通过数字才能让人们充分认识太平天国运动对中国各省资
　　源的影响，我以浙江省和江苏省为例加以说明。据估计，浙江省省会杭
　　州和通商口岸宁波的土地面积共三万九千一百五十平方英里，人口共有
　　两千六百二十五万六千七百八十四人，也就是说，每平方英里的土地上
　　约有六百七十一人。按土地单位面积产生的经济效益来算，浙江省的收
　　入排全国第二。浙江省土地肥沃，出产大量棉花、茶叶、大米、大麦和
　　丝绸。如果按世界上每一英亩土地养活一个人来算，世界人口分布将会
　　非常稠密，而浙江省农业地区就是这样的情况。大家应该还记得，清朝
　　十八个省中，平均每平方英里就有两百八十八人。由此可见，清朝人口
　　众多，这已经引起了人们的注意。
　　唯一的例外是江苏省。江苏省除了拥有长长的海岸线，还有两条壮丽的
　　河流——长江和黄河——流经。京杭大运河也贯穿整个江苏省。两个很
　　大的湖泊及无数条小河为江苏省内的土壤增加了肥力。因此，当时江
　　苏省是中国最富有、人口最多的省份一点也不奇怪。江苏省的人口是
　　三千七百八十四万三千五百零一人，每平方英里土地上几乎接近八百
　　人。江苏省省会是南京，主要通商口岸是上海。江苏省就像一个巨大的
　　冲积平原，土地生产力难以想象，出产多种谷物、丝绸、茶叶及棉花。
　　虽然浙江省和江苏省的面积只占十八个省总面积的十四分之一，但两省
　　的人口相当于十八个省总人口的六分之一，两省的收入占整个清政府收
　　入的四分之一。前面我只谈了浙江省和江苏省强大的生产能力。地图将
　　清楚展现这两省的地理优势。今后，当中国内地的煤炭成为中国贸易的
　　主要组成部分时，毫无疑问，中国和太平洋地区的贸易便会达到它的扩
　　展点，现在已明显有这一趋向，而长江将成为煤炭和其他产品的运输通
　　道。这样一来，浙江省和江苏省将在世界商业版图中占据最重要的位
　　置。——原注

法两国采取措施阻止太平军进入上海周围方圆三十英里的区域。当时经常发生的小规模冲突就是这些措施的结果，其目的是把太平军驱逐到上海周围方圆三十英里外。

一位太平军将领曾写信给一位英国军事指挥官，信中详细介绍了 1861 年太平军的战绩以及太平天国未来的行动蓝图。这封信的内容充分体现了太平天国方面夺取上海的决心。

> 清朝统治者已经压迫中国人两百多年，其暴行已经激怒了上帝，上帝指派真正的主天王降世。天王已在南京统治了十多年。在所有战斗中，天朝都大获全胜，天朝的军队在袭击中幸免，无数次超越人类的力量。现在就是终结清政府统治的时刻，这是上帝的旨意。

详细介绍了 1861 年太平军的众多军事行动和刚刚在浙江省取得的军事胜利之后，这封信继续写道：

> 南方的局势就是这样。忠王已经做好部署，准备发动五支军队攻占上海。
>
> 上海是一个小地方，不值得我们担心。现在我们已经拥有苏州和浙江省。我们必须攻下上海。事实就是这样，并非我们自大。
>
> 现在，外国人经常到中国沿海地区开展贸易活动。

如果我们派兵消灭那里的人，恐怕会影响我们与外国人之间的友好感情。

鉴于此，我们向贵国发出警示，请勿干涉清政府控制的领土，以免外国人受伤。如果贵方只考虑经济利益，那么上海是我们的，整个世界都会落入我们手中。

贵国如果不听信清政府的鬼话，归顺天朝，不仅可以继续开展贸易活动，还可以获得大量丝绸和茶叶作为回报。我们双方都能从中获益，请认真考虑我们的建议。[①]

这封信虽然语气傲慢，但清楚地阐明了英国人根据太平天国方面的建议行事能获得的好处。然而，这封信并没有对英国方面产生丝毫影响。1862年春，一支针对太平天国运动的中外联合部队迈出了非常重要的一步。这支中外联合部队对太平军发起攻势，决心夺回宁波。这次行动非常成功。一小队英法联军乘船上岸，登上梯子，爬上城墙，在几乎没有遭遇抵抗的情况下，不到一小时就占领了宁波。[②]太平军悄悄撤退到城外几英里处扎营。于是，几乎在令人难以置信的情况下，宁波这座重要的城市又回到了清政府手中。

---

① 《议会文件》。——原注
② 布兴有指挥一支庞大的清政府舰队为此次进攻行动提供帮助。布兴有曾经因做海盗而闻名。——原注

英法联军的行动实际上推翻了外国人之前公开表示的中立立场，也终结了所有不干涉政策的讨论。此次行动前，英法两国政府应该考虑，为了保障外国人在中国的经济利益，同意太平天国控制上海或任何其他通商口岸是否可取。太平天国首领一直表现出与外国人友好相处的态度，并且真诚承诺促进商品贸易。太平军控制着周边的茶叶产区和丝绸产区。如果外国人反对太平军占领上海，太平天国方面可能会利用手中的力量破坏外国人的商品贸易。与此同时，一场代价高昂的战争后，外国人与清政府缔结了一个十分有利的条约。通商口岸的贸易状况令外国人十分满意。外国公使常驻北京，外国领事常驻新的口岸。总之，外国人在中国的地位值得期许。即将采取军事行动前，英法两国政府一定经过了审慎考虑。此外，它们还得权衡，协助清政府获得的好处是否能够弥补激怒太平天国首领带来的损害，因为当时太平天国首领对英法两国的态度仍然非常友好。另外，英法联军支持清政府并帮助清政府平息国内叛乱是否符合中华民族的利益也值得考虑。最后，关于行动的可取性问题，即是否有可能在不进行大规模军事行动的情况下取得成功，也是英法联军当时需要考量的问题。

　　在这种特殊局势下干涉中国内政，英法联军要承担的责任尤其重大，当时不可能预测出所有可能出现的复杂状况。结果是否证明行动是合理的，还有待观察。

　　实际上，整个问题可以归结为一个简单的立场问题。如果把太平军看作一个庞大的滥伤甚至滥杀的强盗团伙，那么保护通商口岸不受其破坏性统治政策影响的行为就是明智的、正确的。如果把太平天国运动看作一场为中国的政治和道德复兴铺平道路的伟大民族运动，那么英法联军的行动不仅有损欧洲的利益，也在各方面都不可取。所有人会对此表示遗憾：英法两国不应仅仅为了保护自己的利益，就介入一场正让整个中国陷入僵局，并且规模如此大的内战。

当时，南京的情况与 1861 年初的情况基本相同。洪秀全几乎不参与任何与太平天国军事组织有关的活动。他隐居在天王府里，身边围着许多妃嫔和女侍从。每隔一段时间，洪秀全就会颁布一些关于宗教仪式的新法令。居住在南京的主要官员定期聚在天王府向洪秀全行礼。此外，洪秀全很少露面。洪天贵福已经是一个将近十四岁的小伙子，管理着所有世俗事务，同时以自己的名义发布一些公告。诸王隶属于洪天贵福，并且协助他处理政务。

据说，石达开及其统率的军队已经脱离了天王的控制，在四川省建立了政权。如果真是这样，这肯定会严重打击太平天国政权，并不是因为石达开另立政权导致太平军兵力受损，而是因为石达开是永安所封五王中唯一幸存者。外界一直认为，石达开的智谋和个人影响力远远超过其他首领。石达开如果在四川省取得成功，将成为一个强大的起义军首领，对太平天国政权和清政府都将是一个很大的威胁。

太平天国控制的土地面积不断变化，外界无法准确界定其范

围。当时，以南京为圆点，向西南方向画一个半径为五十英里的
半圆，就已囊括太平天国在中国内陆控制的所有土地；以南京为
起点，横穿苏州，止于宁波附近的海面，画一条线（直线距离两
百多英里），这条线两侧各六十英里的范围就是太平天国在沿海
地区控制的土地。

因此，太平天国当时完全控制的土地面积不少于三万平方英
里[1]。所谓完全控制，指管辖范围内的居民遵守太平天国的法律
规定并缴税。

据太平天国方面的说法，1861 年底，太平军全部兵力有六十
多万（包括未成年男子），其中八万人驻守南京和苏州。根据清
政府的官方报道及前往太平军营地实地走访过的欧洲人估计，上
述数据并未过于夸大。

因为太平军的兵力常常剧增或骤减，所以太平天国方面从不
对外宣布固定兵力。不过，鉴于太平军与清兵之间的相对实力，
太平军的兵力约有四十万是比较真实的。

---

[1]　据说，太平军当时刚在湖南省和湖北省的行动中取得胜利，但外界并未
获得确切消息。——原注

CHAPTER XIV

第 14 章

————

论太平天国运动的前景

Remarks on the Prospects of the Rebellion

————

前面各章追溯了太平天国运动从广西省爆发一直到1862年的发展情况，本章主要探讨太平天国运动与中国的未来及与清朝之间的关系。

如果太平天国运动最终取得成功，不仅清朝，连带其他国家都会经历一场影响深远的革新。一旦太平天国运动取得成功，佛教将会随着清朝的覆灭而衰落，中国百姓的宗教信仰也会彻底改变。太平天国运动的特殊性在于它不同于其他农民起义。其他农民起义的主要目的几乎都一致，即推翻清朝的统治，重建一个类似于明朝的朝代，汉族人做皇帝，而非由外来少数民族统治汉族人。

当时，清政府统治下出现的所有起义，无论规模大小，最终都有可能获得成功，中国史籍无疑为这个假设提供了有力的依据。正如其他类似性质的推论一样，一个国家过去的历史是判断其未来的唯一可靠依据。中国过去一千年历史里，在王朝更迭前，国内都出现了起义及严重的饥荒和洪水等灾害。11世纪，宋朝皇帝之所以丢掉中国北方省份，主要是因为当地出现了起义，而非鞑靼人的力量。14世纪，和尚出身的朱元璋彻底推翻蒙古人对中原的长期统治。朱元璋是一支起义军的首领，与蒙古人建立的政权持续斗争了二十三年。最终，朱元璋登上皇位，成了明朝的开国皇帝。后来，太平天国首领在许多方面运用的就是当初朱元璋的策略。值得注意的是，元朝末期刚爆发起义时，起义军首领把势力范围控制在中部各省。直到起义军首领率领全军向北挺进，蒙古族才被打败，元顺帝不得不逃走。明朝末年也爆发了一系列起义，还出现了抢劫和饥荒。17世纪，明朝被推翻。和元朝的情况相似，明朝末年，地方上的一些叛乱逐渐发展成规模很大的起义。一个叫李自成的汉族人指挥起义军，夺取了明朝政权。如果没有吴三桂引清军入关，李自成就当了皇帝。正是因为吴三桂的行为，清朝统治者才能入主中原。中国现在的情况与上述朝代更迭时期的情况存在诸多相似之处。因此，判断太平天国运动的政治前途时，我们不能妄下结论。从1842年到1862年，中国国内的起义从来没有达到当下的规模，中国的百姓还饱受饥荒和洪灾带来的苦难，《京报》上全是各地总督关于这些情况的汇报。

中国国内存在许多与太平天国无关的独立武装力量。本书有必要列举其中一些重要的力量。刚从河南省传回的报告指出，河南省当地存在不少于十万人的武装反动力量。因为黄河泛滥，所以沿岸的百姓无家可归，联合起来造反。在安徽省开展军事行动时，太平军的兵力急剧增加，就是因为上述造反百姓的加入。山东省当地的暴动分子更加重要，具有一定组织性，即使是杰出将领带领下的清兵也很难战胜他们。1861年，许多发生在东部地区的军事行动都异常激烈。在四川省，除了许多小规模的起义军，太平天国首领石达开统帅着一支七万人的军队。据说，石达开已经在大量军事行动中获得胜利，很有可能从太平天国独立出来，建立自己的政权。云南省也很乱。不过，云南省的暴乱主要是穆斯林发起的，那儿没有有组织的反叛军。广西省和广东省一直处于暴乱状态。广西省内，除了瑶族人发起的暴乱，农村地区还分布着很多起义武装。1861年初，一支七万五千多人的武装力量由于无法战胜清兵，也没有建立独立政权，便在首领的带领下向北行进三百英里，加入了太平军。起义军控制了中国南方重要的商业河流西江流经的大部分地区。西江两岸许多城市一直处于被起义军占领和被清兵收复的恶性循环中。据报道，其他省份也出现了叛乱。即使在此不再赘述其他省份的具体情况，也已经有足够的材料证明当时中国的混乱局面。

值得注意的是，即使在内忧外患、战乱不断的特殊时期，除了极少数例外，清政府仍然能够以最完善、最系统的管理体制开征赋税，实行省级行政管理。极少数例外指百姓因苦难而绝望，无力缴税。因此，清政府经常不得不免除湖北省和湖南省的税赋。

欧洲人常常谴责清政府的行政体制，认为清政府的官员贪婪、自私，他们工作只是为了一己私利；各省巡抚及其下属构成了一个庞大的欺诈体系。但我的看法不同。为了确保官员忠诚，清政府设有监察制度和审查制度，官员之间互相监督。对欧洲人而言，没有什么比这种类似间谍的制度更加可耻。欧洲人认为，人与人之间互不信任的管理体制自然会导致假公济私。然而，《京报》及最近在圆明园发现的书信中收集到的信息给出了一个完全不同的答案：中国很难再找到更好的管理办法了。中国幅员辽阔，任何一个不偏不倚、公平正直的统治者都得思考，如此庞大的帝国里，如何才能做到绝对信任分布在全国各地的地方官员。在距离北京约一千两百英里的广州，人们已经认识到，没有比当前政府的管理机制及收入回报体系更完美的制度了。

地方官员经常敲诈勒索当地富有的地主和商人。为了逃避惩罚，罪犯甚至无辜的人都会向官员行贿，这普遍存在，人人皆知。任何亚洲国家无疑都存在上述违规甚至违法现象。不过，战争期间，无论是货币税还是实物税，都能如数上交到清政府的国库和粮仓，这充分证明了清政府管理体制的有效性。

但并不能因此就断言，清政府本身十分强大。任何一支起义武装如果能获取行政机构的管理权力，毫无疑问，其领导人都将在短时间内成为中国的合法权威，所有人会听命于他。科举考试其实是核心。只要是有权下发指令、任命考官和分发奖赏的人，实质上就是皇帝。中国人的天性倾向于屈从。一个人只要通过科举考试获得任命，就将成为国家管理体制中的一员。太平天国首领非常清楚这一点。占领南京前，太平天国首领签发的公文中特别提请百姓注意这一点。这也表明了百姓当时对统治者的更迭漠不关心。历史上，中国百姓对王朝的更迭似乎并无兴趣。对于百姓而言，王朝的更迭无关紧要。他们更在乎的是自己的生存环境。元朝取代宋朝，后来明朝取代元朝。其实，对百姓来说，这一切并不重要。因此，征服者或篡位者很快就可以融入广阔、恒久不变的历史洪流中。

科举制度诠释了关于国家性质和制度的不可改变性的问题。如果没有科举制度，清政府的统治一定早已崩溃。看看中国广袤的土地，大多数情况下，各省百姓之间的语言几乎不通。除了文字和服装，在北方人眼里，南方人完全就是陌生人。令人惊奇的是，这片广袤土地上如此不相通的人竟然能够在一个庞大的帝国里生活这么久。①

外国人要充分理解科举考试及其结果对中国人的巨大影响绝非易事。在中国的每个县、每个村庄，科举考试都是人们茶余饭后的谈资，也是有理想、有抱负的中国人的主要奋斗目标。科举考试中榜的人，就有机会获得清政府的任命，得到官衔，参与国家管理。一个年轻人背井离乡去县里参加科举考试，如果幸运中榜，就能在"乡里有功名"；如果接下来的府试中榜，就能在"府里有功名"。安静的夜晚，父母、邻居聚在一起讨论

---

① 　最近一次前往中国北方时，我领略了中国不同省份之间方言的千差万别。一个上海领航员在长江入海口登船，并且把船一直沿河开到吴淞。恰巧几个来自香港和广东的中国人前来找我们。其中一人去向领航员做一些必要说明，同时询问关于上海等地的消息。当他和领航员面对面交谈时，发现彼此根本无法理解对方的语言。接着，其他几个中国人挨个前去尝试和领航员沟通，都无济于事。最后，看似滑稽可笑的是，领航员和这几个中国人的带头人突然用"洋泾浜英语"（Pigeon English）生动地聊了起来，并且后来的交流都得翻译成"洋泾浜英语"。我不得不感叹，一个南部省份的人和一个中部省份的人居然以这样的方式交流。几个月后，我在山东省东北部一个村庄登陆。此次出行主要是为了了解物资、水井和贸易等情况。我还带着一个翻译。他在中部省份浙江省的宁波附近长大，非常聪明。然而，很快我就发现他几乎毫无用处。除了鱼、水、盐等几个最基本的词，他和当地村民完全无法用语言沟通，也就无法传达我的意图。这件事比上一个事例更让我错愕，因为宁波与北方商业往来非常频繁。——原注（"洋泾浜英语"，鸦片战争以后，产生于中国沿海几个通商口岸的一种混合语。词语极少，多半来自英语，语法则基本上依据汉语。——译者注）

孩子落榜或中榜，以及孩子今后的前途。如果科举功名仅仅以科举考试的成绩作为唯一选拔标准，那么对考生而言，这意味着什么呢？

任何干扰科举考试正常秩序的行为——如果恰巧处于政权空白期，就有可能发生——都会产生致命影响。因此，读者可以理解为什么中国的新皇帝能够使自己的命令立即得到执行，还能在全国征收赋税，但其他国家的百姓都无法如此迅速地认可一个推翻现有政府的篡权者的权威。

中国百姓对王朝更迭的冷漠以及爱国主义精神的缺失，根源并不仅限于此。评判中国人时，永远不要忘记他们为了维持日常生计面临的竞争多么激烈。土地上出产的粮食只够维持基本生计，数以百万计的人除了通过辛苦劳动保证自己和家人的生存，别无他法。农民和渔夫整天都在辛苦劳作，城市里大多数居民也是如此。中国每条大街上都是一副熙熙攘攘、繁忙奔波的景象。其实弥漫其中的是百姓的焦虑，他们所做的一切都是在为随时可能降临的厄运做准备。中国人天性中的胆怯只是源于他们意识到自己总是游走在灾难的边缘。我们能否设身处地地想一想，这些苦于维持日常生计的人，除了对与自己的需求直接相关的事情，还能对其他问题感兴趣吗？我们还能指责他们的冷漠，责备他们缺乏爱国之情吗？我想答案肯定是否定的。在中国普通劳动人民家里，我曾目睹人类天性中的柔情、家人之间的温情以及人心的善良。要知道，中国没有类似议会的机构，也没有哪个拥有大片土地的地主能够把众多佃户团结在一起。中国百姓没有济贫法的保护，因饥荒或洪灾而突然无家可归的人也没有济贫院可住。中国的普通百姓必须默默忍受富贵的压迫者。除了可以向地方官员控诉，普通百姓没有其他途径，并且地方官员的决定常常受到贿赂影响。如果地方官员贪污腐败，接受贿赂，那么普通百姓面临的可能就是杖责。杖责的恐惧足以让穷人对报官控诉望而却步。最后，读者需要注意的是，清政府缺失约束错误和暴动的机制。整个清朝没有一个有效的警察机构。

　　暴动和起义十分频繁、普遍。对百姓而言，这已经司空见惯。人口众多及其他不可控的人为因素，使中国总是成为起义的舞台。无论多么强大或智慧的政权似乎都无法永远维持内部的和平。

　　我已经注意到，太平天国运动很有可能会取得最终胜利。在各个方面，太平军都是最重要的武装起义力量。与其他武装起义力量相比，太平军的军事力量更强大，组织更优良。因此，太平天国首领更有可能获得最高统治权。不过，身处中国的欧洲人一定要注意审视太平天国首领及其追随者的信条和行为。首先，应该完全摒弃曾经盛行的观念：太平天国首领推行的宗教代表基督教，即英国国教新教徒信仰的基督教。其次，太平天国的宗教信条与天主教的教义完全不可调和。基督教在太平天国经历的最大灾难莫过于洪秀全的存在。天主教的礼拜仪式与中国的佛教礼拜仪式在许多方面都有相似之处，尤其是外在的礼拜仪式、神职制度和偶像崇拜。如果太平天国打破旧习的行动扩大化，其对佛教僧侣怀有的狂热仇恨将导致天主教在中国大地上的每一丝痕迹都消失殆尽。

天主教教徒完全清楚这一点，所以没有人比法兰西人更憎恶太平天国。法兰西人永远不会忘记耶稣会神父在徐家汇被屠杀一事①。至此，基督新教教徒与太平军之间建立的同情的纽带并没有连系着法兰西人。如果可能，法兰西人将满心喜悦地消灭太平军。

除了一些小型仪式及佛教仪式的残余影响，太平天国的教义在许多方面与英国教会的教义十分相似。太平天国首领信仰《圣经》中的上帝和耶稣，却并非全部与《新约》中传达的意思一致。洪秀全自称上帝之子，领命下凡指正人类所犯错误，带领人类正确认识真理。显然，洪秀全误解了《圣经》中说的"救赎"的意思，或者说洪秀全根本就没有解读清楚"救赎"的含义。发生在广西省的幻象事件让洪秀全相信自己就像天父降世一样，下凡劝导中国人信教。洪秀全一定从未设想过自己的神圣指引最终将走向何处。从洪秀全发布的公文措辞中可以看出，洪秀全并非坚定不移地认为自己是上帝之子，而是觉得自己和上帝之间有一种神秘、微妙的关系，并且直接接受上帝的指导。尽管后来洪秀

---

① 徐家汇一直是耶稣会学院所在地。该学院为中国的年轻信徒提供宗教指导。一支太平军在逼近上海途中占领了耶稣会学院，残忍杀害了一名无辜的神父。指挥这支太平军的将领解释说这只是一个失误。然而，暴行已经发生，身处中国的法兰西人异常愤怒。——原注

全签发的许多法令都提出了更加夸张的神性假设，但其中许多内容一定是洪秀全在头脑不清醒的情况下拟定的。洪秀全常年幽居天王府内，拥有绝对的权力，对宗教极端狂热，这些因素无疑促成了上述结果。

无论洪秀全的宗教理念是什么，都不会改变追随者对他的盲目崇拜。只有想仔细审视洪秀全这位非凡人物的一生，并且研究洪秀全一生中所处的特殊环境对他的才智产生的影响的人，才会对他的宗教理念感兴趣。如果赋予人们绝对权利来评价洪秀全，那么，洪秀全作为一场宏大宗教起义的领导者的地位不可动摇。

洪秀全将自己与上帝之间特有的神圣关联转移到了儿子洪天贵福身上。在中国人看来，这是必然结果。不过，追随者是否真的对洪秀全自命不凡的行为赞不绝口值得怀疑。太平天国运动早期，没有人质疑杨秀清和萧朝贵的倒地抽搐事件，反之，杨秀清和萧朝贵还因此获得了大家的信赖。然而，这个阶段已经过去。拜上帝会创立时期的成员之一石达开已经表示不支持太平天国运动晚期许多来自天堂的主张。

只有很少一部分太平天国的成员清楚太平天国宗教仪式的意义。太平军中，有很多士兵是来自周边省份的暴徒。举行宗教仪式时，他们只是简单地跟着做做样子，比如早上和晚上的祈祷、在规定的时间背诵《天条书》、以类似犹太教设立安息日的方式每周留出一天时间休息。把家禽和猪作为祭品献给至高无上的上帝及焚烧写有祈祷文的纸条的仪式，与平时农村地区百姓在谷神和土地神祭坛前的祭祀仪式完全相似。

大多数太平军士兵虽然对自己的信仰只有非常模糊的概念，但憎恨所有与佛教或道教有关的事物。显然，如果太平天国运动取得成功，中国现存的宗教甚至儒家思想都会被摒弃。太平天国任何一个首领如果获得对整个中国或者更可能的是对半个中国的至高无上的统治权，都有可能得到统治区内百姓的积极（注意是"积极"，与当时大家认为的"被动"截然不同）支持，每周一天的安息日制度也会得到贯彻。虽然这和欧洲国家的礼拜日也许不同，但百姓每周至少有一天可以从辛苦的劳作中解放出来，这意味着劳动制度的明显改进。

抛开一切有关政治影响的问题，或者说即使太平天国运动的政治影响完全消失，仍然可以肯定的是，在太平天国运动的影响下，四亿中国人（几乎占全世界人口的一半）的宗教信仰将逐渐与迅速蔓延的盎格鲁-撒克逊人（Anglo-Saxon）①的宗教信仰一致。从这一点来看，太平天国运动具有重要意义。

"楔子锋利的一头正在逐渐刺入"，除非在这个特殊的情况下发现以前所有大分裂的教训是一个错误，否则太平天国运动的结局将是一场在精神和物质领域的巨大范围内的无与伦比的革命。数百年后，当澳大利亚和北美洲西部边境地区人口变得稠密，太平

---

① 盎格鲁-撒克逊人，日耳曼民族的一支，通常指5世纪初到1066年诺曼征服期间居住在大不列颠岛东部和南部的民族。——译者注

洋地区的贸易成倍增长时，中国沿海地区将会见证无数船队进进出出，参与三大洲丰硕物产的进出口贸易。位于内地宽阔河流河口地区的港口，将会呈现出一片繁荣的商业景象，经济也会突飞猛进。一个国家的宗教对其外交政策影响巨大，这是一个不言自明、不容置疑的道理。更不要说，起义中诞生的信仰比平时普遍存在的信仰更能鼓舞人心，更能促进人们对其全面理解。

绝对公允地评价太平军的行为非常不容易。太平军靠近毗邻长江的通商口岸，对通商口岸采取军事行动，严重干扰了外国人的贸易活动，给外国人带来困扰。因此，太平军的行为受到了欧洲人十分严苛的批评。此外，虽然太平天国控制大片领土长达十年，但太平天国首领并没有推行任何有意促进贸易活动或改善百姓生活的政策。另外，太平军看起来就像一群无组织、无纪律的暴民，只会单纯地掠夺和破坏。

上述评价大多都很客观，但从当时的情况来看，太平天国首领及其追随者要采取其他措施似乎并不容易。

对清政府来说，洪秀全是一个揭竿而起的叛乱分子。洪秀全统治的太平天国无法像清政府那样通过税收为军队提供物质保障。需要补给时，太平军只能受命进攻人口稠密的城市，掠夺粮仓。太平军士兵无论男女老幼，都得依赖在进攻行动中获取的食物和钱财。洪秀全下达了严格的命令：战利品必须全部存入圣库。尽管大家严格遵守规定，每个人分得同等份额的口粮，但还是经常出现违规现象。

太平军士兵的外表并不比普通苦力好多少，其受教育的程度也不比普通苦力高。他们穿着丝绸长袍，戴着华丽的王冠，到处闲逛，苏州的景象就是这样。这给欧洲人带来许多乐趣。然而，考虑到太平天国运动产生的巨大影响，外国人只得忽视这种不协调塑造出来的滑稽形象。

　　洪秀全及其追随者从未流露出发展贸易的意图。因为自己占领的城市经常会被清兵包围，所以太平军每占领一座城市就会驱逐城内所有非战斗人员。这样做无可厚非，因为只有这样才能清除城内叛变的隐患。苏州和南京之间农村地区的报告及太平天国占领期间宁波的记录显示，没有受到清兵袭击时，太平天国内部已经开始出现中等规模的贸易活动。

　　然而，根据太平天国首领的性格和出身推断，太平天国不太可能大规模推广贸易活动。尽管如此，贸然断定太平天国首领绝对反对一切对外贸易也不理性，因为就目前的情况来看，外界还没有确切的依据来下判断。一旦太平天国控制的一些沿海城市不再受到干扰，太平天国方面也许就会调整贸易活动计划。

　　对是否应该控制上海，太平天国首领非常焦虑。他们渴望通过关税获得太平天国应得的一切利益。他们已经意识到拥有欧洲人的力量以便控制上海的重要性，因为一旦控制上海，欧洲人现在对上海采取的保护措施也适用于太平天国。无论是从地理角度还是政治角度来看，此时都是太平天国实现控制上海这个目标的重要时刻，否则太平天国的地位岌岌可危。只要清军还控制着上海，太平天国就无法对上海实施任何既定政策或凭借上海来巩固自身权力；只要上海还属于清政府的领土，清政府就肯定会不遗余力地保护上海免受攻击。

在外行军作战的太平军有一个值得称赞的特点——为了防止行军途中士兵出现违规行为，将领采取了各种防范措施，与此有关的条例内容明确且周密。占领或途经城镇时，太平军将领通常也会发布公文，禁止士兵偷盗、谋杀或对当地百姓施行任何形式的暴力行为，尤其是强征百姓、强迫百姓干苦力的虐待行为。只有在得到太平天国当局批准的情况下，上述行为才合法合规。任何人违反上述规定，都会受到严厉惩罚。陈玉成率领军队占领黄州后不久，有人在黄州看到一张告示旁放着两个人头。告示内容是，这两个人因抢夺百姓衣服而被斩首。

从一开始，太平军的构成就非常特别。据保守估计，在广西永安及后来向北行军的过程中，四分之一的太平军士兵是女性，其中许多女性还有军衔，掌管着部分军队。

在太平军突破清军包围之际，洪秀全在一份公文中写道："男将女将尽持刀，现身着衣仅替换；同心放胆同杀妖。"[①]

太平军攻陷南京后，这种状况发生了变化。女性主要负责修筑防御工事、挖掘沟渠等。后来，太平军的显著特点是未成年男子占比很大，并且整个群体的平均年龄很小。太平军的武器十分

---

① 　《永安破围诏》，《洪秀全集》。——译者注

简陋，最常见的是尖端钉着铁钉的竹竿。此外，还有少量抬枪、弓箭、刀及普通短剑。

这场轰轰烈烈的内战中，无论是清兵还是太平军，都给被牵连的百姓带来了难以抚平的伤痛。内战结束时，曾经深受影响的省份人口开始增长，经济收入也开始增加。太平天国运动期间，这些省份的农业基本荒废，大部分土地也已荒芜。至于清兵和太平军哪一方更残酷，两者造成的破坏哪一方更甚这样的问题，已无从回答。清兵和太平军都没有纪律性。太平军几乎都是从下层百姓中招募而来的，其中有很多鲁莽男子，这似乎为太平军的行动比正规军更加无情提供了充分依据。然而，这并不能成为太平军犯下罄竹难书的罪行的托词。

太平天国运动期间，上海的贸易报告呈现出一种难以解释的异象。大量手握武器的太平军四处游荡，洗劫城市，所经之地只剩荒芜。然而，如果有人表示太平军的行为对太平天国占领区内的商业发展没有任何影响，那么这种说法不值得关注。实际上，这种论调有充分的依据。事实上，尽管自1854年以来，不同时期的太平军或其他起义军在大部分茶叶产区和丝绸产区布兵、打仗，在多个城市不断上演占领又撤离的戏码，但任何一个不熟悉情况的陌生人仔细阅读上海年度报告，都会认为这与和平时期欣欣向荣的商业常态无异。

由此可以推断，太平军一直在谨慎避免破坏劳动人民赖以生存的工厂。太平天国当局威胁道，如果欧洲国家继续反对太平天国运动，太平军将摧毁茶厂。这会造成严重后果，希望这种威胁性行动能够受到制止。[①]

对中国事务感兴趣的人很可能会问，这场悲惨的斗争是否会永远持续下去？这些富饶的省份、富裕的城市是否会成为持续不断的掠夺和流血的战场，或者是否有希望结束这种混乱状态？

当时状况下，针对上述问题，没有人能给出明确答案。唯一可行的办法就是根据实际情况提出建议，证明所提建议具有现实可行性。

我认为，太平天国运动最终可能会导致中国形成两个独立的政权。为了阐释清楚我的观点，请读者注意中国政治局势发展的历史。一直以来，人们都认为，伟大的中国总是在一位君主的统治下统一在一起。几千年来，中国为世界树立了一个在领土范围和人口数量上都无可比拟的中央集权的典范。然而，这是不正确的。研究中国编年史后，人们会发现公元前100年以后的很长一段历史时期，中国通常存在两三个甚至四个独立政权。每个政权都有自己独立的君主。从2世纪到6世纪，长江以北各省存在多个政权，长江以南各省则由汉族皇帝统治。[②]自四川省起，长江为

---

① 据说，太平军正准备攻击另一个通商口岸福州。如果太平军成功占领福州，太平天国就可以完全控制从福州到宁波的茶叶产区。这将对英国的茶叶贸易和丝绸贸易带来巨大影响。——原注
② 中国历史上记载的皇帝通常都是统治南方各省的统治者，京城通常设在南京。他们也常统治一些北方省份，京城有时位于河南或四川，之后，则是北京。——原注

其南北两片土地形成了长达八百英里的共同边界。长江南北完全不同，彼此独立。

6世纪末，在隋文帝杨坚的领导下，长江南北两岸的土地得以统一。然而，后来经常出现临时分裂的情况，直到1127年前，这都是常态。大约1127年，鞑靼人开始统治北方。1280年左右，蒙古人统一长江南北两岸。1280年以前，长江以南一直存在一个独立的政权。自从1280年蒙古人统一中国后，虽然起义和王朝更迭频繁，但中华大地始终只有一位君主。

山川的地理分布明显有利于划分行政区域：长江就是一条天然的水域分界线；安徽省的山丘向西延伸，直到在西藏形成巍峨的山脉，这就是陆地分界线。

从政治意义上讲，将清朝一分为二的提议毫无争议。清政府面临的现实问题是人口太多，领土太广。另外，需要注意的是，满族人虽然统治着一片被自己征服的土地，却完全不了解这片土地上的人的情感和习俗。长城以内，汉族人与满族人在数量上的比例是一百比一。这种情况下，满族人统治一个汉族人占大多数的国家明显不公正，也不理智。然而，当时的情况下只能维持现状，并且在中亚各部落之间发生巨大变化前也只能始终如此，除非北方各省与南方各省分离；或者直到汉族人足够强大，能够抵御北方边境的一切潜在威胁。不过，这只是一种假设。从当下的情况来看，离现实还非常遥远。由于紧邻不安分的游牧民族，任何中国君主都不可能和平执政。[①]相应地，中国南方百姓不断掀起的暴动也为清政府的统治带来了持续不断的麻烦。

我不得不承认，太平军或其他武装起义力量都有足够的能力将清朝皇帝及其势力集团赶出中原。如果太平军或其他武装起义力量有足够的时间组织政权，并且得到百姓的普遍认可，结果会怎样呢？清朝统治者不可能满足于在蒙古高原或东北荒原度过一生，一定会倾巢出动，蹂躏北方各省，最终迫使汉族皇帝逃离北京，前往黄河以南甚至长江以南躲避。不过，鉴于当时的清政府依然掌权，明显整个中国仍将处于持续的动乱中。

没有比暴乱下的中国人的不幸处境更令人沮丧的事：几乎每天都有数百人——我甚至可以说是数千人——因饥饿或杀戮而死亡。幸运的是，人们的心灵无法充分、彻底地领会其中所蕴藏的真正苦痛。欧洲主要大国采取的任何有助于缓解当前混乱局势的行动无疑值得称赞，但干涉中国事务的责任重大，一定会对百姓

---

① 中国人及身处中国的欧洲人普遍认为，如果太平天国失去南京，太平天国运动即便不会立即被镇压下去，也会因政权动荡而马上结束。如今，这是一场无法分出胜负的战争。但可以肯定的是，任何一支起义军都不可能得到赦免。显然，拥有几十万兵力的太平军只能继续展开激烈斗争。我并不认为太平天国占有南京会利于维护政府权威，并且太平天国再也无法承受灾难性的打击了。正是因为太平天国的沉寂，其影响力才不够大。只要洪秀全仍然在南京悠闲度日，梦想统治中国，太平天国运动就不会有太大进展。一旦被迫离开南京，太平军说不定会绝处逢生，像激流一样蔓延到北方各省，并且在北京集结，把清朝皇帝及其势力集团赶回关外。太平天国首领如果认真组织政府，就可以成为中国的主人。——原注

的福祉和前途产生持久的影响，并且这种影响有可能是积极的，也有可能是消极的。

APPENDIX

附录

_____

中国疆域的测绘 ^①

Survey of China

_____

_____

① 参见第三章。——原注

　　1708年（即康熙四十七年）7月4日，一场由外国传教士主导的对中国疆域的测绘工作正式开启。测绘工作的负责人有雷孝思、白晋、杜德美、冯秉正、德玛诺、汤尚贤、日耳曼人费隐、葡萄牙人麦大成、潘如等。为了避免不必要的延误，康熙帝下令，各省巡抚尽其所能地帮助测绘人员。测绘人员所经之处，当地百姓要据实提供完整的信息。

　　至1708年底，雷孝思、白晋和杜德美测定了长城西起甘肃，东至辽东湾海岸的位置。

　　1709年至1710年间，雷孝思、杜德美和费隐完成了对东北大部分地区、整个辽东地区以及北直隶省地图的测绘工作。

　　1711年至1712年间，麦大成和雷孝思完成了对山东省地图的测绘工作，麦大成和汤尚贤完成了对山西省和陕西省地图的测绘工作。

　　接下来四年里，传教士们凭借着非凡的毅力和判断力，在地图上标出了整个中部和南部省份。

　　冯秉正、德玛诺和雷孝思测绘了河南省、江南省（现在划分为江苏省和安徽省）、浙江省和福建省的地图。

　　麦大成和汤尚贤接手了江西省、广西省和广东省地图的测绘工作。费隐和潘如着手测绘四川省和云南省的地图。1714年底，潘如在云南省去世。雷孝思便接手潘如，和费隐一起协作。雷孝思和费隐完成云南省地图的测绘之后，还测绘了湖广省（现在划分为湖北省、湖南省）和贵州省的地图。

1717年1月初，传教士们完成各省地图的测绘工作后回到北京。在不到九年时间里，传教士们完成了对一百二十万平方英里的土地的精细测绘，以及对位于辽东地区大约四十万平方英里的土地的粗略测量。这是一项惊人的壮举，是欧洲传教士们的智慧和努力的结晶。他们来自不同的国家，因为相同的信仰和共同的目标而团结在一起。

　　这项测绘工作的收尾阶段只需根据各省的地图编制出清帝国的全览图，而杜德美就是编制全览图的负责人。1718年，全览图完成后被呈递给康熙帝。

　　测绘计划采用三角测量法。记录此次测绘行动的雷孝思写道："我可以保证，我们一直在不遗余力地完成这项工作：我们走遍了各省哪怕是最不起眼的地方；我们仔细研究各地留存的地图和历史，询问各地官员及当地的首领。我们一直使用当前的度量，以便为三角测量法做好准备。经过深思熟虑，我们认为有必要坚持三角测量法：考虑到康熙帝希望完成整个清帝国的全览图，其他测量方法对于这个任务来说不切实际，因为清帝国的疆域太大。而且对于彼此相隔距离不远的城市之间的测量，三角测量法也更适用。可以肯定的是，不论是钟摆标记错误，还是根据木星的卫星的掩始来推算距离时，计时上最微小的错误都会在经度的确定上造成相当大的错误。"

　　雷孝思详细解释了使用计时器容易发生误差，很可能会出现许多错误，以及由此导致的不准确影响经度点的位置，并强调三角测量法的诸多益处后，继续说道："另一种我们认为有必要使用以提高准确性的方法是通过不同的路线返回之前测绘的同一点。如果能够回到同一点，那么证明之前的行动是正确的；如果没法回到同一点，那么就在附近已经定好位的城镇，确认是否能够看到之前用来定位的塔楼或具有指示性的山脉，并对塔楼或山脉进行测量，以确定测量结果是否一致，从而进行必要的修正。"

除了上述预防措施外，测绘人员还不厌其烦地把早期耶稣会成员不同时间在中国沿海省份停留期间观测到的月球和行星的结果与他们自己测绘的结果进行比对。